LUSTOBJEKT

Ein kleiner Irrtum
und seine fatalen Folgen

Klaus Rainer Röhl

LUSTOBJEKT

Ein kleiner Irrtum
und seine fatalen Folgen

Europaverlag
Wien · München · Zürich

Umschlag von Wilhelm Kögl

Lektorat Franz Haderer

Printed in Austria
Satz und Druck Elbemühl Wien
ISBN 3-203-50735-8

Inhalt

Für Regina,
mit der ich die glücklichsten Jahre
meines Lebens verbrachte

Am Anfang war – das Beil

Es war aus Papier. Nach Art von Kinderzeichnungen oder Toilettenkritzeleien ungelenk gemalt, stand es wie ein Totemzeichen auf der Rückseite eines hektografierten Schreibmaschinenblatts. Junge Frauen, Studentinnen, verteilten dieses Flugblatt Ende November 1968 auf einer Konferenz in Frankfurt. Es war die Delegierten-Konferenz des Sozialistischen Deutschen Studentenbundes.

Dieser Studentenverband, der SDS, war einmal ein Teil der SPD gewesen, aber die Mutterpartei hatte sich von ihm getrennt. Wegen zu großer Anlehnung der Studenten an die Kommunisten. Seitdem kümmerte er dahin. Aber in diesem Jahr, 1968, war der Studentenbund zur Keimzelle einer großen Bewegung geworden, einer Welle, die das ganze Land verändern sollte. Es war die »antiautoritäre Bewegung«. Antiautoritär wollte man sein, gegen jede Autorität. In der Gesellschaft, im Staat, in der Wirtschaft. Aber auch bei sich selbst, in der Bewegung, sollte es keine Autorität geben. Keine Herrschaft, keine Führer, keine Befehle und keine Befehlszentrale. Das machte die Arbeit manchmal schwierig. Oft gab es Streitigkeiten, die sich tage- und nächtelang hinzogen. Diesmal rebellierten die Frauen, Studentinnen aus Frankfurt.

Sie nannten sich ironisch »Weiberrat«, weil das Wort Weiber, das noch zu Goethes Zeiten einfach »Frauen« hieß, in unserer Zeit nur verächtlich von Männern benutzt wird: die Weiber. Weiberkram, wilde Weiber, alte Weiber, Klatschweiber, dicke Weiber, geile Weiber. Männlicher Stammtischausdruck für Frauen. Jetzt nahmen die gegen ihre männlichen Genossen rebellierenden Studentinnen das Wort »Weiber« auf und machten daraus eine ehrenwerte Benennung, nach Art der holländischen Rebellen, die von den Spaniern verächtlich »Geusen« (= Bettler) genannt worden waren und sich später selbst »Geusen« nannten, stolz auf ihr Rebellentum. Also »Weiberrat«.

Das Flugblatt des Weiberrats endete mit dem dickgedruckten Satz:

Befreit die sozialistischen Eminenzen
von ihren bürgerlichen Schwänzen.

Die Aufforderung war doppeldeutig, hätte auch symbolisch verstanden werden können. Schneidet die Zöpfe ab, so hatte es zu Zeiten Metternichs geheißen – die Zöpfe der Rokoko-Zeit und des Absolutismus galten als Symbol einer verstaubten, untergehenden Epoche, die man durch Reformen überwinden wollte. Legt euer bürgerliches männliches Verhalten ab, ihr, die ihr doch so links und fortschrittlich sein wollt! So hätte man den Satz auslegen können.

Den vieldeutigen Spruch machte das Hackebeil eindeutig. Die Zeichnung interpretierte den Satz. Es handelte sich um eine Drohung. Die Drohung, die Männer zu kastrieren.

Sicher sollte das ein makabrer Scherz sein. Schwarzer Humor. Auf der Zeichnung ist eine Frau zu sehen, häßlich, unansehnlich, wie Frauen manchmal in satirischen Zeitschriften dargestellt werden. Sie liegt auf einem Sofa in Ruhestellung. Neben sich hält sie das großformatige Hackebeil gesenkt. Über ihr hängen sechs Trophäen, runde Holzbrettchen, auf denen abgeschnittene erigierte Penisse stehen, wie Hirschgeweihe. Neben jeder Trophäe der Name eines politischen Führers der Linken.

Wir wissen nicht, auf welche Weise Beil und Drohung auf das Flugblatt gekommen sind, aus wessen Unterbewußtsein die Kastrationsphantasie in die Tagespolitik getreten ist, wer hier seinen Tagtraum, seinen Verstümmelungswunsch magisch aufzeichnete. Auch nicht, warum die Mitverfasser des Flugblattes, Studentinnen, die sicher, wenn auch oberflächlich, psychologisch gebildet waren und wahrscheinlich Begriffe wie Penisneid und Kastrationsangst kannten, die Zeichnerin nicht bremsten. Aber die anderen Frauen vom »Weiberrat« griffen nicht ein, verhinderten das Hackebeilchen nicht. Sie fanden es vielleicht sogar gut. Ein Scherz, eine böse Übertreibung, eine Verdeutlichung: So schlimm ist die Lage der Frauen. So groß ist unsere Wut über die Männer, die autoritären Macker, die Penisträger, die Schwänze.

Man versuchte damals in Akademikerkreisen besonders ruppig zu sein, sprach am liebsten ordinär, wenn möglich Knastjargon, Randgruppenjargon. Bloß nicht gepflegt und bürgerlich sprechen. Man trug die Haare lang und pflegte sie nicht, die Jeans mußten ungewaschen und zerrissen sein – ging es nicht schnell genug, schnitt man Löcher hinein. Man sagte »Scheiße«, »beschissen«, »kacken«, »knacken«, »bumsen«, »vögeln«, »Schwanz« und »Möse«. Man sprach alles ein bißchen aggressiv aus, wie ein Kind, das jahrelang in einem sehr strengen Haushalt gelebt hat und plötzlich »Arschkanone« sagt. Bürgersöhne und Bürgertöchter, allzulange in Wohlanständigkeit und steriler Sauberkeit erzogen, spielten Baggermatsch, Modder, Pißkaulchen.

Man wühlte alles um und um, mit vollen Händen, stellte alles in Frage, fragte nach jedem Satz »warum?« und »muß das sein?«. Man verlor die Scheu vor Autoritäten, Gegebenheiten und Zwängen. Apo nannte sich die Bewegung auch, die außerparlamentarische Opposition. Sie war kein Sklavenaufstand, keine Revolte der Basis. Sie war eine Bewegung im Überbau, eine Kulturrevolution, die bald wieder verlöschen sollte wie ein Komet. Aber diese einmalige Lichterscheinung hinterließ eine völlig veränderte Umwelt – kein Stein mehr auf dem anderen, kein Mensch, kein Begriff, der sich nicht geändert hatte. Nicht nur die Studentenschaft, die Professoren, die Universität; auch die Kultur, die Literatur, die Kunst, die Musik, das Theater, der Film; Wohnen, Städtebau, Sprache, Umgangsformen; alles und jedes hatte sich verändert, ist bis heute verändert geblieben. Selbst die Feinde der Bewegung, Konservative, Bauernverbände, Schlagende Burschenschaften, Soldaten, Polizisten, CDU-Funktionäre sahen anders aus, kleideten sich anders, redeten anders, hatten sich nach diesem einmaligen, kurzen Induktionsstrom, der in diesem Jahr durch die Gesellschaft fuhr, verändert. In diesem Jahr 1968.

Dann war es vorbei. Der SDS löste sich im Frühjahr 1969 selbst auf. Ganze Bewegungen, Initiativen, Strömungen hörten innerhalb von Tagen auf zu bestehen. Doch Auftauchen und Zerfall dieses mächtigen Phänomens hinterließen Spuren. Gleich einem Meteoritengürtel nach einer Planetenkatastrophe zeugten eine Unzahl winziger Überreste von dem einmaligen großen Impuls.

Der Schoß der Bewegung, die es nicht mehr gab, war noch fruchtbar für Mißgeburten – drei Bastarde traten hervor, fratzenhafte Zerrbilder einer einst guten Sache. Sie alle beriefen sich auf die alte Apo und gaben vor, das gleiche wie die Bewegung, nämlich Befreiung von Zwängen, Menschenfreundlichkeit und eine neue, bessere Welt zu wollen: Die Drogenapostel, der Terrorismus und der radikale Feminismus. 1969 traten sie zum ersten Mal öffentlich auf. Langsam zeichneten sich die Umrisse ab. Wir haben es gewußt, es gehört und gelesen:

Wer zweimal mit derselben pennt
gehört schon zum Establishment!

Morgens 'n Joint
Und der Tag ist dein Freund!

Hattu Haschisch inne Taschen,
hattu immer was zu naschen.

Legalize Pot!

Burn warehouse, burn!

Wir wollten den Käufern das knisternde Vietnamgefühl bereiten.

Wir jagen Mr. Strauß in ein Minenfeld hinein
am Tage der Revolution.

Leichter Sinn, Stein war schwer
Chef ist hin. Danke sehr.

Brecht dem Schütz die Gräten
Alle Macht den Räten!

Befreit die sozialistischen Eminenzen
von ihren bürgerlichen Schwänzen!

Keine dieser drei Nachgeburten der Apo, die im nächsten Jahrzehnt ihre menschenfeindliche Tätigkeit entfalteten, die nicht mit einem Scherz, mit einem leicht reimbaren Witzchen dahergekommen wäre.

Nichts, was jemand hätte ernstnehmen wollen. Ohnmächtige Metaphern, dachte man, magische Kinderverse, Eingeborenenzeichnungen, die den bösen Feind vertreiben sollen, Stricknadeln in der Puppe des Medizinmanns. Aber auch schon Springerpuppe aus Stroh über Feuer, Autos in Brand, bedrucktes Papier im Feuer, Kapitalistenpuppen am Galgen, Symbolzauber, Bomben voll Pudding, Granaten mit Konfetti, Attentate mit Teig und Mehl, höchstens Tomaten und Eier auf Uniformen und feierliche Talare.

Einen Monat vor dem Flugblatt mit dem Hackebeil hatten SDS-Frauen schon Tomaten auf ihre Genossen geworfen und einigen von ihnen die Hemden bekleckert. Das war auf der 23. Delegiertenkonferenz des SDS. Es waren Studentinnen des Westberliner »Aktionsrats zur Befreiung der Frau«, gegründet von sieben SDS-Frauen im Januar 68.

Es war die erste Frauengruppe, in der Männer keinen Zutritt hatten. *Für Männer verboten,* stand (noch unsichtbar) über dem Eingang des Aktionsrats. Das war der Beginn einer langen Absonderung. Die eine Hälfte der Bevölkerung wurde nicht mehr geduldet. Jahrhundertelang hatten Frauen um Zugang zu vielen Institutionen gekämpft, die ihnen verschlossen geblieben waren: Ratsversammlungen, Universitäten, Schulen, Männerbünde, Vereine, Clubs, Wahlversammlungen, Parteien und Verbände.

Diesmal versperrten sie selbst den Männern den Zugang.

Güterwaggons voll Tomaten. Ulrike Meinhof und die Frauen

Die Tomatenaktion, mit ironischen Bemerkungen von den Massenzeitungen ausgeschlachtet, hatte dennoch ein Riesenecho: im alten *konkret* – mit einer Druckauflage von 200.000 und von schätzungsweise einer halben Million junger Linker gelesen – rechtfertigte die 35jährige Jounalistin Ulrike Meinhof die Tomatenaktion und gab damit der Aktion ein Echo und eine tiefere Bedeutung, die sie eigentlich nie gehabt hatte:

> Daß Tomaten und Eier sehr gut geeignet sind, Öffentlichkeit herzustellen, wo andernfalls die Sache totgeschwiegen worden wäre, ist seit dem Schahbesuch sattsam bekannt. Als Verstärker von Argumenten haben sie sich schon mehrfach als nützlich erwiesen. Aber die Studenten, die da den Schah besudelten, handelten doch nicht in eigener Sache, eher stellvertretend für die persischen Bauern, die sich zur Zeit nicht wehren können, und die Tomaten konnten nur Symbole sein für bessere Wurfgeschosse. Ob man das für gut hielt, war eine Frage des mühsam erworbenen Wissens, der eigenen Entscheidung, der selbstgewählten Identifikation. Die Welt von CIA und Schah wird mit Tomaten nicht verändert, worüber diese Leute noch nachdenken können, darüber haben sie schon nachgedacht.
>
> Die Tomaten, die auf der Frankfurter Delegiertenkonferenz des SDS geflogen sind, hatten keinen Symbolcharakter. Die Männer, deren Anzüge (die Frauen wieder reinigen werden) bekleckert wurden, sollten gezwungen werden, über Sachen nachzudenken, über die sie noch nicht nachgedacht haben. Nicht ein Spektakel für eine alles verschweigende Presse sollte veranstaltet werden, sondern *die* waren gemeint, die sie an den Kopf gekriegt haben. Und die Frau, die die Tomaten warf, und die, die die Begründung dazu geliefert hatten, die redeten nicht aufgrund entlehnter, mühsam vermittelter Erfahrung, die sprachen und handelten, indem sie für unzählige Frauen sprachen, für sich selbst. Und es scherte sie einen Käse, ob das, was sie zu sagen hatten, das ganz große theoretische Niveau hatte, das sonst angeblich im SDS anzutreffen ist, und ob das alles haargenau hinhaut und ob auch der *Spiegel* ihnen zustimmen würde, wären sie doch erstickt, wenn sie nicht geplatzt wären. Ersticken doch täglich Millionen von Frauen an dem, was sie alles hinunterschlucken, und essen Pillen dagegen – Contergan, wenn sie

Pech haben – oder schlagen ihre Kinder, werfen mit Kochlöffeln nach ihren Ehemännern, motzen und machen vorher die Fenster zu, wenn sie einigermaßen gut erzogen sind, damit keiner hört, was alle wissen: daß es so, wie es geht, nicht geht.

Der Konflikt, der in Frankfurt nach, ich weiß nicht wie vielen, Jahrzehnten wieder öffentlich geworden ist – wenn er es so dezidiert überhaupt schon jemals war –, ist kein erfundener, keiner, zu dem man sich so oder so verhalten kann, kein angelesener; den kennt, wer Familie hat, auswendig, nur daß hier erstmalig klargestellt wurde, daß diese Privatsache keine Privatsache ist.

Der *stern*-Redakteur, der die Sache griffig abgefieselt hat, hat nur noch nicht gemerkt, daß gar nicht nur von der Unterdrückung der Frauen im SDS die Rede war, sondern sehr wohl von der Unterdrückung seiner eigenen Frau in seiner eigenen Familie durch ihn selbst. Und Reimut Reiches Vorschlag für die Frauen, doch einfach den Geschlechtsverkehr zu verweigern, bestätigte Helke Sanders Vorwurf, daß die Männer den Konflikt noch ganz verdrängen, wollte auch er ihn doch in jene Privatsphäre zurückverweisen, aus der er eben erst durch das Referat mit Tomaten ausgebrochen war. Diese Frauen aus Berlin in Frankfurt wollen nicht mehr mitspielen, da ihnen die ganze Last der Erziehung der Kinder zufällt, sie aber keinen Einfluß darauf haben, woher, wohin, wozu die Kinder erzogen werden. Sie wollen sich nicht mehr dafür kränken lassen, daß sie um der Kindererziehung willen eine schlechte, gar keine oder eine abgebrochene Ausbildung haben oder ihren Beruf nicht ausüben können, was alles seine Spuren hinterläßt, für die sie in der Regel selbst wieder verantwortlich gemacht werden. Sie haben klargestellt, daß die Unvereinbarkeit von Kinderaufzucht und außerhäuslicher Arbeit nicht ihr persönliches Versagen ist, sondern die Sache der Gesellschaft, die diese Unvereinbarkeit gestiftet hat. Sie haben allerhand klargestellt. Als die Männer darauf nicht eingehen wollten, kriegten sie Tomaten an den Kopf. Sie haben nicht rumgejammert und sich nicht als Opfer dargestellt, die Mitleid beantragen und Verständnis und eine Geschirrspülmaschine und Gleichberechtigung und Paperlapapp. Sie haben angefangen, die Privatsphäre, in der sie hauptsächlich leben, deren Lasten ihre Lasten sind, zu analysieren; sie kamen darauf, daß die Männer in dieser Privatsphäre objektiv die Funktionäre der kapitalistischen Gesellschaft zur Unterdrückung der Frau sind, auch dann, wenn sie es subjektiv nicht sein wollen. Als die Männer darauf nicht eingehen konnten, kriegten sie Tomaten an den Kopf.

Nicht dem permanenten Ehekrach soll das Wort geredet werden, sondern der Öffentlichkeit des Krachs, da, wo Kommunikation und Verständigung herstellbar sind, zwischen denen, die im Affekt nach Wurfgegenständen greifen, damit Argumente mal zum Zuge kom-

men und nicht nur die Überlegenheit des Mannes aufgrund seiner gesellschaftlich überlegenen Stellung.
Wenn Frankfurt für die Frauen ein Erfolg war, dann eben deshalb, weil schon ein paar Sachen richtig beim Namen genannt wurden, weil das ziemlich ohne Ressentiment und Jämmerlichkeit gelang, weil die paar Frauen, die das in Frankfurt gemacht haben, organisatorisch schon etwas hinter sich haben und ein paar Monate Frauenarbeit dazu, Erfahrungen mit Möglichkeiten und Schwierigkeiten. Es kann jetzt nicht das Interesse der Frauen sein, daß der SDS sich die Frauenfrage zu eigen macht. Wenn er die Frauen unterstützt, gut, aber keine Bevormundung. Die Reaktion der Männer auf der DK und die auch der immer noch wohlwollende Berichterstatter zeigte, daß vorerst noch ganze Güterzüge Tomaten verfeuert werden müssen, bis da etwas dämmert. Die Konsequenz aus Frankfurt kann nur sein, daß mehr Frauen über ihre Probleme nachdenken, sich organisieren, ihre Sachen aufarbeiten und formulieren lernen und dabei von ihren Männern erstmals nichts anderes verlangen, als daß sie sie in dieser Sache in Ruhe lassen und ihre tomatenverklekkerten Hemden mal alleine waschen, vielleicht weil sie gerade Aktionsratssitzung zur Befreiung der Frau hat. Und er soll die blöden Bemerkungen über den komischen Namen des Vereins sein lassen, denn wozu der Verein gut ist, wird sich an der Arbeit herausstellen, die er zu leisten imstande ist. Daß ihm Berge von notwendiger und schwieriger Arbeit bevorstehen, daran besteht seit Frankfurt überhaupt kein Zweifel mehr.[1]

Ulrike Meinhof betitelte ihren Leitartikel selbst »Die Frauen im SDS oder In eigener Sache«. Ihre eigene Sache: Sie ist frisch geschieden, hat zwei Kinder, die sie beanspruchen, und ist einzige Kolumnistin in einer Männerredaktion.

Dieses frühe Dokument zeigt sehr gut die Richtung an, die die radikale Frauenbewegung bald einschlagen wird: Sie entwickelt sich auf dem Boden eines sozialistischen Kampfbundes gegen den »Kapitalismus«, weist aber bereits jetzt darüber hinaus in die Richtung »Kampf gegen die Männer«, die bei Ulrike Meinhof »Funktionäre der kapitalistischen Gesellschaft zur Unterdrückung der Frau« sind. Der Kampf gegen die Männer, später wird man sagen, das Patriarchat, ist bei ihr noch dem Kampf gegen die kapitalistische Gesellschaft *untergeordnet.*

Doch werden auch schon separatistische Töne angeschlagen. Der SDS soll sich nicht »die Frauenfrage zu eigen machen«; die Frauen sollen sich organisieren und von den Männern nichts verlangen, als »in dieser Sache in Ruhe gelassen zu werden«.

Weiter: das Private soll öffentlich gemacht werden, notfalls mit unkonventionellen Mitteln; »Güterzüge« von Tomaten müßten noch verfeuert werden, weil »Berge« von Arbeit bevorstünden.

Ulrike Meinhof hat sich nach diesem, sicherlich viele Frauen mobilisierenden Aufruf nicht weiter mit diesem Thema beschäftigt. Sie ging den Weg in die Sackgasse »Frauenbewegung« selbst nicht weiter, machte nie einen Ansatz, Frauengruppen zu bilden oder eine Frauenzeitung oder sonst eine »separate« Gruppe zu gründen.

Der größere Feind, der sich in der Frauenfrage nur der Männer bediente – der Kapitalismus und der weltweite Imperialismus –, beschäftigten sie und die Unmöglichkeit, mit den bisherigen Methoden der Studentenbewegung etwas zu seinem Sturz beizutragen. Sie lernt im gleichen Monat Andreas Baader und Gudrun Ensslin kennen und geht einen anderen Weg, der nicht durch den Gegensatz Mann – Frau bestimmt wird ... Einen Monat später wird sie den Aufsatz »Warenhausbrandstiftung« schreiben und anderthalb Jahre später mit der Waffe »Öffentlichkeit herstellen«.

Bedeutung für die Frauenbewegung erlangte die mit einem untrüglichen Sinn für das geschäftlich Erfolgreiche ausgestattete Alice Schwarzer durch ihre Selbstbezichtigungsaktion gegen den § 218 unter dem Titel »Ich habe abgetrieben«, den die in Paris lebende Alice aus der französischen Hauptstadt mitbrachte, wo ihn die Zeitschrift *Le Nouvel Observateur* erfolgreich lanciert hatte und den nun der *stern* einfach kopierte.

Dringend gesucht: ein revolutionäres Objekt

Doch von solchen Höhepunkten sind wir im Augenblick noch Jahre entfernt. Alice ist, in diesem Jahr 1968, eine junge Frau, die in Paris lebt und sich gern Journalistin nennt, obwohl das einzige bedeutende Presseorgan, zu dem sie Kontakte unterhält, *konkret,* ihre Einsendungen als unbegabt oder unbedeutend zurückweist. Dennoch hält man mit ihr Kontakt, denn sie hat die Bekanntschaft von Simone de Beauvoir gemacht (Autorin des ohne Folgen für die deutsche Szene gebliebenen Buches *Das andere Geschlecht)* und glaubt, mit deren Lebensgefährten Sartre eines Tages ein Interview machen zu können. Sieht man von der Bekanntschaft mit de Beauvoir ab, hat Alice keinerlei Verbindung zur Frauenbewegung. Das Stichwort Feminismus ist noch nicht gefallen.

Noch fühlt sich selbst der »Weiberrat« und der »Aktionskreis« fest der Sozialistischen Bewegung verbunden. Noch ist er ein Teil jener großen Anstrengung zur Beseitigung der Ungleichheit, der sich als Teil der »Arbeiterbewegung« versteht.

Die Tomaten werfenden Frauen mit dem »komischen Titel« verstehen sich als Teil dieser Bewegung, von der sie allerdings noch wenig wissen. Die Klassiker der Linken, Marx, Engels oder Lenin hat kaum eine gelesen. Aber man *fühlt* sich links, progressiv. Vor dem Tomatenwerfen hält eine der Frauen eine Rede:

> Wir sprechen hier, weil wir wissen, daß wir unsere Arbeit nur in Verbindung mit anderen progressiven Organisationen leisten können, und dazu zählt unserer Meinung nach nur der SDS . . .
> Eben weil wir der Meinung sind, daß Emanzipation nur gesamtgesellschaftlich möglich ist, sind wir ja hier[2].

Sie wirft den Genossen vor:

> Die versuchen uns unterzujubeln, daß wir behaupten, Frauen brauchen zu ihrer Emanzipation keine Männer und all den Schwachsinn, den wir nie behauptet haben. Sie pochen darauf, daß auch sie un-

terdrückt sind, was wir ja wissen. Wir sehen nur nicht mehr ein, daß wir *ihre* Unterdrückung, mit der sie *uns* unterdrücken, wehrlos hinnehmen sollen . . .[3]

Das klingt ein bißchen abstrakt. Was bei einem Fließbandarbeiter plausibel scheinen würde, daß er, an seinem Arbeitsplatz gedeckelt und zermürbt, nach Feierabend dann als Haustyrann Frau und Kinder anschreit und tyrannisiert, will für den studentischen Bereich, aus dem die Aktionsfrauen kommen, nicht recht einleuchten. Die studentischen Ehepaare oder unverheiratet zusammenlebenden Partner werden in der Regel wohl beide gleich »unterdrückt« sein, wenn man das an der Universität, wie an jedem Ausbildungsplatz der Welt herrschende Abhängigkeitsverhältnis unbedingt als Unterdrückung bezeichnen will. In Wirklichkeit ist die Universität – auch damals – ein einmaliger, im Leben nie wiederkehrender Freiraum, von dem andere Arbeitnehmer ihr Leben lang nur träumen können. Dennoch, in dieser Zeit, in der alles in Frage gestellt, alle Begriffe neu definiert wurden, nannte man alle möglichen Dinge »Repression«, Unterdrückung. Zum Beispiel die Notwendigkeit, Seminare mitzumachen, Referate zu halten, Klausuren zu schreiben, ja schließlich Examen abzulegen.

Es kam sicherlich selten vor, daß ein solchermaßen »unterdrückter« Linker am Abend nach Hause kam und »mit seiner alten, durch das Patriarchat gewonnenen Identität« (so die Rede der Aktionsfrau) seine Partnerin »unterdrückte«. Etwa, indem er sich vor den Fernseher oder die Stereoanlage setzte und erwartete, daß seine Genossin ihm eine gepflegte Häuslichkeit, eine warme Mahlzeit, gekühltes Bier und anschließend Sex und Zärtlichkeit anbot. Auch hat er, nach allen Erfahrungen der damaligen Zeit, sicher kaum erwartet, daß sie ihm »die Kinder vom Leib hält und die Hemden bügelt«.

Die Erfahrungen aller betroffenen Genossen ging wohl eher dahin, daß sie *und* er, ohne gebügelte Hemden, von ihrer Uni-Arbeit oder Demonstration, ihrem Sit-in oder ihrer Diskussion in eine ziemlich unaufgeräumte Studentenbude kamen, irgendeine Mahlzeit, warm oder kalt, hinunterschlangen, eine Flasche Bier oder Rotwein öffneten und weiterdiskutierten oder weiterarbeiteten.

Allenfalls könnte die »Unterdrückung der eigenen Frau« darin bestanden haben, daß der Mann unbilligerweise »Sex verlangt« hätte, unter jungen und sich üblicherweise ja zugeneigten Pärchen keine so fürchterliche Unterdrückung. Es sei denn, die Freundin empfinde »Sex machen« – wie später Alice und fast alle in ihrem »*Kleinen Unterschied*« zu Wort kommenden Leidensgefährtinnen – als ärgerliche, ja abstoßende Zumutung. Bei solchem zwingenden Widerwillen aber hätte sich wiederum eine Trennung von dem ungeliebten »Patriarchen« angeboten und wäre auch leicht durchführbar gewesen.

Kommt uns diese Debatte also mit heutigen Augen gesehen ein bißchen hergeholt (und eher stellvertretend für die übrigen, nichtstudentischen Ehefrauen geführt) vor, so hatte der scheinbar abstrakte Streit doch einen realen Kern und die Empörung einen handfesten Grund:

Da nämlich die Babypille gerade erst eingeführt wurde und noch keineswegs allgemein akzeptiert war, anderseits Schwangerschaftsabbruch nur unter entweder lebensgefährlichen oder finanziell ruinösen Bedingungen möglich war, gab es 1968 eine ganze Reihe von verheirateten oder nicht verheirateten Paaren mit – meist ungewollten – Kindern. Gerade in diesen Jahren aber war durch eine Reihe von Büchern und Zeitschriften-Aufsätzen die Notwendigkeit einer »weiblichen Bezugsperson« für das Kind in den ersten Lebensmonaten, ebenso wie die Kenntnis von der Schädlichkeit von Kinderkrippen, -horten und -heimen bei den Gebildeten schon ziemlich verbreitet. Das führte in vielen Fällen zu einem Abbruch des Studiums oder doch zu einem Studium mit vielen Hindernissen und Schwierigkeiten. Ganz sicher schränkte es die vielen neuen und zusätzlichen Aktivitäten, die jetzt üblich wurden – das tage- und nächtelange Herumsitzen bei politischen Diskussionen, Demonstrationen, Blockaden, Sit-ins, Go-ins, Bürobesetzungen usw. – empfindlich ein.

Wenn die studentische Genossin auch schon kein Essen kochte, keine Hemden bügelte, keine Betten machte, nicht wusch oder putzte – ihre Kinder mochte selbst die aktivste Demonstrantin weder ohne Essen noch ohne Babysitter zu Hause lassen.

Es ist uns zwar nicht bekannt, welches agitatorische oder organisatorische Genie (oder Talent) uns damals durch zuviel Kinderbetreuung verlorengegangen ist – Ulrike Meinhof konnte jahrelang, von zwei Kindern und einem großen Haushalt unbehelligt, ihre Tätigkeit als Vorformuliererin der Linken ausüben, weil ihr Mann sich mit ihr (und einer Haushälterin) die Arbeit teilte – sie wusch und bügelte keine Hemden! Sie bieb aber, 1968, die Ausnahme. Tatsächlich saßen im SDS-Vorstand in Berlin wie auch im übrigen Bundesgebiet zwar Rudi Dutschke, Bernd Rabehl, Christian Semler, Bahman Nirumand, Cohn-Bendit, Reimut Reiche, Detlev Albers und viele andere männliche »Apo-Prominenzen«, aber keine einzige Frau! Auch in der mit Happenings und Clownerien die Öffentlichkeit schockenden Kommune 1 führten Teufel, Langhans und Kunzelmann das Wort und nicht die ebenfalls in der Kommune lebenden Frauen. Von ihnen wurde nur Uschi Obermaier bekannt: durch einen gut gewachsenen, häufig fotografierten Körper. Gretchen Dutschke jedenfalls wurde nicht bekannt: sie bekam und hütete zwei Babys.

War hier nun die kommende Politfrau durch »Unterdrükkung« von der großen Politik abgehalten oder waren einfach noch nicht genügend Frauen da, die das Selbstbewußtsein und das Durchsetzungsvermögen Ulrike Meinhofs oder Erika Runges hatten? Ich möchte letzteres annehmen. Durch jahrhunderte-jahrtausendelange Erziehung und Erfahrung nicht für bestimmte politisch-kämpferische Verhaltensweisen konditioniert, war in der Gesamtgruppe »Frauen« einfach noch nicht die Massenhaftigkeit des Engagements vorhanden, aus der dann die kleinere Gruppe der Anführer und Wortführer hervortritt: Wenn 800 Millionen Tischtennis spielen, ist die Wahrscheinlichkeit sehr groß, daß diese Nation die Weltmeisterschaft unter sich ausmacht – und umgekehrt.

So haben sicher die linken Frauen von dieser Zeit an Sex, Kochen und Kinderhüten gelegentlich oder für immer verweigert, wurden dadurch aber noch nicht zu einer politischen oder gesellschaftlichen Macht.

Die erste, noch sozialistisch argumentierende Frauenbewegung in der Bundesrepublik litt, wie die ganze Apo, deren Teil sie war, an dem Fehlen eines eigenen revolutionären Objekts, eines »Elends«, für dessen Beseitigung man hätte kämpfen können. Die Frauenrevolte war, wie jene antiautoritäre Studentenbewegung selbst, eine Stellvertreterrevolution. Bei dieser Bewegung der Köpfe sollte, nach dem unumstrittenen Propheten der ganzen Bewegung, Herbert Marcuse, ja auch – oder in erster Linie – das *Bewußtsein* geändert werden. Dieser Lernprozeß fand aber natürlich im Kampf gegen das Folterregime des Schahs und in den Flächenbombardements der Amerikaner in Vietnam bessere Anschaulichkeit als beim Eintreten für mehr Laborplätze für Chemielaboranten oder einer billigeren Straßenbahnfahrt.

Kämpften also die Studenten vornehmlich für die unterdrückten Völker Asiens und Afrikas, die hungernden Indios, die gefolterten Studenten von Teheran und nur in zweiter Linie für sich selber, mußten auch die ersten »Bewegungsfrauen«, solange sie zum sozialistischen Lager zählen wollten, nach einem »revolutionären Objekt«, einem ansprechbaren Gegenstand ihrer Agitation Ausschau halten.

Solche Objekte glaubte man zunächst in den unterdrückten – also zumindest eingeschüchterten, immer zurücksteckenden, sich nichts zutrauenden – Ehefrauen der Mittelklasse, aber auch in den – in gröberer Weise unterdrückten – Arbeiterfrauen gefunden zu haben. Später, wiederum unter dem Einfluß Marcuses, der die Bewegung auf die Randgruppen der Gesellschaft als neues Betätigungsfeld für Revolutionäre hingewiesen hatte, suchte und fand die Frauenbewegung noch andere »Opfer der Gesellschaft«: ledige Mütter, Geschiedene, geschlagene Frauen, Kinderreiche, Frauen von Alkoholikern, Asoziale, seelisch Geschädigte und Kranke.

Ein Fabrikantensohn entdeckt die Frauen

Engels könnte man ebenfalls einen Stellvertreter-Revolutionär nennen, gleich in doppelter Hinsicht: Es ist nicht nur ein *Mann,* der jetzt zum ersten Mal über die Rolle der Frau bei der Entstehung der Gesellschaft schreibt – der Kämpfer für das unterdrückte Proletariat ist selber vermögender Fabrikantensohn, gehört also nicht einmal der Zwischenschicht des kleinbürgerlichen Bildungsbürgertums an, sondern direkt der herrschenden und unterdrückenden Ausbeuterklasse.

Aber die Arbeiterbewegung, die in der ersten Hälfte dieses neunzehnten Jahrhunderts durch die überstürzte Industrialisierung und die Verelendung großer Teile der vorher bäuerlich-handwerklich arbeitenden Bevölkerung zu einer historischen Notwendigkeit geworden ist, braucht die bürgerlichen Intellektuellen Marx und Engels. Sie selbst ist noch zu sehr in den Schwierigkeiten ihrer Organisierung befangen, um sich schon artikulieren zu können oder einen »ideologischen Überbau«, eine theoretische Rechtfertigung für ihre Kämpfe schaffen zu können, die sie als Abwehrkämpfe gegen äußerste Not und unerträgliche Arbeitsbedingungen sieht. Sie hat trotz schwerster politischer Unterdrückung die ersten zaghaften Schritte – Gründung von Berufsverbänden, Unterstützungskassen und Arbeiterbildungsvereinen – zu einer gewerkschaftsähnlichen Bewegung hin unternommen. Erst nach der bürgerlichen Revolution von 1848 ist der Weg frei zur Gründung eines gesamtdeutschen Dachverbandes, der sogenannten »Arbeiterverbrüderung«, die vom 23. August bis zum 3. September ihren Gründungskongreß abhält (kurz zuvor ist das *Kommunistische Manifest* von Marx erschienen). Die »Arbeiterverbrüderung« hat sowohl politische, gewerkschaftliche als auch genossenschaftliche Tendenzen und versucht Lohnarbeiter, Handwerksgesellen und einfache Tagelöhner, aber auch kleine Handwerker und Beamte zusammenzuschließen.

Frauen haben zu diesem Zeitpunkt, 1848, überhaupt keine Rechte, keine Organisation, keinen Platz in der Arbeiterbewegung – die Mitgliedschaft von Frauen in Arbeitervereinen und sonstigen Gruppen war bis 1848 streng verboten. Ihre Lage ist die schlechteste (sieht man von der Gruppe der arbeitenden Kinder ab); die Löhne sind die niedrigsten, und wenn sie verheiratet sind oder als ledige Mütter Kinder aufziehen – übrigens auch wenn sie als junge Frauen noch im Elternhaus leben –, wartet auf sie am Abend die durch keinerlei technische Hilfsmittel erleichterte, schwere und schwerste Hausarbeit.

Auch für sie findet sich eine bürgerliche »Stellvertreter«-Kämpferin und Organisatorin. Luise Otto, die spätere Gründerin des Allgemeinen Deutschen Frauenvereins von 1865, versucht bereits im Revolutionsjahr 48 Frauenvereine zur Unterstützung Hilfsbedürftiger und auch Arbeiterinnenvereine zu gründen.

Am 27. Oktober appelliert sie an die neugegründete »Arbeiterverbrüderung«:

> Mit diesem habt Ihr es ausgesprochen, daß Männer und Frauen gleichberechtigt sind . . . Ihr habt es nicht vergessen, daß Ihr auch Schwestern habt. Schwestern, die wir Ihr leiden unter den Herrenrechten des Geldes, unter der Übermacht des Kapitals, unter dem Druck tyrannischer Arbeitgeber und eines Übermaßes von Konkurrenz . . . wie die Natur zwei verschiedene Geschlechter schuf, so hat sie denselben für diese Verschiedenheit auch verschiedene Wirkungskreise und körperliche Fähigkeiten zugewiesen . . . Ebenso ist nicht zu leugnen, daß, wie jetzt die Sachen stehen, wie die Bildung der Frauen hinter der Bildung der Männer zurückgeblieben ist, es auch den Frauen schwer werden würde, in gleicher Weise wie Ihr es tut, Assoziationen zu bilden und sich selbst zu helfen. Es liegt also das Los der Arbeiterinnen mit in Eurer Hand, Arbeiter![4]

Auch hier wird, wenn auch von einer »Stellvertreter-Frau«, der *kleine Unterschied* hervorgehoben, der in den zukünftigen Kämpfen und Diskussionen bis heute eine Rolle spielen wird: Sind die Unterschiede zwischen Mann und Frau naturgegeben oder durch gesellschaftliche Erziehung beziehungsweise Zwang entstanden und ausgebildet? Vor allem aber: berechtigen die Unterschiede zur Ungleichbehandlung der Geschlechter? Wie ist die Unterdrückung der Frau in das marxistische System von der Unterdrückung einer Klasse durch eine andere einzuordnen? Friedrich Engels versucht darauf eine grundsätzliche Antwort zu geben.

Sein 1884 erschienenes Buch, das auf Vorarbeiten Marx' zurückgreift, trägt den Titel *Der Ursprung der Familie, des Privateigentums und des Staates* und gilt bis heute neben Bebels *Die Frau und der Sozialismus* als ein Standardwerk der marxistischen Theorie zur Frauenfrage. Dabei handelt es sich nicht eigentlich um ein Originalwerk Engels', sondern um eine Erweiterung, Bearbeitung und Interpretation der Arbeiten zweier Gelehrter – des Schweizer Altertumswissenschaftlers Johann Jakob Bachofen, dessen *Mutterrecht* 1861, und des amerikanischen Völkerkundlers Lewis Morgan, dessen *Ancient Society* 1877 erschienen war.

Die fundamentale Entdeckung Bachofens, die von Engels mit der marxistischen Lehre vom Klassenkampf vermittelt wird: In der frühen Menschheitsgeschichte herrschten die Mütter! Das heißt, es hat eine Epoche gegeben, in der im Gegensatz zu der heute auf der ganzen Welt üblichen männerbeherrschten Gesellschaft die Frauen tonangebend waren – auch Verwandtschaft und Erbfolge wurde nach der weiblichen Linie geordnet. Erst im Laufe jahrtausendelanger Kämpfe eroberten die Männer die Herrschaft.

Wie sensationell diese Entdeckung, für die Bachofen vor allen Dingen in der griechischen Geschichte und Literatur Belege sammelte, in der Mitte des neunzehnten Jahrhunderts gewesen sein mußte, davon geben am besten Engels eigene Worte Aufschluß:

> Bis zum Anfang der sechziger Jahre kann von einer Geschichte der Familie nicht die Rede sein. Die historische Wissenschaft stand auf diesem Gebiet noch ganz unter dem Einflusse der fünf Bücher Mosis. Die darin ausführlicher als anderswo geschilderte patriarchalische Familienform wurde nicht nur ohne weiteres als die älteste angenommen, sondern auch – nach Abzug der Vielweiberei – mit der heutigen bürgerlichen Familie identifiziert, so daß eigentlich die Familie überhaupt keine geschichtliche Entwicklung durchgemacht hatte ... Die Geschichte der Familie datiert ... vom Erscheinen von Bachofens *Mutterrecht.* Hier stellt der Verfasser die folgenden Behauptungen auf: 1. daß die Menschen im Anfang in schrankenlosem Geschlechtsverkehr gelebt ... 2. daß ein solcher Verkehr jede sichere Vaterschaft ausschließt, daß daher die Abstammung nur in der weiblichen Linie – nach Mutterrecht – gerechnet werden konnte, und daß dies ursprünglich bei allen Völkern des Altertums der Fall war; 3. daß in Folge hiervon den Frauen, als den Müttern, den

einzigen sicher bekannten Eltern der jüngeren Generation, ein hoher Grad von Achtung und Ansehen gezollt wurde, der sich nach Bachofens Ansicht zu einer vollständigen Weiberherrschaft (Gynaikokratie) steigerte; 4. daß der Übergang zur Einzelehe, wo die Frau *einem* Manne ausschließlich gehörte, eine Verletzung eines uralten Religionsgebots in sich schloß (das heißt tatsächlich eine Verletzung des altherkömmlichen Anrechts der übrigen Männer auf dieselbe Frau), eine Verletzung, die gebüßt oder deren Duldung erkauft werden mußte durch eine zeitlich beschränkte Preisgebung der Frau[5].

Von dieser zunächst periodischen, später nur noch einmaligen (während der Hochzeitsnacht), am Ende nur noch symbolischen *Preisgebung* wird in dem Engelschen Buch unter Anführung zahlreicher einleuchtender Beweise – vom völkerkundlich belegten Massenbeischlaf in der Hochzeitsnacht über das Jus primae noctis bei vielen unterentwickelten Völkern bis hin zum europäischen Mittelalter und zu den letzten Überbleibseln in unseren Hochzeitsbräuchen (Küßchen und Tanz am Polterabend und Aufbruch des Hochzeitspaars um Mitternacht) – noch häufig die Rede sein. Immer aber betrachtet der sonst recht locker über eheliche Treue spottende und selber auch sehr freizügig damit umgehende Weltmann Engels die »Preisgabe« oder »Freigabe« der Frau vom männlichen Standpunkt aus als etwas Unangenehmes, als Buße, Strafe, Sühne, den monogamen Gatten Auferlegtes.

Auf die heute naheliegende Idee, daß die zur sexuellen Abwechslung neigenden Frauen die »beschränkte Preisgebung« ebensogut als ein Zugeständnis an frühere Freizügigkeit, als letzten Urlaub vor dem Ehegefängnis genossen haben könnten, kommt Engels nicht.

Die kühnen Thesen Bachofens werden sechzehn Jahre nach Erscheinen des *Mutterrechts* von einer ganz anderen Seite her bestätigt: Durch die Forschungsergebnisse des amerikanischen Völkerkundlers Morgan bei den Irokesen im Staate New York.

Morgan findet dort und später bei vielen anderen Indianerstämmen ein ausgebildetes, in allen Einzelheiten kodifiziertes Mutterrecht und eine bestimmte Art von Gruppenehe: Geschlechtsverkehr innerhalb einer größeren »Familie«. Er veranlaßt die amerikanische Regierung, auf dem ganzen Kontinent sowie in zahlreichen anderen Landstrichen der Welt Erhebungen anzustellen, zu denen Morgan Fragebogen ausarbeitet, und findet überall, in Asien, in Afrika, ja sogar in Australien Formen von Gruppenehe in verschiedenen Stadien der Entwicklung vor, die er schließlich als eine allen Völkern gemeinsame Organisationsform, die nach Mutterrecht organisierte *Gens,* bezeichnete.

Diese mutterrechtlichen Gentes sieht Morgan, und Engels folgt ihm hierin, als die ursprüngliche vor-»staatliche« Organisationsform an. Sie sind ihm die Urform, aus denen sich später die antiken vaterrechtlichen Gentes entwickeln, die bei den Griechen, Römern, neben andersartigen staatlichen Organisationen auch bei den Germanen und Kelten weiter existierten und lange für die Geschichtswissenschaft ein Rätsel waren.

Die Entdeckung der vorgeschichtlichen mutterrechtlichen Gens-Verfassung hat nach Engels »für die Urgeschichte dieselbe Bedeutung wie Darwins Entwicklungstheorie für die Biologie und Marx' Mehrwertstheorie für die politische Ökonomie«[6]. Nach Morgan/Engels hat sich diese Familienform in mehreren Etappen aus dem regellosen Urzustand entwickelt.

Der Urmensch verliert seine Unschuld – der erste Kapitalist war ein Mann

»Das Studium der Urgeschichte . . . führt uns Zustände vor, wo Männer in Vielweiberei und ihre Weiber gleichzeitig in Vielmännerei leben, und die gemeinsamen Kinder daher auch als ihnen *allen* gemeinsam gelten; Zustände, die bis zu ihrer schließlichen Auflösung in die Einzelehe eine Reihe von Veränderungen durchmachen«, schreibt Engels[7].

Diese Stufen wären dann:

○ Die *Blutsverwandtschaftsfamilie,* in der die Gruppen aller Generationen untereinander verkehren, aber die Generationen voneinander durch Tabus bereits getrennt sind. Sie würde also, wie die Familie Adams und Evas, aus den Nachkommen eines Paares bestehen.

○ Die *Punaluafamilie,* in der bereits Schwestern und Brüder vom gemeinsamen Geschlechtsverkehr ausgeschlossen sind, wodurch Inzucht noch andauernder aufgehoben wird. Aus ihr geht die *Gens* hervor.

○ Die *Paarungsfamilie,* in der eine Art lockere Ehe auf Zeit eingegangen wird, wobei die Kinder immer noch der Mutter gehören und bei der, wie in allen Vorformen die »Gütergemeinschaft« (= kommunistische Haushaltung) besteht.

»Kommunistischer Haushalt bedeutet aber Herrschaft der Weiber im Hause, wie ausschließliche Anerkennung einer leiblichen Mutter bei Unmöglichkeit, einen leiblichen Vater mit Gewißheit zu erkennen, hohe Achtung der Weiber, das heißt der Mütter, bedeutet . . . Das Weib hat bei allen Wilden und allen Barbaren der Unter- und Mittelstufe, teilweise noch der Oberstufe, eine nicht nur freie, sondern hochgeachtete Stellung«, schreibt Engels[8].

Mit der Ausschließung immer weiterer Verwandter von der Gruppenehe bis hin zur zeitlich begrenzten Paarungsehe wird der Kreis der zur Verfügung stehenden Frauen in der unmittelbaren Umgebung immer kleiner. Frauenraub rückt in den Bereich des Möglichen, wird ein Ausweg, wird auch üblich, später abgeschwächt zu Frauenkauf (dessen Reste heute noch bei fast allen Völkern fortbestehen). Zwar sind bei der Paarungsehe noch keine strikte Männerlosigkeit vor der Ehe und Monogamie auf Dauer erforderlich, aber der Vater ist jetzt – wie früher nur die Mutter – *beglaubigt.*

Sozusagen über Nacht wird die Züchtbarkeit von bisher nur gejagten Tieren entdeckt. In Wirklichkeit erstreckt sich dieser Zeitraum über eine lange Zeit – nach neuesten Forschungen über Millionen Jahre. Klimaveränderungen spielen bei der Entstehung und Vermehrung größerer Herden von Vieh eine Rolle. Nahrung ist jetzt nicht zum sofortigen Verbrauch bestimmt. Die Herden stellen eine nicht sofort konsumierbare Ware dar, die man aufbewahren und vermehren kann. Wohlstand, Sicherheit wird möglich – wenn man so will: Reichtum.

Dieser Reichtum ist zunächst – wie lange wohl? 10.000 Jahre, 100.000 Jahre, 500.000 Jahre? – Eigentum der Gens. Irgendwann aber hat der gesellschaftliche Sündenfall aus dem urkommunistischen Paradies in die egoistische Begehrlichkeit stattgefunden. Irgendeiner – nach Marx und Engels war es ein Mann! – hat zu irgendeinem Zeitpunkt – wahrscheinlich an mehreren Stellen der Erde gleichzeitig – die besten Brocken für sich haben wollen, das Filetsteak vielleicht, die beste Waffe, den bequemsten Höhlenplatz, sich diesen Vorteil: eigene Herden, Vorräte, Kleidung, Nahrung, Schmuck sichern wollen. Vielleicht auch die schönste Frau. Zu dem Zeitpunkt, wo die Paarungsehe eine gewisse Monogamie darstellte, wollte er die schönste Frau oder vielleicht auch die fruchtbarste für sich haben.

Das war der Augenblick, in dem die kommunistische Unschuld verloren war, das Wort *Besitz* (»mein« statt »unser«) in den Gehirnen der Menschen entstand. Die Monogamie und die Ausbeutung waren geboren. Vielleicht war der erste Patriarch noch der Gensvorsteher, deutet Engels an:

> Es ist schwer zu sagen, ob dem Verfasser des sogenannten ersten Buchs Mosis der Vater Abraham erschien als Besitzer seiner Herden kraft eignen Rechts als Vorstand einer Familiengemeinschaft oder kraft seiner Eigenschaft als tatsächlich erblicher Vorsteher einer Gens. Sicher ist nur, daß wir ihn uns nicht als Eigentümer im modernen Sinn vorstellen dürfen. Und sicher ist ferner, daß wir an der Schwelle der beglaubigten Geschichte die Herden schon überall in Sondereigentum von Familienvorständen finden, ganz wie die Kunsterzeugnisse der Barbarei, Metallgerät, Luxusartikel und endlich das Menschenvieh – die Sklaven.

Denn jetzt war auch die Sklaverei erfunden. Dem Barbaren der Unterstufe war der Sklave wertlos. Daher auch die amerikanischen Indianer mit den besiegten Feinden ganz anders verfuhren, als auf höherer Stufe geschah. Die Männer wurden getötet oder aber in den Stamm der Sieger als Brüder aufgenommen; die Weiber wurden geheiratet oder sonst mit ihren überlebenden Kindern ebenfalls adoptiert. Die menschliche Arbeitskraft liefert auf dieser Stufe noch keinen beachtenswerten Überschuß über ihre Unterhaltskosten. Mit der Einführung der Viehzucht, der Metallbearbeitung, der Weberei und endlich des Feldbaus wurde das anders. Wie die früher so leicht zu erlangenden Gattinnen jetzt einen Tauschwert bekommen hatten und gekauft wurden, so geschah es mit den Arbeitskräften, besonders seitdem die Herden endgültig in Familienbesitz übergegangen waren. Die Familie vermehrte sich nicht ebenso rasch wie das Vieh. Mehr Leute wurden erfordert, es zu beaufsichtigen; dazu ließ sich der kriegsgefangene Feind benutzen, der sich außerdem ebenso gut fortzüchten ließ wie das Vieh selbst.
Solche Reichtümer, sobald sie einmal in den Privatbesitz von Familien übergegangen und dort rasch vermehrt, gaben der auf Paarungsehe und mutterrechtliche Gens gegründeten Gesellschaft einen mächtigen Stoß[9].

Es fehlte noch die Erblichkeit des neuen Besitzes. Der Mann ergriff nicht nur die Macht, er vererbte sie auch an seine männlichen Kinder:

In dem Verhältnis also, wie die Reichtümer sich mehrten, gaben sie einerseits dem Mann eine wichtigere Stellung in der Familie als der Frau und erzeugten anderseits den Antrieb, diese verstärkte Stellung zu benutzen, um die hergebrachte Erbfolge zu Gunsten der Kinder umzustoßen. Dies ging aber nicht, solange die Abstammung nach Mutterrecht galt. Diese mußte also umgestoßen werden, und sie wurde umgestoßen ... Der einfache Beschluß genügte, daß in Zukunft die Nachkommen der männlichen Genossen in der Gens bleiben, die der weiblichen aber ausgeschlossen sein sollten, indem sie in die Gens ihres Vaters übergingen. Damit waren die Abstammungsrechnung in weiblicher Linie und das mütterliche Erbrecht umgestoßen, männliche Abstammungslinie und väterliches Erbrecht eingesetzt[10].

Das System war perfekt: Ausbeutung und Frauenunterdrükkung haben eine Ursache. Engels:

Der Umsturz des Mutterrechts war die *weltgeschichtliche Nieder-*

lage des weiblichen Geschlechts. Der Mann ergriff das Steuer auch im Hause, die Frau wurde entwürdigt, geknechtet, Sklavin seiner Lust und bloßes Werkzeug der Kinderzeugung. Diese erniedrigte Stellung der Frau, wie sie namentlich bei den Griechen der heroischen und noch mehr der klassischen Zeit hervortritt, ist allmählich beschönigt und verheuchelt, auch stellenweise in mildere Form gekleidet worden; beseitigt ist sie keineswegs[11].

Die Probleme, die seit Beginn des Jahrhunderts mit dem Zerfall der bürgerlichen-bäuerlichen Einzel-Wirtschaft und dem Aufkommen von außerhäuslicher Frauenarbeit und proletarischem Elend deutlich geworden waren und einer Lösung harrten, waren als aus einer Wurzel stammend und mit einem monokausalen System erklärt! Eine monokausale Lösung bot sich als Veränderung aller Unterdrückung an: Die Abschaffung des Privateigentums! Ein geniales, kühn nach vorn gedachtes System. Alles Weitere schien nur noch eine Frage des Details zu sein, der Einzelheiten.

Aber gerade im Detail steckte der Teufel.

Die Lösung aller Probleme: Kommunismus und freie Liebe?

Im 19. Jahrhundert, in dem man perfekte Lösungen liebte, die aufgingen wie ein gut konstruiertes Kreuzworträtsel, war man allzu leicht geneigt, nach einer einleuchtenden historischen Analyse und nach einer ebenso perfekten Lösung der Probleme zu suchen.

Auch für die marxistischen Theoretiker ist jene Anekdote bezeichnend, die man sich damals über den »bürgerlichen« Philosophen Friedrich Schleiermacher erzählte: Auf den Vorhalt eines Studenten, daß seine Theorie nicht mit den historischen wirklichen Tatsachen übereinstimme, antwortete dieser ärgerlich: »Schlimm genug für die Tatsachen!«

Weltfremdheit, aber auch zugleich die intellektuelle Ungeduld, die »schlimmen« Tatsachen zu beseitigen, die der (guten) Theorie nicht entsprachen, sprachen aus diesem Vorläufer und Lehrer der marxistischen Philosophen, die dann endgültig erklärten, es komme darauf an, die Welt zu verändern anstatt sie, wie die bisherigen Philosophen, »nur immer verschieden zu interpretieren« (Marx). Auch die Nachfolger von Marx und Engels, die später in den Besitz der realen Macht gelangten, ließen alle nicht ins Konzept passenden Tatsachen ins Prokrustesbett ihrer Theorie pressen. Tot oder lebendig, die Theorie sollte stimmen; sonst wehe den Tatsachen. (Oder den Menschen, die sie aussprachen.)

Doch weiter zu den Theoretikern, zu den »Vätern« der »sozialistischen Frauenbewegung«.

Nahm man einmal an, daß in der Urgesellschaft (ohne Privatbesitz an Gütern und Produktionsmitteln) eine Gütergemeinschaft (Kommunismus) ohne Ausbeutung, daher ohne Klassen geherrscht habe, so konnte man daraus schließen, daß die industrielle Überflußproduktion eines Tages auch wieder die Ausbeutung des Menschen überflüssig machen werde und ein Zustand der Gerechtigkeit, der Abschaffung des Privatbesitzes und der Klassenkämpfe herzustellen sei: der End-Kommunismus.

Was lag näher, als diesem perfekten, jedermann einleuchtenden System auch aus der Engelschen Analyse über Frau und Familie eine geschlechtsspezifische Zukunftsverheißung abzuleiten: Wenn die *Rückkehr* zu den paradiesischen, menschenfreundlicheren Ursprüngen wirtschaftlich die Lösung für die Zukunft sein sollte, warum dann nicht auch sexuell?

Mußte nicht die Abschaffung des Privateigentums, des Egoismus, der elitären Begierde, auch die Abschaffung des »Eigentums des Mannes an der Frau«, das heißt die Ehe, einschließen?

Konsequenterweise mußte das Ende des Kapitalismus auch das Ende der Männerherrschaft bedeuten, nicht nur gleiches Recht auf Arbeit, *Gleichberechtigung*, sondern auch das alte Frauenrecht der Urgesellschaft einschließen: das Recht auf freie Liebe. Ja, man hätte für die kommunistische Zukunft sogar die Wiederherstellung des Matriarchats fordern können, die Rückkehr zu der sagenhaften, sinnenfreudigen Herrschaft der »Mütter«.

Soweit wollte aber niemand der vorwiegend männlichen Theoretiker des Marxismus gehen, und auch später, als die Schüler von Karl Marx in allen Bereichen der Gesellschaft, ja sogar im ganzen Staat die Macht ergriffen hatten, kam niemand, weder Mann noch Frau, auf die naheliegende Idee, neben dem Kommunismus auch *Frauenherrschaft* als Endziel zu formulieren.

Die freie Liebe aber, der Marx und Engels privat nicht abhold waren (beide waren, wie die Feministinnen heute sagen würden, echte Paschas), die ja keineswegs an den hergebrachten männlichen Gewohnheiten etwas ändern, sondern nur der Frau die gleichen Rechte auf sexuelle Abwechslung geben würde, stand durchaus zur Diskussion. Freie Liebe war teilweise auch die Forderung der bürgerlichen Frauenrechtlerinnen, die neben beruflicher Gleichrangigkeit anstrebten, das männliche Pascha-Privileg auf vor- und nebeneheliche sexuelle Abwechslung zu brechen. Hier trafen sich bürgerliche Frauenwünsche aus der gebildeten Oberschicht mit dem wissenschaftlichen Spieltrieb der marxistischen Theoretiker, während der Teil der Arbeiterbewegung, den wir heute als den reformistischen oder sozialdemokratischen bezeichnen würden, nicht nur in der Theorie brav und gemäßigt bleiben wollte – nicht nur vor Kaiser und Reich kuschen wollte –, sondern Kirche und Ehe im Dorf zu lassen versprach. Dabei blieb es im wesentlichen, von der ersten Machtergreifung der Kommunisten 1917 bis zur gegenwärtigen Situation des realen Sozialismus in allen Ländern der Erde, von Rußland bis Kuba, von China bis Albanien. Diskussionen oder gar die praktische Ausübung der freien Liebe gelten allen realen Sozialisten bis heute als zutiefst systemfeindlich und suspekt und sind als Auswüchse bürgerlichen Individualismus, Anarchismus, als dekadente Krebsgeschwüre und Spottgeburten eben jenes für alle Übel verantwortlichen Kapitalismus-Imperialismus verpönt, wo immer sie auftreten. Die Radikalen von einst sind in Liebes-, Sex- und Familiendingen allemal Sozialdemokraten geblieben.

An zwei unterschiedlichen Wendepunkten der Weltgeschichte (unterschiedlich nach ihrer Größenordnung, nach ihrer zeitlichen Dauer und ihren Folgen für die Zukunft) wurde der Versuch gemacht, sozialistische Theorie kurzerhand in revolutionäre Praxis umzusetzen (eine Utopie, die das Paradies vorwegnimmt, die Rückkehr zum idealen Urzustand; bei allen Versuchen will man Gütergemeinschaft *und* sexuelle Freiheit verwirklichen):

1. Nach der russischen Revolution von 1917.
2. Während der Studentenrevolte von 1967/68 (Kommune 1 und Kommune 2).

Alle diese Versuche, »Kommune zu machen«, das Reich der Zukunft vorwegzunehmen, das Paradies der Gütergemeinschaft und der sexuellen Gemeinschaft schon hier und jetzt, in einem Haus, an einem Ort zu errichten, scheiterten. Sie scheiterten nicht nur an äußeren Widerständen, sie scheiterten vor allen Dingen an mangelnder Beteiligung – vor allem der Frauen. Frauen waren in der Pariser Commune – mit Ausnahme der Prostituierten – nur selten bereit, die freie Sexualgesellschaft zu verwirklichen. Sie kämpften ebenso tapfer wie Männer gegen die Truppen der französischen Regierung, die den ersten Versuch der Menschheit, einen sozialistischen Staat zu gründen, in einem Blutbad erstickte, aber sie waren nicht bereit, neben den Bedarfsgütern des Lebens auch die Männer zu teilen oder sich selber »frei zu entfalten«. Die Frauen der ersten Kommunen in der Sowjetunion[12], die sich nach der russischen Revolution bildeten, denen an freier Liebe gelegen war, waren in der Minderzahl. Die freie Liebe wurde wenig später, als in Rußland wieder eine rigide Ehemoral und strenge Sitten herrschten, zu einem pikanten Klatschthema der Berliner Ballgesellschaft, auch durchaus praktiziert von den Salondamen des Berliner Westens, die von jeher für Abwechslung in der Liebe eingetreten waren – Tucholskys Lottchen etwa und ihr Urbild, die Tucholsky-Freundin Lisa Matthias.

Die Kommune 1 der Teufel und Langhans scheiterte nicht zuletzt an ihrem Mangel an zum radikalen Liebesleben bereiten Mädchen. Die etwas differenziertere und daher auch länger existierende Kommune 2 löste sich wie die Kommune 1 ebenfalls in Zweierbeziehungen auf. Die Mitglieder gründeten andere Kommunen, in denen nicht mehr der absolute Anspruch des sexuellen »jeder mit jedem« herrschte.

Es waren immer nur ein paar abenteuerlustige Frauen der Oberschicht, die sich dafür interessierten, die Ursprünge des Staats und der Familie praktisch zu erforschen.

Macht Arbeit wirklich frei?

Für die meisten anderen Frauen jedoch, erst recht zu Engels Zeit, insbesondere die Arbeiterinnen, aber auch deren bürgerliche Schwestern, die »Frauenrechtlerinnen«, die Suffragetten, stellte sich folgende Frage: Bringt *Frauenarbeit* die Gleichberechtigung?

Zunächst, am Anfang der Arbeiterbewegung, ist Frauenarbeit nämlich umstritten. Ein großer Teil der Arbeiterschaft, auch der Organisierten, lehnt Frauenarbeit ab. Unter den fürchterlichen Bedingungen des frühen Industrie-Zeitalters, mit einem zwölfstündigen Arbeitstag, keinerlei Unfallschutz oder gar Schutzbestimmungen für Schwangere, der Beschäftigung der Frauen in ausschließlich schlechtbezahlten Berufen unter menschenunwürdigen, heute kaum noch vorstellbaren hygienischen und sicherheitstechnischen Umständen wahrhaftig kein Wunder. Eher ein Versuch der Arbeiter, die Frauen – schließlich waren es meist die Töchter oder Ehefrauen – vor der äußersten Härte des Lebenskampfs zu bewahren und dafür lieber entsprechend höhere Löhne zu fordern, mit denen die Familie miternährt werden könnte.

Schließlich waren die Löhne in der Industrie bei bestehendem Streikverbot gerade wegen der bereitstehenden »Reservearmee« der Frauen und Kinder ständig *gesenkt* worden! Von einem Teil der Arbeiterorganisationen wird deshalb der Kampf um die Abschaffung der Frauenarbeit gleichrangig mit dem Kampf um die Abschaffung der Kinderarbeit – und die Senkung der Arbeitszeit – geführt.

Das gilt besonders für die Gruppe um Lassalle, die eine bedeutende Rolle in der ersten Vorstufe der Sozialdemokratischen Partei Deutschlands spielt: dem 1863 gegründeten Allgemeinen Deutschen Arbeiterverein (ADAV).

Bebel und Lassalle, die im ADAV tonangebend sind, vertreten nicht nur unterschiedliche Auffassungen über den Weg der Arbeiterklasse zur Macht, sondern auch gegensätzliche Positionen in der Frauenfrage.

Die Lassalleaner – Vordenker und Vorläufer unserer reformerischen Sozialdemokraten – waren zumindest in der Frauenfrage von den Ideen des französischen utopischen (nicht marxistischen) Sozialisten Proudhon geprägt. Seine Vorstellungen wären heute Wasser auf die Mühlen unserer konservativen Familienpolitiker: Die Emanzipation durch Frauenarbeit lehnt Proudhon ab. Sie führe zur Auflösung von Ehe und Familie, zur freien Liebe und Promiskuität (zu bindungslosem Verkehr: »Jede mit jedem«). Die Frau ist nichts ohne den Mann – alles mit ihm. Die Mutterschaft ist der natürliche Beruf für die Frau. Bei ihr herrsche das Gemüt vor. Daher solle das Mädchen bei der Mutter leben, die Frau als Gattin bei dem Mann!

Im übrigen sind die Lassalleaner auch noch aus einem anderen, sehr vordergründigen Grund gegen Frauenarbeit: aus Konkurrenzgründen. Ein zu großes Angebot von Arbeitskräften drückt den Lohn. Auf einer sozialdemokratischen Parteiversammlung von 1866 heißt es in einem überlieferten Vortrag (»Über Frauenarbeit und Arbeiterfrauen«): Wirtschaftlich verbiete das »eherne Lohngesetz« die Frauenarbeit. Gesellschaftlich sei durch Frauenarbeit die Ehe als kleinste Einheit des Staates gefährdet und damit der Staat. Menschlich werde durch Fabrikarbeit die »Schamhaftigkeit der Frau beunruhigt«. Deshalb werden folgende Abwehrmaßnahmen vorgeschlagen:

○ Statt der Fabrikarbeit die Erwerbsarbeit der Frau im Haus.

○ Abwehrstreik der Männer, die ihren Frauen die Fabrikarbeit verbieten; dies hätte dann zur direkten Folge: weniger Arbeitskräfte, mehr Arbeitsplätze für Männer, und der Lohn würde steigen.

○ Nicht jede Frauenerwerbsarbeit sollte bekämpft werden, aber man wollte diese auf bestimmte Berufe begrenzen, nämlich solche, die in der »weiblichen Sphäre« liegen.

○ »Umgestaltung des ganzen Produktionsprozesses: denn dem Mann den vollen Ertrag seiner Arbeit gewährstellen, heißt für uns auch, die Lage der Frau verbessern.«

Vielleicht sollte man, um das Bild der Situation der Frauen in der letzten Hälfte des 19. Jahrhunderts abzurunden, zwei Dinge hinzufügen:

Im Oktober 1866 wird das allgemeine, gleiche und direkte Wahlrecht eingeführt. Es gilt *nicht* für Frauen.

Im gleichen Jahr gründen August Bebel und Wilhelm Liebknecht die erste sozialdemokratische Partei, die »Sächsische Volkspartei«. Frauen ist die Zugehörigkeit zu politischen Parteien gesetzlich verboten.

In dieser Situation sieht die Sozialdemokratin Clara Zetkin

in der Frauenarbeit, trotz der entwürdigenden und elenden Form, in der sie zur Verfügung steht, den einzigen Ansatz zur Gleichberechtigung, zur Emanzipation. Ihr Aufsatz »Über die Arbeiterinnen- und Frauenfrage der Gegenwart« aus dem Jahr 1889 faßt alle Auffassungen vom Stand der Frauenfrage zusammen und kommt zu folgendem Ergebnis:

> Die Frauenfrage ist nur ein Teil der sozialen Frage; Ursache der sozialen und politischen Unterdrückung der Frau ist ihre ökonomische Abhängigkeit vom Mann. Die Revolutionierung der ökonomischen Verhältnisse bedingte die außerhäusliche Erwerbsarbeit der Frau, legte den Grundstein zur ökonomischen Unabhängigkeit und damit zur Emanzipation der Frau. Die in der Industrie tätige Frau ist dem Mann gegenüber wirtschaftlich nicht mehr untergeordnet, sondern seinesgleichen; wie er ist sie nun der ökonomischen Herrschaft des Kapitalisten untergeordnet[13].

Auf dem Gründungskongreß der Zweiten Internationale in Paris im gleichen Jahr prophezeit Clara Zetkin:

> Die Emanzipation der Frau wie die des ganzen Menschengeschlechtes wird ausschließlich das Werk der Emanzipation der Arbeit vom Kapital sein. Nur in der sozialistischen Gesellschaft werden die Frauen wie die Arbeiter in den Vollbesitz ihrer Rechte gelangen[14].

Arbeit macht frei. Ein Wort aus der Arbeiterbewegung, das später aufs grausigste verhöhnt wurde: Die Nazis brachten diese Worte über dem Eingang ihres Vernichtungslagers Auschwitz an.

Die sozialistischen Frauengruppen in der Bundesrepublik verehren Clara Zetkin neben Rosa Luxemburg als Vorkämpferinnen für Emanzipation und Sozialismus. Auf ihrer Suche nach Identifikationsfiguren fanden sie »Rosa« und »Clara«. Die singenden Frauen von München, die 1973 eine erste Frauenplatte produzierten, reimten auf die Melodie von Biermanns Che-Guevara-Lied parodistisch ihr Lied von »Kommandante Tante Clara«:

> Es ist eine Rosa entsprungen
> Ihr Vater wollt lieber 'n Jungen
> Doch sie ist ganz gut gelungen
> Drum wird sie heute von uns besungen

Wir stehn auf Rosa und Clara
weil sie für uns immer da war
und Liebe, Haß und auch Furcht sah
Kommandante Tante Clara[15]!

Ein Lächeln = 30 Pfennig extra

Ist die damals so umstrittene Frage heute gelöst? Gibt es überhaupt noch einen Streitpunkt, seit das Grundgesetz der Bundesrepublik Deutschland die Gleichstellung der Frau eindeutig und unwiderruflich feststellt?

Im Osten – sowohl in den von der Sowjetunion beherrschten Ländern als auch in China und anderen außereuropäischen kommunistischen Staaten – ist das Frauenproblem formal gelöst: Gleichberechtigung, das Recht auf Arbeit, das Recht auf gleich qualifizierte Arbeitsplätze und gleiche Entlohnung *und* das Recht auf Sonderbehandlung wegen der besonderen biologischen Situation der Frau als »Produzentin« der Kinder sind gesichert. Eine größere Anzahl von Frauen arbeitet in für uns »typischen Männerberufen«, als Schlosser, Werkzeugmechaniker, auf dem Bau, als Ingenieur und Techniker, ja ausnahmsweise und zu Propagandazwecken auch als – Astronautin im Weltraum. Das Problem der Herrschaft ist damit nicht gelöst. Von unten nach oben im sowjetischen Herrschaftsapparat wird die Anzahl der weiblichen Mitglieder immer kleiner. Ganz oben, dort, wo in diesen Ländern überhaupt reale Macht ausgeübt wird, in den obersten Leitungsgremien der Partei – im Politbüro und im Sekretariat des Politbüros – sitzen überhaupt keine Frauen.

Vollends ungelöst ist die Frage der Frauenarbeit und weiblichen Gleichberechtigung in den meisten Ländern der dritten, vierten und fünften Welt (= der sich entwickelnden rohstoffreichen Länder, der rohstoffarmen Länder ohne Industrie und endlich der so gut wie rohstofflosen, völlig verarmten Länder mit schlechtem Boden und Klimabedingungen). Gleichberechtigung ist dort häufig formal proklamiert, in der Praxis aber herrschen teilweise noch Stammessitten aus der ersten (offenbar radikalen) Zeit des Patriarchats, mit völliger Abtrennung der Frau vom öffentlichen Leben, Schleierzwang und sogar (heute noch millionenfach praktiziert) sexueller Verkrüppelung durch Klitorisbeschneidung (siehe Seite 161 ff.).

Frauenarbeit war für die, vorwiegend Fächer wie Sozialpädagogik, Psychologie, Pädagogik (und Schulfächer) studierenden Frauen des Weiberrats mit ungeschmälerten Berufsaussichten wiederum nicht ihr eigenes Problem. Die Augenzeugin dieser ersten Stunde, eine anonyme »Frau aus Frankfurt«, die im viel später erscheinenden *Frauenjahrbuch '76*[16] über diese Zeit berichtet, schreibt deshalb ganz offen, daß den Frauen die von ihnen selber beschlossene Schulungsarbeit mit marxistischen Klassikern in eigenartiger Weise abstrakt und wirklichkeitsfremd vorgekommen sei und immer weniger Frauen zu den Zirkeln gekommen seien, bis die Arbeit am Ende fast ganz eingeschlafen sei.

Dabei lagen die Probleme der Frauenarbeit in der Bundesrepublik für jedermann offen zutage. Die schreiende Ungerechtigkeit der früheren »Frauenlöhne« war durch das Grundgesetz verboten. Nun wurde die Un-Gleichheit von den meisten Unternehmern nur anders benannt: Man schuf für Frauen spezielle Leichtlohngruppen, erklärte, daß nicht alle Männerarbeit von den Frauen geleistet werden könne, und stufte die Leichtlohngruppen – unter passiver Mitwirkung beziehungsweise Duldung durch die Gewerkschaften – niedriger ein als die der Männer.

Wieder war es Ulrike Meinhof, die als erste – in einer Funksendung des Südwestfunks, später abgedruckt in den *Frankfurter Heften*[17] – ein großes Publikum auf dieses Problem aufmerksam machte und Abhilfe forderte. Das einstündige Funkfeature »Frauen sind billiger« wurde fast ein dutzendmal von fast allen deutschen Rundfunkanstalten gesendet und hatte ein großes Echo. Die Gewerkschaften und die Frauen auf den speziellen Frauenkongressen der Gewerkschaft fühlten sich ermutigt und verstärkten ihrerseits ihre Aktivität gegen die fortbestehende Diskriminierung.

Nach Ulrike Meinhof kamen noch viele; die Leichtlohngruppen kamen nicht mehr aus dem Gespräch und wurden schließlich durch eine Gesetzesinitiative der Sozialdemokraten im Bundestag abgeschafft. Es ist vor kurzem in Kraft getreten, und die sogenannten Leichtlohngruppen gehören der Vergangenheit an. Nicht vergangen ist dagegen die Neigung bestimmter Firmen, besonders in schwierigen, schwerstarbeitenden oder sehr viele Nachtschichten erfordernden Berufen bevorzugt Männer einzustellen und weibliche Lehrlinge gar nicht erst auszubilden. Die Auseinandersetzung über die Frauenarbeit bleibt also aktuell. Das Recht auf Frauenarbeit und gleiche Bezahlung aber ist allgemein anerkannt.

Dennoch ist gerade in unseren Tagen der Streit neu entbrannt, ob Frauenarbeit überhaupt anzustreben sei, gleiche Arbeit und gleicher Lohn überhaupt erwünscht seien. Die auf viele Tausende angewachsenen Nachfolgerinnen jener vierzehn Weiberratsfrauen, die zahllosen Frauengruppen in der Bundesrepublik sind es, die diesen Streit austragen. Frauenarbeit ja oder nein, das ist die Frage, oder überspitzt formuliert in dem Satz: *Will frau überhaupt arbeiten?* Es sind die in sozialistische Feministinnen und radikale Feministinnen aufgespaltenen Frauengruppen, die diesen Streit lautstark austragen.

Anlaß: ein von Berliner »Bewegungsfrauen« gegründeter Ausschuß »Lohn für Hausarbeit«. Die Frauen der Gruppe »Lohn für Hausarbeit«, nach eigenen Angaben besonders unter Berliner Prostituierten und Lesbierinnen aktiv, zweifeln grundsätzlich an, ob es für Frauen erstrebenswert sei, den Männern in allen Punkten gleich sein zu wollen. »Wir glauben nicht«, so eine ihrer Vertreterinnen, Gisela Bock, »daß Arbeit uns frei macht. Wir haben sie so verdammt lange schon getan . . .«. Die Frauen von »Lohn für Hausarbeit« wollen einen eigenen Weg zur Emanzipation gehen. Einen »weiblichen« Weg.

Das hört sich auch in den Ohren von Männern gut an. Was aber gemeint ist, klingt mehr nach der Mentalität derer, die nach Gisela Bock zu den bevorzugten »revolutionären Objekten« der Gruppe gehören, den Prostituierten auf und um den Kurfürstendamm.

Mit den Worten einer italienischen »Schwester«, Sivia Federici:

> Sie sagen, es sei Liebe. Wir sagen, es ist unbezahlte Arbeit. Sie nennen es Frigidität. Wir nennen es Arbeitsverweigerung. Jede Fehlgeburt ist ein Arbeitsunfall.
> Mehr lächeln? Mehr Geld! Nichts wird die *heilsamen* Kräfte eines Lächelns gründlicher zerstören[18].

Kein Wunder, daß die Schwestern vom anderen Stern, die Frauen vom orthodoxen (DKP-)Flügel, Stein und Bein gegen die »Lohn für Lächeln«-Frauen wettern, so die der DKP nahestehende, durch viele Frauenbücher bekannte Schriftstellerin Jutta Menschik:

> Wieviel bequemer wäre es dann doch, sich nicht einen solchen un-

bequemen »Arbeitsplatz Ehemann« zu wählen, sondern direkt in die Produktion zu gehen. Was sollte Geld hier helfen? Das Servieren einer Tasse Kaffee zum Beispiel könnte mit fünfzig Pfennig entlohnt werden, das Lächeln dazu mit einem Aufpreis von dreißig Pfennig extra. Über Tarife beim ehelichen Verkehr soll erst gar nicht spekuliert werden. Menschlich und befreiend kann doch nur sein, die Beziehung zwischen den Geschlechtern so zu gestalten, daß Zuneigung und Liebe ohne Abhängigkeit entstehen können und nicht, daß offene Prostitution gefordert wird.

Angesichts der Krise zunehmender Frauen- und Mädchenarbeitslosigkeit und der immer lauter werdenden Werbung »Zurück ins Haus, weg mit dem Doppelverdienertum« scheint es unfaßbar, daß manche Feministinnen sich weigern, die gesellschaftlichen Ursachen und Zusammenhänge, die doch historisch nicht neu sind, zu sehen und mit ihrer Forderung »Lohn für Hausarbeit« völlig bewußt der Reaktion in die Hände arbeiten[19].

Jutta Menschik zeigt sich besonders besorgt um die »Lohn für Hausarbeit«-Frauen, bei denen sie – wohl nicht zu Unrecht – den Klassenfeind im Weiberrock am Werk sieht:

Heute, wo die Frauenbewegung die Chance hätte, die klassischen Positionen von ihrem Pathos zu entstauben, um den ursprünglichen und richtigen Zusammenhang zwischen Berufstätigkeit und notwendiger Umwandlung der Familienstruktur wiederherzustellen, flüchten sich einige Gruppen in das irrsinnigste aller Mißverständnisse: sie fordern Lohn für Hausarbeit. Weil diese Position so ungeheuerlich ist und einen Schlag ins Gesicht aller Frauen bedeutet, die seit über hundert Jahren sich aufgerieben haben für ein würdiges, menschliches Nebeneinander der Geschlechter, soll auf sie ausführlicher eingegangen werden[20].

Jutta Menschik erläutert dann, warum für die Marxisten die Arbeit, und das heißt für sie *gesellschaftliche* Arbeit, ein entscheidender Wert ist, nach Marx die menschliche Tätigkeit, die den Menschen vom Tier unterscheidet; Marx schreibt im *Kapital:*

Eine Spinne verrichtet Operationen, die denen des Webers ähneln, und eine Biene beschämt durch den Bau ihrer Wachszellen jeden menschlichen Baumeister. Was aber von vorne herein den schlechtesten Baumeister vor der besten Biene auszeichnet ist, daß er die Zelle in seinem Kopf gebaut hat, bevor er sie in Wachs baut[21].

Indem schon in der frühen Menschengeschichte mehrere Menschen zur Herstellung eines Produktes nötig waren, ja aller Fortschritt nur durch gemeinsame Arbeit möglich wurde, wurde Arbeit = gesellschaftliche Arbeit. Sie veränderte die Werkzeuge und Produkte, ja am Ende das menschliche Gehirn. Im vorindustriellen Zeitalter mit bäuerlicher oder handwerklicher Produktion und der Großfamilie, die praktisch ein Produktionsbetrieb war, war Hausfrauenarbeit natürlich auch gesellschaftliche Arbeit! Seit der Industrialisierung aber ist der Ort der gesellschaftlichen Produktion außerhalb der Familie, die Kleinfamilie produziert fast nichts mehr, die Hausfrau ist funktionslos.

Doch die Frauen der Gruppe »Lohn für Hausarbeit« sind über solche Definitionen schon hinweg. Für radikale Feministinnen sind »Engels' und Bebels marxistische Theorien« Produkte von Männern (was unbestreitbar ist) und nützen nur den Männern. Gerade ihnen aber haben die radikalen Tanten die Freundschaft aufgekündigt. »Wenn Liebe – dann Lohn«, so lautet die kühle Devise. Liebe ist ebenso Arbeit wie Putzen, wobei beides seinen Lohn hat: Ohne Moos nichts los. Zitate der »Lohn-Frauen«.

> Die Frauenbewegung hat Hausarbeit nicht nur sichtbar gemacht, sondern sie hat sie zum erstenmal umfassend definiert. Eine ganz besondere Arbeit: das weibliche Geschlecht wird vom ersten Lebenstag an für sie ausgebildet, qualifiziert; in ihr soll sich die weibliche Natur, das Wesen der Frau verwirklichen; sie soll aus Liebe getan werden, und Liebe sei ihr Lohn. Eine Arbeit, welche die gesamte weibliche Existenz erfaßt: physische, emotionale und sexuelle Hausarbeit, putzen, kochen und einkaufen, trösten und lächeln und geduldig zuhören, beischlafen und vergewaltigt werden[22].

Doch die Frauen der Berliner Gruppe »Lohn für Hausarbeit« sowie die Mitglieder ähnlicher Initiativen, sind keineswegs, wie sie in ihren Flugschriften und Selbstdarstellungen vorgeben, Hausfrauen, die nur »die Millionen Stunden kostenloser Hausarbeit sichtbar machen wollen, um sie als Arbeit definieren und auch verweigern zu können«. Es sind nicht schrubbende Frauen und kochende, waschende, bügelnde, nähende und stopfende Hausmütterchen, die endlich durch etwas mehr Taschengeld, durch reelle Bezahlung, anerkannt sein wollen. Die Frauen dieser Initiative machen alles mögliche, zum Beispiel Broschüren und Flugblätter schreiben, aber keine Hausarbeit. Sie haben auch kaum Ehemänner, denen sie zu Recht solche Forderungen stellen könnten. Sie wollen keine Gleichberechtigung erkämpfen. Sie wollen keine Partnerschaft. Sie sind eine *männerfeindliche* Gruppe.

Ihre Forderung zielt auf die Ansprache und Rekrutenwerbung bei jungen und alten Ehefrauen, die sie von dieser Männerfeindlichkeit überzeugen wollen, wozu die »nur« arbeitenden Ehemänner sicher manche Handhabe bieten.

Diese Frauengruppen rekrutieren Anhänger für ein ganz anderes Ziel als das der Gleichstellung der Frau. Sie gehen den anderen Weg, den »weiblichen«, sie haben eine andere, ebenfalls monokausale Gesellschaftstheorie.

Brüder zur Sonne – Schwestern zum Mond?

Heißt es bei den Sozialdemokraten immer noch wie in jenem alten Arbeiterlied »Brüder, zur Sonne, zur Freiheit!« und fordern die SPD-Frauen neuerdings »Schwestern, zur Sonne . . .« auf ihren Flugblättern, so schwärmen ihre Schwestern vom radikalen Feminismus eher von einem anderen Himmelskörper: vom Mond. Der Mond, neuerdings von Feministinnen auch »die Mondin« genannt, wurde nämlich als ein uraltes Symbol des Matriarchats entdeckt.

Die Mondsichel, der zu- und abnehmende Mond, die älteste den Urmenschen wahrnehmbare Zeiteinheit, Meßeinheit für Frauenmenstruation und Schwangerschaft, Symbol für Schwellen, Wachsen, Vergehen und Geburt findet sich tatsächlich als Symbolzeichen bei den ältesten Höhlenmalereien der Menschheit und ist nach neuesten Forschungen ein Symbol für Mutterschaft und Geburt, ein Zeugnis für die Herrschaft der Mütter, die Existenz einer mindestens 800.000 Jahre dauernden Frauenherrschaft!

Es ist jene Frauen*vormacht* der Urgesellschaft, zu der die Frauen vom radikalen Feminismus hinstreben, und nicht mehr eine sozialistisch-kommunistische *Gleich*berechtigung. Die Entdeckung dieser uralten Mütter hatte für die Ideologen des Feminismus die gleiche Bedeutung wie die »Entdeckung« der nordischen Rasse für Hitler.

Ein ganzes Denkgebäude, dem Nazi-Faschismus an Einfachheit und Anziehungskraft in nichts nachstehend, wurde in den letzten Jahren auf dieser Entdeckung errichtet, monokausal und romantisch, wie einst die nationalsozialistische Rassentheorie. Was den Nazis die röhrenden Germanen mit Bärenfell und Schwertergeklirr, sind den Feministinnen die dicken und unförmigen Urmuttchen, wie sie in der 23.000 Jahre alten »Venus von Willendorf« der Nachwelt erhalten blieben.

Einmal in der Vorzeit, bei den »Müttern«, angelangt, konnte man nun alles auf die einfachste Weise erklären. Danach ist die Frauenfrage nicht, wie bei den Marxisten, ein *Nebenwiderspruch,* sondern die *Hauptfrage*. Die Geschichte der Menschheit ist auch nicht eine Geschichte von Klassenkämpfen, sondern ein ewiger Kampf der Männer gegen die Frauen.

Bei diesem Kampf um die Herrschaft zwischen »Matriarchat« und »Patriarchat«, der erst in geschichtlicher Zeit mit dem Sieg des Patriarchats endete, soll wiederum die Klassengesellschaft nur als ein Nebenprodukt entstanden sein. Der linke Kampf gegen den Kapitalismus/Imperialismus ist für die Frauen nur ein Nebenkriegsschauplatz, ja, vielleicht sogar ein Ablenkungsmanöver, das die Frauen von ihrem Kampf gegen männliche Vorherrschaft ablenken soll.

Auch dieses einleuchtende System basiert, wie so viele andere einleuchtende Systeme, auf den Arbeiten eines deutschen Professors, des Deutsch-Schweizers Johann Jacob Bachofen.

Bachofens Buch *Das Mutterrecht* erscheint 1861. Es ist, bei dem Stand der damaligen Vorgeschichtsforschung, eine Sensation, eine Pioniertat, wie die Entdeckung Amerikas es einmal war. Aber das dickleibige, in umschweifiger und pathetischer Sprache geschriebene Buch wird von der wissenschaftlichen Welt kaum beachtet. Die Sensation bleibt unentdeckt. Vielleicht wäre Bachofen auch heute wenig bekannt, wenn nicht Engels, wie wir gesehen haben, versucht hätte, einige seiner Gedanken für den wissenschaftlichen Sozialismus, für seine Lehre von Privateigentum und Ausbeutung, Klassen und Klassenkampf nutzbar zu machen. Dabei wäre Bachofen entsetzt gewesen, mit seinem Buch auch nur in die Nähe solcher »historisch-materialistischen« Anschauungen gerückt zu werden. Engels nennt ihn denn auch, bei allem Respekt vor seiner wissenschaftlichen Entdeckung, einen Mystiker, der ebenso an die Erinnyen und Götter glaubt wie seinerzeit Aischilos und kommt zu dem vernichtenden Urteil:

> Daß eine solche Auffassung, wo die Religion als der entscheidende Hebel der Weltgeschichte gilt, schließlich auf reinen Mystizismus hinauslaufen muß, ist klar[23].

Ein Vorwurf, der Bachofen allerdings kaum treffen konnte. Bachofen ist, wie die Mehrzahl der Wissenschaftler seiner Zeit, Idealist, zutiefst von dem Einfluß der Idee, des Weltgeistes, des Religiösen auf die Geschichte der Menschheit überzeugt.

Wie immer man aber Geschichte auch auszudeuten beliebt – ob die Idee (das Religiöse) die Gesellschaft formt oder reale wirtschaftliche Notwendigkeiten durch einen idealen (oder religiösen) »Überbau« verschönt oder gerechtfertigt wurden – Bachofens Entdeckung des Matriarchats bleibt eine wissenschaftliche Pionierleistung.

Hinweise auf Frauenherrschaft oder frauenrechtliche Erbfolge bei Naturvölkern hatte es schon lange vor Bachofen gegeben. Schon 1724 hatte der Begründer der modernen Ethnologie, der französische Jesuiten-Missionar J. Fr. Lafitau in einem Buch über seltsame mutterrechtliche Bräuche bei einem Naturvolk hingewiesen. Der Wohnsitz dieses Volkes, von dem dieser erste Bericht über eine bevorzugte Stellung der Frau handelt, lag wenige Meilen von den bevorzugten Wohnsitzen der ersten amerikanischen Feministinnen entfernt: im Bundesstaat New York! Es handelte sich um Indianer vom Stamm der Irokesen, über die der Jesuitenpater Erstaunliches zu berichten weiß:

> Nichts ist realer als die Superiorität der Frauen. Auf den Frauen beruht eigentlich die Nation, der Adel des Blutes, der Stammbaum, die Generationsabfolge, die Aufrechterhaltung der Familien. In ihnen ist die wirkliche Autorität gelegen; das Land, die Felder und ihre ganze Ernte gehört ihnen. Sie sind die Seele der Ratsversammlungen, die Schiedsrichter über Krieg und Frieden. Sie haben auch die Aufsicht über den öffentlichen Schatz, ihnen werden Sklaven gegeben. Sie machen die Heiraten, die Kinder sind in ihrer Hand, und in ihrem Blute ist die Erbfolge begründet. Die Männer sind völlig isoliert und auf sich selbst beschränkt, die Kinder sind Fremde zu ihnen[24].

Wir wissen nicht, ob Bachofen diese frühe Schilderung der Irokesen gekannt hat, er erwähnt sie nicht. Dagegen kennt er eine andere, weit ältere Quelle, den griechischen Geschichtsschreiber Herodot, der über die in Nordafrika wohnenden Lykier Ähnliches berichtet. Bachofen:

> Die Lykier . . . benannten ihre Kinder nicht wie die Hellenen nach den Vätern, sondern ausschließlich nach den Müttern, hoben in allen genealogischen Angaben nur die mütterliche Ahnenreihe hervor und beurteilten den Stand der Kinder ausschließlich nach dem der Mutter. Nicolaos von Damascus ergänzt diese Angabe durch die Hervorhebung der ausschließlichen Erbberechtigung der Töchter, welche er auf das lykische Gewohnheitsrecht . . . zurückführt[25].

Bachofen wertet dieses bekannte Zitat nicht mehr als ein seltsames Kuriosum, nicht als zufällige Abweichung von der Norm (wie die bisherige Geschichtsforschung), sondern sieht ein Gesetz am Wirken:

> Nicht Regellosigkeit, sondern System, nicht Willkür, sondern Notwendigkeit tritt uns entgegen ... Dem hellenisch-römischen Vaterrecht tritt ein in seiner Grundlage wie in seiner Ausbildung völlig entgegensetztes Familienrecht zur Seite ...[26].

Das war neu. Bachofen aber geht im Lauf seiner Untersuchung noch einen ganz wichtigen Schritt weiter: Es hat nicht nur irgendwann einmal bei irgendeinem Volk Frauenherrschaft gegeben, sondern bei allen Völkern! Mutterrecht oder Frauenherrschaft ist eine bei allen Völkern vorhandene Kulturstufe, die dem späteren Patriarchat vorangeht, eine gesetzmäßige Entwicklung.

Zunächst habe es ein ungeordnetes Herden- oder Hordenleben gegeben, bei dem ein vollkommenes sexuelles Durcheinander geherrscht habe. Daraus sei die Orientierung der Familie auf die Frau, schließlich eine regelrechte Herrschaft der Frau (= Gynaikokratie) erwachsen. In einem langen geschichtlichen Prozeß hätten dann die Männer, ziemlich gewaltsam, die Macht in Familie und Staat erobert und diese Vormachtstellung durch drakonische Gesetze gefestigt.

Als Beweis für diese Thesen führt Bachofen zahlreiche Berichte aus der griechisch-römischen Geschichtsschreibung an, in denen über Frauenherrschaft in der Vergangenheit und bei anderen Staaten berichtet wird. Ergänzend zieht der auch mit der gesamten antiken Literatur vertraute Gelehrte Sagen und Mythen, aber auch die ganze schöngeistige Literatur der Antike heran und beweist ziemlich einleuchtend, daß sich in den religiösen Mythen und Sagen, auch noch in den Dramen und Verserzählungen späterer Zeit, Ereignisse aus einer viel weiter zurückliegenden Vergangenheit spiegeln, in der es noch keine schriftliche Überlieferung gab.

So sei die *Orestie* des Aischilos eine dramatische Darstellung des Kampfes des neuen Vaterrechts über das altüberlieferte Mutterrecht, des Sieges der neuen patriarchalischen Götter über die alten Dämonen des Frauenrechts:

Der Fürst Agamemnon hat seine Ehefrau Klytämnestra allein zu Hause gelassen und ist sehr lange im (Trojanischen) Krieg geblieben. Diese hat sich inzwischen einen Liebhaber, Aigisthos, genommen. Als Agamemnon nun zurückkehrt, erschlägt Klytämnestra – anders als Hanna Schygulla in der *Ehe der Maria Braun* – nicht etwa ihren Liebhaber, sondern ihren Ehemann. Ein, wenn man so will, radikaler Ausdruck der alten, noch frauenrechtlichen sexuellen Freizügigkeit. Das wird aber von der neuen, jetzt herrschenden Gesellschaft nicht mehr hingenommen: Ihr Sohn Orest rächt den Vater und bringt die Mutter um. Schuld auf beiden Seiten. Wie wird das Unrecht gesühnt?

Die Erinnyen, dämonische, »schreckenerregende« Frauengestalten – man stelle sich eine Gruppe johlender Feministinnen während der Demonstration vor einem Sex-Shop vor[27] – verfolgen Orest, um den Mord an der Mutter zu rächen. Der neue Gott der Wissenschaft und der Kunst, Apoll, der Orest auch zu der Tat angestachelt hat, schützt ihn.

In einem lauten Streit zwischen Orest und den Furien macht der Muttermörder geltend, daß Klytämnestra doppelt schuldig ist: sie hat ihren Mann und seinen Vater getötet. Warum verfolgen die Furien nicht *sie?* Die Antwort der militanten Damen ist für Bachofen ein Schlüssel zu dem ganzen Drama: »Sie war dem Mann, den sie erschlug, nicht *blutsverwandt!*«

Orest dagegen hat, nach Mutterrecht, die schwerste Sünde begangen: den Muttermord. Schuldig oder nicht schuldig? Der athenische Gerichtshof, der Areopag, stimmt über den Fall mit Stimmengleichheit ab. Da wirft Athene, die »Vatergeborene«, ihr Los in die Waagschale. Orest wird freigesprochen. Das Vaterrecht hat sich durchgesetzt, die »Götter jungen Stammes« (Aischilos) haben über die Erinnyen gesiegt.

Diese Deutung und viele andere Beweise Bachofens für eine real existierende Frauenherrschaft sind heute in der Forschung unbestritten. Zahllos sind neben den Zeugnissen bei vielen Völkern des Altertums, in denen Bachofen Frauenherrschaft oder Reste davon nachweisen konnte, inzwischen die durch die Völkerkunde in allen Teilen der Welt (bei noch unentwickelten Völkern oder halbentwickelten Kulturstufen stehenden Stämmen) nachgewiesenen Belege für ein existierendes Matriarchat.

Nicht mehr ganz so enthusiastisch ist die Forschung gegenüber der These Bachofens, Frauenherrschaft sei *immer* – bei allen Völkern und Erdteilen – eine notwendige Kulturstufe, ein gesetzmäßiges Durchgangsstadium bei einer Weiterentwicklung der Gesellschaft. Umstritten ist auch die These, vor der Frauenherrschaft habe es keine Einzelehe oder überhaupt Ehe gegeben. Das zwanzigste Jahrhundert ist nicht mehr so sicher bei der Erklärung der Welt durch perfekte, lückenlos stimmige Weltbilder. Auch die Systeme von Marx und Freud wurden als lückenhaft und unvollständig erkannt. Noch weniger wird die Erklärung akzeptiert, die Geschichte der Menschheit und ihrer Zivilisation sei die Geschichte des Aufstiegs der arischen Rasse, die ihre Herrschaft im ständigen Kampf gegen eine ebenfalls starke und leistungsfähige Gegenrasse, die Juden, erkämpfen müsse.

Der Tag wird kommen, da die Berge sich erheben . . .

Es ist zunächst verwunderlich, daß in diesem skeptischen Jahrhundert eine neue Schwarzmalerei, ein neues perfektes und in sich schlüssiges System Anhänger finden konnte: die Behauptung, daß die Geschichte der Menschheit seit dem Auftauchen des Homo erectus nichts weiter sei als der Kampf zwischen den Trägern zweier verschiedener Chromosomengruppen – der Männer und der Frauen!

Aber es gibt diese These, und sie ist seit etwa 1966 auf dem Marsch. Sie nahm ihren Ausgang in Amerika, dem Land, aus dem die meisten Verrücktheiten der letzten Jahre kamen. Sie wurde nicht an einem Tage entwickelt, sie entfaltete sich mit verschiedenen Ansätzen, Anläufen und Umwegen und ist erst heute voll ausgebildet.

Es dauerte ungefähr bis 1971, bis diese Lehre in der Bundesrepublik Wurzeln schlagen konnte. Einem Land, das ähnlich wie die USA, schon lange keine sozialistische Massenbewegung hat. Anders als Frankreich und Italien, wo sich ein großer Teil der Frauenbewegung mehr an den sozialistischen Klassikern orientiert. Wo sich die Frauen als Teil einer sozialen Bewegung gegen das Privateigentum begreifen, gegen den Kapitalismus und seine internationale Organisationsform, den Imperialismus. Immerhin eine Sache, die nichts von einer fixen Idee an sich hat: die man sehen und anfassen kann.

Der radikale Feminismus hingegen ist von anderer Art.

An seinem Anfang also stand der liebenswerte Schwärmer Bachofen. Der freilich meinte etwas ganz anderes. Der meinte nur Liebes, Gutes und Schönes, wenn er von der vergangenen Frauenherrschaft schwärmte. Der meinte die Herrschaft der schönen weiblichen Seele und den Hang zum Überirdischen, Jenseitigen und Mystischen. Aber vielleicht lagen seine Gedanken gar nicht so weit weg vom heutigen Feminismus, gab es doch außer der Verklärung des einen Geschlechts noch etwas zutiefst Gemeinsames: den Hang zum Irrationalen.

Bachofen jedenfalls gab als erster den Frauen seiner Zeit ein neues Selbstgefühl, Selbst-Bewußtsein. Das Gefühl, etwas Anderes, Gutes, Großes zu sein: eine neue Identität.

Seit zweitausend Jahren – von der Bibel mit ihrer alttestamentarischen Großfamilie, ihrer neutestamentarischen Anweisung »Das Weib schweige in der Kirche« (Paulus) bis zum 1861 noch fast zeitgenössischen Goethe: »Dienen lerne das Weib beizeiten nach seiner Bestimmung« – hatte noch niemand, Frau oder Mann, solche enthusiastischen Pauschalurteile über ein ganzes Geschlecht veröffentlicht wie Bachofen. Über ein vergangenes Geschlecht zwar, aber geschrieben in einem geschichtlich denkenden, die Geschichte romantisch verklärenden Jahrhundert, in dem man die Zustände der Vorzeit gern zum Vorbild für die Gestaltung der Zukunft nahm.

Frauen, belehrt Bachofen sein Lesepublikum, sind nicht nur gleichwertig, sondern sie sind *besser*! Sie, die sich trotz aller Aufgeklärtheit nie ganz von dem Trauma freimachen konnten, eben nur aus einer Rippe Adams gemacht zu sein und als erste Anstifterin zu sexuellen Exzessen Urheberin des Übels *Arbeit* gewesen zu sein, ihnen wird jetzt in flammenden Worten bescheinigt:

> An das Weib knüpft sich die erste Erhebung des Menschengeschlechts, der erste Fortschritt zur Gesittung und zu einem geregelten Dasein, vorzüglich die erste religiöse Erziehung, an das Weib mithin der Genuß jedes höhern Gutes an . . . Sein Werk ist die ganze Gesittung, welche auf die erste Barberei folgt; seine Gabe, wie das Leben, so auch alles, was dessen Wonne bildet; sein die erste Kenntnis der Naturkräfte, sein die Ahnung und Zusicherung der den Todesschmerz besiegenden Hoffnung[28].

Pathos? Verstaubte Gelehrtenprosa der Nach-Goethe-Zeit? Naive Schwärmerei, die nicht mehr in unsere Zeit paßt?

Hören wir doch einmal ein Lied von der ersten Frauenplatte, geprägt 1973:

> Der Tag wird kommen, wo die Berge sich bewegen
> sie schlafen nur für eine kurze Zeit
> in der Vergangenheit haben sie sich erhoben
> und man sah sie brennen viele Meilen weit.
>
> Kannst du den Fluß unter dir hören
> wie sich sein Wasser durch die Schluchten gräbt
> hörst du wie langsam die Steine zerbrechen
> und der Fluß den Sand aus den Tälern trägt?

Doch vielleicht wird daran noch niemand glauben
doch es gibt eins, woran sie glauben sollten
die Frauen, die jetzt schlafen, werden bald erwachen
und dahin gehen, wohin sie immer wollten[29].

Wie kamen die Frauen der gerade aufgelösten Apo, die eben noch marxistische Schulungskurse eingerichtet hatten, zu diesen neuen, poetischen Tönen? Von Clara Zetkin zu diesen fast mythischen, an die Götterdämmerung der *Edda* erinnernden Endzeitverheißungen von den »aufbrechenden« Bergen? Es war doch noch die gleiche Frauengeneration, die die Frauenzirkel des Weiberrats und des Aktionskreises getragen hatte.

Aller Unsinn kommt aus Amerika: Sisterhood is powerful

Wie ging es weiter mit der deutschen Frauenbewegung, die wir 1970 verlassen haben?

Man hat die Theoriekurse absolviert über Marx und Engels und Bebel und Clara Zetkin. Aber auch »Tante Clara« tröstet nicht über die Langeweile und Beziehungslosigkeit zur eigenen Situation hinweg, und auch nicht »Rosa«, die zum Sozialismus ein gespaltenes Verhältnis bekam, als er zum erstenmal real wurde.

Die meisten Frauen drücken ihr Desinteresse und ihre Ratlosigkeit dadurch aus, daß sie die Kurse nur sehr unregelmäßig besuchen, die aufgegebenen »Schularbeiten« nicht machen, die Bücher nur halb gelesen haben. Die einzige Gruppe, die ihren Schulungskurs ohne Schludern und Schwänzen hinter sich bringt, tritt im November 1970 aus dem Weiberrat aus und geschlossen in die – DKP ein! Die anderen bleiben im Weiberrat, ohne rechte Überzeugung, langweilen sich, wissen nicht recht, wie's weitergehen soll, wohl aber, wie es *nicht* weitergehen soll: mit dem Büffeln von Engels und Bebel, die man später verächtlich »die Märchenonkel der Frauenbewegung« nennen wird. Den Namen »Weiberrat« legen sie ab, weil die Ironie in dem Namen nicht verstanden wird, weil ihnen das zuwenig ernsthaft ist. Sie nennen sich »Sozialistische Frauen Frankfurt«.

Sie greifen jetzt zu anderen Klassikern, neuen Propheten: den ersten amerikanischen Frauenbüchern, die jetzt übersetzt werden und in Deutschland herauskommen. Das erste ist schon im Februar 1966 erschienen, aber in der Aufregung der Studentenbewegung nicht richtig beachtet worden: Betty Friedans *Der Weiblichkeitswahn*. Sein amerikanischer Titel ist aufschlußreicher: *The Feminine Mystique*. Drüben ist das Buch schon 1963 erschienen, und seine Autorin hat inzwischen eine erste nationale Frauenorganisation gegründet: die NOW (National Organization of Women), die zunächst die etablierten, von der Uni kommenden Frauen der amerikanischen Mittelklasse anspricht. Später wird sie nach dem Vorbild der Farbigen-Organisation »Black Panther« umgestaltet und erlebt als

»Women's Liberation Movement« bei den Protesten gegen den Vietnamkrieg 1967 ihren ersten Höhepunkt. Die Bewegung ist scheinbar aus dem Nichts entstanden. Den Namen Feminismus gibt es noch nicht.

Wer aber der Geburtshelfer, ja sogar der eigentliche Initiator von Betty Friedans erster Frauentruppe NOW war, blieb sowohl ihren Mitgliedern in den USA als auch ihren späteren Anhängerinnen in Deutschland verborgen. Nicht einmal die schlimmsten Feinde der neuen Radikal-Feministinnen, die Frauen der DKP oder der anderen kommunistischen Parteien hätten sich träumen lassen, wer den Grundstein zu dieser breiten Befreiungsbewegung legte: Es war die amerikanische Regierung.

Bis 1977 blieb verborgen, daß eine »tapfere, anonyme« Frau an Betty Friedan die Anregung, die Aufforderung (und wir dürfen vermuten, auch ein wenig Geld) zur Gründung der NOW herangetragen hatte: die Regierungsmitarbeiterin Catherine East vom Arbeitsministerium in Washington. Ich weiß nicht, ob eine unserer zwei großen Frauenzeitungen diese besonders für deutsche Leser schockierende Mitteilung überhaupt zur Kenntnis genommen hat. Vielleicht stört es *Emma* oder *Courage* auch nicht, schließlich ist Catherine East eine – Frau! Würde der CIA selber den Feminismus gegründet haben, hätte er sich für die Geldübergabe und die Übermittlung der Instruktionen nur einer Beamt*in* bedienen müssen, und die Sache wäre wahrscheinlich okay. Oder?

Mehr als fünfzehn Jahre nach Gründung der Frauenbewegung stellt die Gründerin Friedan die Frage, die sich damals viele Menschen stellten:

> Das Erstaunlichste an der Frauenbewegung ist, daß sie überhaupt in Gang kam; denn die gegebenen Umstände unseres Lebens als Frauen behinderten uns immer dann, wenn wir dabei waren, die Geschichte der Frau voranzutreiben. Fragen, die tatkräftige, an der Veränderung der Welt arbeitende Männer wie selbstverständlich handhaben, wären uns unlösbar erschienen – wenn wir uns die Zeit genommen hätten, sie zu stellen. Wie habt ihr zueinander gefunden? Woher bekamt ihr das Geld? Wußtet ihr, was ihr tut? Hattet ihr eine Vorstellung, wozu das alles führen würde? Was gab euch die Kraft – die Nervenstärke –, im Namen der Frauen Amerikas und der Welt zu tun, was ihr getan habt?[30]

Das Rätsel ist nun gelöst: Mit entwaffnender, oder soll man doch lieber sagen: zynischer Offenheit bekennt Betty heute:

> Aus diesem Grunde mußte ich den Namen der heroischen, unkorrumpierbaren Frau geheimhalten, die mich am Ende dazu beschwatzte, NOW (National Organization of Women) zu gründen. Die ganze Zeit hindurch ist Catherine East von der Abteilung für Frauenfragen des Arbeitsministeriums der Angelpunkt des feministischen Untergrunds von Washington gewesen, der sich von bestimmten Regierungsbehörden bis zum Kapitol ausbreitete. Sie fungierte als Hebamme bei der Geburt der Frauenbewegung und hat sich um deren Entwicklung verdient gemacht, indem sie Forschungsergebnisse und Informationen weitergab, vor Sabotage warnte sowie auf strategische Chancen hinwies, auf die die Bewegung von sich aus nie hätte kommen können[31].

Betty Friedans NOW war eine Bewegung der Karrierefrauen der Mittelklasse. Ihre Methoden waren bürgerlich und wohlanständig. Wie der Ostermarsch in der Bundesrepublik, der der wilden Revolte der Studenten voranging. Der Ostermarsch war so friedlich und vernünftig wie die amerikanische Frauenbewegung von 1965. Nur hatte zum Ostermarsch am Ende niemand mehr rechte Lust. Die Studentenrevolte dagegen hatte allen früheren Bewegungen eines voraus: Sie machte Spaß. Sie hatte viele Ergebnisse. Vor allem aber hatte sie therapeutischen Nutzen für die Psyche ihrer Mitglieder. Sie änderte, wie Marcuse es gefordert hatte, tatsächlich das Bewußtsein.

NOW hatte viele Mitglieder und auch eine Reihe von Erfolgen. Sie erreichte die Aufhebung der letzten gesetzlichen Ungleichheiten und Diskriminierungen der amerikanischen Frauen, soweit diese durch Gesetzestexte zu beseitigen waren. NOW gab den Frauen eine Ahnung von ihrer eigenen Stärke. Bald verlangten diese Frauen mehr, als Betty Friedan und ihre »tapfere anonyme Frau« aus der Regierung ihnen geben konnten.

Nach der milden Betty kamen andere, radikalere Frauen. Andere, radikalere Töne wurden laut, wurden jetzt in jeder Auseinandersetzung üblich, in der man alle Dinge »hinterfragte« und in der sich niemand mehr mit Kompromissen zufriedengeben wollte. Der Vietnamkrieg traf, anders als in der Bundesrepublik, die Jugend des Landes sehr direkt und persönlich. Jeder Student konnte einberufen und nach Vietnam kommandiert werden, was große Teile der Studentenschaft radikalisierte. Die Nähe des Todes, die Gefallenenlisten und die zurückkehrenden Verwundeten machten den Ton hart und unverbindlich. Einmal zum totalen Widerstand gegen die Regierung und die bestehenden Verhältnisse ermutigt, wurden auch die immer noch in einem Zustand der Diskriminierung und himmelschreienden wirtschaftlichen Verhältnissen lebenden Farbigen mobil. Sie wurden kühner in ihren Forderungen, unversöhnlich und schließlich militant. Hatte Martin Luther King seine Schäfchen noch bei ruhigen und disziplinierten Protestzügen angeführt, so verkündeten jetzt farbige Schriftsteller, daß man während der Straßenkämpfe von Detroit beim Schießen auf weiße Soldaten »seine Identität wiedergefunden« habe.

Es war diese Avantgarde der farbigen Bürgerrechtsbewegung: die halblegal operierende Gruppe der »Black Panther« mit ihrer Forderung nach »Black Power«, die zum Vorbild der amerikanischen Frauenbewegung wurde. Nicht nur, was die Militanz ihrer Methoden und die Konsequenz ihres Feindbildes anbetrifft. Entscheidend war etwas anderes: Die Verkündigung der *Autonomie,* der *Separation!*

War es jahrelang um die Emanzipation, die *Gleichberechtigung* gegangen, so verkündeten nun die Farbigen (und die Frauen) gegen den Rassismus der Weißen beziehungsweise den Geschlechtsdünkel der Männer einen eigenen *Rassismus:* Die Behauptung, die bisher in Abhängigkeit gehaltene Kaste sei keineswegs der schwächere, dümmere, unfähige Teil der Menschheit, sondern deren bessere Hälfte: *Black is beautyful.* Frauen sind bessere Menschen.

»Nigger«, jahrhundertelang herabsetzendes Schimpfwort der weißen Aufseher und Ausbeuter, wurde plötzlich zur selbstbewußten Bezeichnung der eigenen Identität. »Weiber« nannten sich, wie wir gehört haben, die aufmuckenden Frauen des SDS. »Black Power!« verkündeten die Farbigen unter dem Symbol der geballten Faust – »Sisterhood ist powerful« (Schwesterlichkeit ist Macht) ergänzten die neuen Frauengruppen und versahen das alte Symbol für das weibliche Geschlecht mit einer geballten Faust im Inneren der Kugel. Dieses Zeichen prangt auch auf dem Titelbild von Alice Schwarzers Bestseller *Der »kleine Unterschied«* und auf dem *Frauenkalender.*

Es war einfach so, daß viele Studentinnen, die in den Anti-Vietnam- und Bürgerrechtsaktionen Kampferfahrungen gesammelt und ihre Hemmungen abgelegt hatten, sahen, daß der Kampf für ihre eigenen Interessen noch nicht begonnen hatte und über die Solidarität der Antikriegs- und Bürgerrechtskämpfe hinaus etwas ungelöst geblieben war: ihre eigenen Probleme. Daß sie bei diesem kommenden Kampf von ihren eigenen Genossen nicht ausreichend unterstützt werden konnten, schien ihnen klar.

»Women's Lib« war die Reaktion dieser Studentinnen von 1968 auf die Erkenntnis, *selber* eine diskriminierte Gruppe zu sein. Statt *Black Power* also *Women's Power:* Die Bewegung »Women's Liberation Movement« trat fast über Nacht in allen Teilen des riesigen Landes auf. Bald besaß »Women's Lib«, im Gegensatz zu Europa, eine voll ausgebildete Ideologie. Es gab Sammelbände und Einzelausgaben, geschrieben von Frauen, die plötzlich aufgetaucht waren, Spezialistinnen auf den verschiedensten Gebieten.

1970 ist das Jahr der Propheten. Das geht Schlag auf Schlag, wird geschickt lanciert und als Trendwelle durchgesetzt, landesweit vermarktet, wobei neben den USA der englische Markt erobert wird[32].

Der Spottname »Feministinnen«, der noch in Betty Friedans *Weiblichkeitswahn* nur zweimal genannt wird (und zwar in negativer Bedeutung, wie er etwa dem Wort Blaustrümpfe oder Suffragetten anhaftet), wird als Ehrenname akzeptiert.

Die Bewegung hat sich endgültig von ihren sozialistischen Ansätzen gelöst. Der neue Gegensatz Mann : Frau hat den alten Klassengegensatz als Antagonismus abgelöst:

Nicht länger akzeptiert man, nach Engelscher Lesart, die Entstehung der Frauenunterdrückung durch das Privateigentum, sondern sieht primär in den biologischen Unterschieden von Mann und Frau die Ursache allen Übels.

Retortenbabys an die Front

Nicht der Besitz an Produktionsmitteln, sondern Klitoris und Penis sind jetzt die Dol-Punkte, um die es geht. Der Gegensatz Mann : Frau ist älter als alle Klassengegensätze. Shulamith Firestone, eine langhaarige, bebrillte College-Absolventin von ganzen fünfundzwanzig Jahren ist die Chefdenkerin der neuen Bewegung:

> Nach Engels (müssen wir) den historischen Ablauf der Ereignisse, aus denen dieser Widerspruch entstanden ist, überprüfen, um in den Bedingungen, die dadurch geschaffen wurden, Möglichkeiten für die Beendigung des Konflikts zu finden. Für die feministische Revolution werden wir eine Analyse der Dynamik des Kampfes der Geschlechter entwickeln müssen, die genauso gründlich ist wie die Analyse des Klassenwiderspruchs von Marx und Engels für die ökonomische Revolution. Sogar eine noch vollständigere. Denn wir haben es mit einem weit größeren Problem zu tun, mit einer Unterdrückung, die über jede Geschichtsschreibung hinausgeht, denn sie reicht sogar bis in das Tierreich[33].

Wie bitte? Das Mädchen mit den schönen, großen Augen meint das ganz ernst: Wenn Engels und Marx gelehrt hätten, man müsse die ökonomischen Verhältnisse ändern, so muß es auch legitim sein, die biologischen Verhältnisse zu ändern. Denn, verdammt noch mal: »Wir sind keine Tiere mehr. Und die Natur ist nicht mehr allmächtig.« Ja, wir haben richtig gehört. Die biologische Familie ist schon im Tierreich arbeitsteilig. Weil die höheren Säugetiere, übrigens auch andere Wirbeltiere, zum Beispiel Vögel, eine längere Brut- und Tragezeit und dazu eine längere Lern- und Pflegeperiode haben und deshalb die Mutter stärker absorbieren. Erst recht beim Menschen, dessen stark verlängerte Kinderzeit Voraussetzung zu seiner Höherentwicklung ist, wird die Mutter von vielen anderen Aufgaben abgehalten:

> 1. Die Frauen waren vor der Erfindung der Geburtenkontrolle fortwährend der Gnade ihrer Biologie ausgeliefert: Menstruation, Wechseljahre und Frauenkrankheiten, ständige qualvolle Gebur-

ten, Stillen, Säuglingspflege. Dies alles machte sie von Männern abhängig (gleichgültig ob von Bruder, Vater, Ehemann, Geliebten oder Klan, Regierung, Gemeinschaft), damit sie physisch überleben konnten.

2. Kinder brauchen mehr Zeit zum Heranwachsen als Tiere, sie sind dadurch hilflos und (wenigstens für eine kurze Zeit) abhängig von Erwachsenen, um physisch zu überleben.

3. Eine Mutter-Kind-Beziehung hat es in jeder Gesellschaft in irgendeiner Form gegeben, in Vergangenheit und Gegenwart. Dadurch wurde die Psychologie jeder erwachsenen Frau und jedes Kindes geformt.

4. Der natürliche reproduktive Unterschied zwischen den Geschlechtern führte unmittelbar zur ersten Arbeitsteilung in der Urgesellschaft und lieferte gleichzeitig das Paradebeispiel für die Kaste (Diskriminierung aufgrund biologischer Merkmale)[34].

Schön, sagt die Firestone mit dem ganzen Ernst ihrer fünfundzwanzig Jahre, das war also immer so. Dann ändern wir es jetzt mal. Operieren wir doch diese verdammte Natur einfach aus unserer Gesellschaft heraus:

Das heißt also, daß der »natürliche« Wert kein »menschlicher« Wert sein muß. Der Mensch hat begonnen, über die Natur hinauszuwachsen: Wir können die Beibehaltung der diskriminierenden, geschlechtsspezifischen Klassengesellschaft nicht länger damit rechtfertigen, daß ihre Ursprünge in der Natur selbst zu suchen sind[35].

O nein, Shulamith Firestone verwirft nicht

die Erkenntnisse der Sozialisten. Im Gegenteil, der radikale Feminismus *erweitert* ihre Analyse, verleiht ihr eine fundierte Basis objektiver Bedingungen und kann dadurch viele ungeklärte Widersprüche erklären ... genau wie am Ende einer sozialistischen Revolution nicht nur die Abschaffung von ökonomischen Klassen*privilegien,* sondern die Aufhebung der *Klassenunterschiede* selbst steht, so muß die feministische Revolution, im Gegensatz zur ersten feministischen Bewegung, nicht einfach auf die Beseitigung männlicher *Privilegien,* sondern der Geschlechts*unterschiede* selbst zielen: genitale Unterschiede zwischen den Geschlechtern hätten dann keine gesellschaftliche Bedeutung mehr ... Die Reproduktion der Art allein durch ein Geschlecht zugunsten beider Geschlechter würde durch künstliche Fortpflanzung ersetzt werden (oder zumindest eine freie Entscheidung für oder gegen diese Möglichkeit erlauben) . . . Die Arbeitsteilung hätte ein Ende durch die Abschaffung der Arbeit überhaupt (durch die Kybernetik)[36].

Engels' Satz,

> daß *alle* bisherige Geschichte, mit Ausnahme der Urzustände, die Geschichte von Klassenkämpfen war, daß diese einander bekämpfenden Klassen der Gesellschaft jedesmal Erzeugnisse sind der Produktions- und Verkehrsverhältnisse, mit einem Wort, der *ökonomischen* Verhältnisse ihrer Epoche,

wird von Shulamith mit einigen Korrekturen versehen. So meint sie, ist es richtiger,

> daß alle bisherige Geschichte (den Satz »mit Ausnahme der Urzustände« können wir jetzt streichen) die Geschichte von Klassenkämpfen war, daß diese einander bekämpfenden Klassen der Gesellschaft jedesmal Erzeugnisse sind der Organisationsformen der biologischen Familieneinheit für die Reproduktion der Gattung . . .[37].

Ändere die Natur – sie braucht es! Was meint unsere zornige Prophetin? Ganz einfach: Das lästige Austragen der Leibesfrucht im Mutterleib und die Stillzeit (eine zufällige Sonderentwicklung der Natur, die erst im letzten Teil der Erdgeschichte auftritt – alle anderen Tierarten pflanzen sich anders fort) ganz abzuschaffen! Die Technik macht es möglich, die einmal erreichte Höhe der menschlichen Zivilisation muß dadurch nicht gefährdet werden.

Also am besten nur kurze Ei-Ablage wie bei den Echsen, Weiteraufzucht und Pflege in der Retorte. Die Vorteile dieser Methode wären gar nicht auszudenken. Einmal ins Träumen geraten, warum nicht noch einen Schritt weiter gehen? Schließlich ist auch die geschlechtliche Zeugung nur *eine* Spielart der Fortpflanzung. Warum also nicht Weiterleben durch Knospung? Die Wissenschaft ist auch da in der Lage, dem Radikalfeminismus brauchbare Lösungen anzubieten.

Übertreiben wir? Hören wir Ti-Grace Atkinson, Originalton Women's Liberation:

> Der Geschlechtsverkehr muß einfach aufhören, als die Methode zu gelten, mit der sich die Gesellschaft erneuert. Diese Veränderungen kommen jetzt mit den Forschungen, die auf dem Gebiet der ex-

tra-uterinen Empfängnis und Inkubation vorgenommen werden, in den Bereich unserer Möglichkeiten. Die Bedeutung dieser Forschungen für die Frauenbewegung ist jedoch noch kaum erkannt worden. Daher müßten jetzt konzentrierte Untersuchungen stattfinden, um diese extra-uterine Methode der pränatalen Entwicklung so schnell wie möglich zu perfektionieren, damit sie als eine echte Alternativmethode zur Verfügung steht, um es milde zu sagen[38].

Sag es milde, Mathilde. Im Klartext heißt das ziemlich unverblümt: Retortenbabys an die Front! Damit die Frau endlich zu sich selber kommt.

Auch Dana Densmore hat für die überkommene Art von Fortpflanzung nur Verachtung übrig. Es ist die Art niederer Tiere:

Bei niederen Tieren ist es üblich, daß die neue Zelle im weiblichen Körper entsteht und dort auch die ersten Stadien ihrer Entwicklung durchmacht, wobei sie ihre Nahrung gleichfalls aus dem weiblichen Körper bezieht. Auch der weibliche Mensch ist für diese Art Fortpflanzung ausgerüstet. Es gibt jedoch keinerlei Grund mehr für ihn, diese von der anatomischen Bauweise her vorgesehene Bürde weiterzutragen.

Der Mensch hat sich von einer Bürde, einer Unbequemlichkeit, einer Unfähigkeit zur Anpassung sehr früh befreit: Er hat Kleider erfunden. Auf die gleiche Weise ist er ohne weiteres fähig, seine Vorstellungskraft und seine Technologie dafür zu verwenden, sich von der Bürde der Unbequemlichkeit und der Unfähigkeit zur Anpassung zu befreien, die darin liegt, daß er immer noch jeden neuen Organismus für die ersten neun Monate seines Lebens im eigenen Körper ernährt[39].

So weit – aber auch nur bis hierhin – reicht das *eine* System des Feminismus.

Es besagt: Die Unterschiede zwischen Mann und Frau sind biologisch entstanden und können durch die Wissenschaft abgeschafft werden. Eine eventuell unterschiedliche Psyche ist anerzogen. Es gibt keine Wertunterschiede zwischen den Geschlechtern. So weit geht auch die Ziehmutter des Feminismus, die sozialistische Philosophin Simone de Beauvoir, deren 1950 erschienenes Buch *Das andere Geschlecht* heute von Alice Schwarzer als die »Bibel des Feminismus« bezeichnet wird: »Man kommt nicht als Frau zur Welt, man wird dazu gemacht.«

Die Beauvoir stellte sich lange gegen eine autonome Frauenbewegung, bezeichnet sich aber seit ihrer Begegnung mit Vertreterinnen von Women's Liberation auch als Feministin. Doch die heute 65jährige sieht eine Brücke zum Sozialismus:

> Heute verstehe ich unter Feminismus, daß man für die speziellen Forderungen der Frauen kämpft – parallel zum Klassenkampf ... früher glaubte ich, der Klassenkampf müsse dem Kampf der Geschlechter vorangehen. Ich bin jetzt der Meinung, daß sie beide gleichzeitig geführt werden müssen[40].

Bei aller Radikalität des Kampfes um die volle *Gleichberechtigung* enthält dieser Feminismus noch ein *Partnerschaftsangebot.* Nicht »sisterhood« predigte einst die Beauvoir, sondern »Geschwisterlichkeit« beim Kampf um das Reich der Freiheit:

> Damit dieser höchste Sieg errungen wird, ist es unter anderem notwendig, daß Mann und Frau jenseits ihrer natürlichen Differenzierungen rückhaltlos geschwisterlich zueinander finden[41].

Kastriert alle Männer!

Jenseits der Grenze der »Geschwisterlichkeit« beginnt die Welt des *anderen* Feminismus. Er ist eine Phantasiewelt, geboren aus Haß, Trauer und Zorn über die jahrtausendealte Unterdrückung des weiblichen Geschlechts. Aber auch dieser Zorn gegen das Unrecht verzerrt die Züge. Nicht nur die Mienen seiner Anhängerinnen blicken finster, nicht nur ihre Gesichter sind verzerrt, ihre Münder verkniffen. Auch das Gesichtsfeld ist eingeengt. Selektive Wahrnehmung führt zu grotesken Perspektiven. Eine schwarzweiße Gespensterwelt voller gütiger starker Feen und zotteliger sadistischer Unholde tut sich auf, eine Welt des Wahns; wie die der modernen Terroristen:

> Die ersten Frauen entkommen dem *Massaker.* Zitternd und schwankend fangen sie an, einander zu finden. Ihr erster Schritt ist eine sorgfältige, gemeinsame Bestandsaufnahme mit dem Ziel, das zerbrochene Bewußtsein neu zu sensibilisieren. Und das ist qualvoll: Ganz gleich, wie viele Ebenen des Bewußtseins erreicht werden, das *Problem* reicht immer noch tiefer. Es ist überall. Die Teilung in *Yin* und *Yang* durchdringt alle Kulturen, die Geschichte, die Ökonomie, sogar die Natur . . .
> Wir werden die kulturellen Institutionen untersuchen, in denen die biologische Familie reproduziert und verstärkt wird (ganz besonders ihr Bollwerk, die Kernfamilie), wir werden ihre Folgeerscheinungen analysieren, die Psychologie der Macht, den aggressiven männlichen Chauvinismus, der sich inzwischen so weit entwickelt hat, daß er uns *vernichten* kann[42].

Massaker. Vernichtung. Überall Feinde. Selbst in der Rockmusik:

> . . . wenn man sich mal die Mühe macht, in die männlichen Texte der Rockmusik hineinzuhören, dann erfährt man als Frau nur Vernichtendes. Wir sind weiter nichts als Fotzen, manchmal lächerlicher Art (Twentieth Century Fox), manchmal geheimnisvoll (Ruby Tuesday), manchmal aasig (Get a Job) und manchmal eben einfach nur Fotzen (Wild Thing). Endlose Texte und dazu ein Sound voller Gefühle, von dem ich immer dachte, daß er mir etwas zu sagen hätte – alles nur Reaktionen gegenüber Frauen, wie Hinlegen, Beherr-

schen, Drohen oder Stolz, Verächtlichkeit, wildes Herumgevögel und überhaupt nichts als Haß auf die Frauen, auf einer Million verschiedener Ebenen[43].

Verbales Karate. Im häufigen, möglichst ruppigen Gebrauch des Wortes Fotze lassen sich die Feministinnen nicht einmal von den Schwarzen Panthern übertreffen:

Der schlimmste Schimpfname, mit dem man jemanden bedenken kann, ist Fotze. Das Beste, was einer Fotze passieren kann, ist, daß sie klein und unauffällig bleibt. Die Sorge um die Größe des Penis läßt sich nur vergleichen mit der Sorge um die Kleinheit der Fotze. Keine Frau möchte eine Fotze wie ein Pferdehalfter haben. Sie ist bemüht, weder als schlampig zu gelten noch zu riechen, und sie tilgt gehorsam im Sinne des öffentlichen Anstands alle Spuren ihrer Menstruation. Wenn du dich für emanzipiert hältst, dann beschäftige dich einmal mit der Vorstellung, wie wohl dein Menstruationsblut schmecken würde – wird dir bei dem Gedanken schon schlecht, dann hast du noch einen weiten Weg vor dir, Baby[44].

Männer sind mies. Männer sind aggressiv. Sie wollen die Identität der Frauen rauben, sie versklaven, nötigenfalls auch langsam und qualvoll töten. Es ist eine Verschwörung. Sie wollen (ähnlich wie es Hitler von den Juden vermutete) den besseren Teil der Menschheit vernichten. Man muß ihnen zuvorkommen. *Sisterhood is Powerful* gibt da einen (noch dezenten) Hinweis:

Das Sexualleben der Spinnen ist außerordentlich interessant: Er vögelt sie. Sie beißt ihm den Kopf ab[45].

Bald wird man deutlicher. Schon 1968 hat Valerie Solanas das Manifest der SCUM-Bewegung geschrieben, eine Art *Mein Kampf* des radikalen Feminismus oder besser Femi-Faschismus, der 1970 in dem Sammelband *Sisterhood is Powerful* weitere Verbreitung erfährt. SCUM, ein selbstironisches Wortspiel mit dem Wort für Abschaum, heißt schlicht und deutlich »Gesellschaft für die Kastrierung der Männer« (Society for Cutting up Men). Originalton Valerie:

Das Leben in dieser Gesellschaft ist ein einziger Stumpfsinn, kein Aspekt der Gesellschaft vermag die Frau zu interessieren, daher bleibt den aufgeklärten, verantwortungsbewußten und sensationsgierigen Frauen nichts anderes übrig, als die Regierung zu stürzen, das Geldsystem abzuschaffen, die umfassende Automation einzuführen und das männliche Geschlecht zu vernichten[46].

Hitlers *Mein Kampf* wurde bekanntlich nicht ernst genommen – mit den bekannten Folgen für die Menschheit. Valerie Solanas konnte erfolgreich nachweisen, daß sie ihr Manifest ernst meinte und nicht etwa als einen literarischen Scherz aufgefaßt haben wollte. Obwohl Simone de Beauvoir bereit war, ihr öffentlich zu attestieren:

Es handelt sich dabei nicht um ein wörtlich zu nehmendes Programm, sondern um ein bissiges Pamphlet in Swiftscher Manier, in dem die Auflehnung gegen den Mann bis zum Exzeß vorangetrieben wird[47].

Aber Valerie Solanas strafte die Professorin Lügen, ähnlich wie Andreas Baader die prominenten Gutacher, die das Kommune-Flugblatt »Burn, warehouse burn« für eine hübsche literarische Satire erklärt hatten. 1971 lauerte Frau Solanas dem Popkünstler Andy Warhol, den sie für einen Prototyp des männlichen »Chauvinismus« hielt, vor seiner Haustür auf und streckte ihn durch mehrere Schüsse aus einem Smith & Wesson-Trommelrevolver nieder. Durch Zufall überlebte er und konnte nach einer schwierigen Operation das Krankenhaus wieder verlassen.

Obwohl dieser erste Versuch, den verbalen Holocaust auch praktisch zu vollziehen, gescheitert war, verdienen Valerie Solanas' Thesen ernst genommen zu werden. Sind sie es doch, die ausgesprochen oder unausgesprochen hinter allen Äußerungen des radikalen Feminismus in Deutschland stehen. Dabei ist es unwesentlich, ob sie so offen ausgesprochen werden wie in Nr. 2/1977 der Berliner Frauenzeitschrift *Schwarze Botin* (»Kastration ist nur eine Übergangslösung«) oder geschickt getarnt in Literatur und in subjektive Meinungsäußerungen verpackt wie in Schwarzers *Emma*.

SCUM ist nicht der Abschaum, die überspitzte Perversion des Feminismus, sondern nur seine letzte Konsequenz. Sein Motiv: grenzenloser Haß. Seine Methode: Kampf bis aufs Messer. Sein Endziel (oder soll man sagen seine Endlösung?): eine Welt ohne Männer.

Valerie Solanas schildert, wie sie die oben geforderte »Vernichtung« durchführen will. Höchst human und voll hygienisch:

> Heute ist es technisch möglich, sich ohne Hilfe der Männer (oder, in diesem Fall: Frauen) zu reproduzieren und ausschließlich Frauen zu produzieren. Wir müssen sofort damit beginnen. Der Mann ist eine biologische Katastrophe: das (männliche) Y-Gen ist ein unvollständiges (weibliches) X-Gen, das heißt es hat eine unvollständige Chromosomstruktur. Mit anderen Worten, der Mann ist eine unvollständige Frau, eine wandelnde Fehlgeburt, die schon im Genstadium verkümmert ist[48].

Später wird Valeries Schwester im Geiste, die Psychoanalytikerin Phyllis Chesler den »verzweifelten« durch die Männer in kollektiven Wahnsinn getriebenen Frauen vorschlagen, sich an ihren sagenhaften Vor-Müttern ein Beispiel zu nehmen, den Amazonen:

> Als Feministin und Psychologin möchte ich mich der Frage nach den »idealen Gruppen« noch auf eine ganz andere Weise nähern. Wenn Frauen aus biologischen Gründen zu kultureller Impotenz verurteilt werden, ist es vielleicht nützlich, sich mit jenen Sozietäten auseinanderzusetzen, in denen Frauen gerade aus biologischen Gründen die kulturelle Vormachtstellung innehatten: nämlich in den Amazonenstaaten.
> Die Amazonengesellschaft stellt als Mythos, historisches Ereignis und als universaler männlicher Alptraum eine Kultur dar, in der die Frauen *aufgrund* ihrer sexuellen Identität die Herrschaft ausüben. In der Amazonengesellschaft waren nur die *Männer, soweit man ihnen zu bleiben gestattete,* in verschiedenem Maße machtlos und unterdrückt[49].

Im Amazonenstaat: Neugeborene Knaben werden verstümmelt

Damit wir uns den Amazonenstaat besser vorstellen und später einmal nicht wieder sagen können: *wir haben nichts gewußt!*, lassen Phyllis Chesler und Rowohlt uns gleich darauf einen Abschnitt aus dem Lieblingsbuch der Femi-Faschisten lesen. Es wurde geschrieben von einer Frau, der auf Bachofens Forschungen aufbauenden, wie er im BluBo-Stil von der Vergangenheit schwärmenden Helen Diner, die 1925 unter dem Pseudonym Sir Galahad ein Buch, *Mütter und Amazonen*, veröffentlichte, in dem sie folgende liebenswürdige Praxis der Amazonen beschreibt:

> Die mildeste Art führt sie in jedem Frühling zu flüchtiger, aus Prinzip wahlloser Vermischung an männliche Nachbarn heran. Weibliche Frucht wird behalten, männliche dem fernen väterlichen Stamm zurückgeschickt. Die schärfere Art schickt nichts zurück, sondern *verstümmelt die neugeborenen Knaben*, macht sie für später ungefährlich durch *Auskugeln einer Hand und einer Hüfte.* Als verachtete Sklavenprügel, von keiner Amazone je erotisch berührt, werden sie im Stamm lediglich zum Kinderwarten, Wollespinnen und häuslichen Dienst verwendet. Im extremen Fall wird meist der Besamer selbst *nachträglich getötet, ausnahmslos aber jede männliche Geburt*[50].

Eine saubere Lösung.

Alice Schwarzer klagt im Vorwort zum *Verrückten Geschlecht:*

> Das in Amerika so fruchtbare Klima von Dringlichkeit und Wut gibt es in der Bundesrepublik noch nicht . . . Darum ist Phyllis Cheslers Streitschrift jetzt ein so wichtiger Text . . .[51].

Aber der Aufruf von Phyllis (bisherige deutsche Auflage: über 20.000) wurde schon gehört: die vorderste Front der Berliner Feministinnen trägt in dieser Saison zur lila Latzhose eine doppelschneidige Axt, das Wahrzeichen der Amazonen. Als

Wahrzeichen schmückt die Doppelaxt auch halbmilitante Aktionen wie die Besetzung des Berliner Rechtsanwaltsbüros Schily aus Protest gegen die Verteidigung eines der Vergewaltigung beschuldigten Mannes (siehe Seite 236 f.).

Bisher ist nicht bekannt, ob die Nachfolgerinnen der »stolzen Amazonengeschlechter« schon ihre Söhne getötet oder verkrüppelt haben. Wie man männliche Kinder (die als »Jungfikker« mit acht Jahren bereits nicht mehr die Frauenkneipe betreten dürfen) auch seelisch verkrüppeln kann, schildert in naiver Offenheit eine Frau aus dem schon mehrmals erwähnten Weiberrat. 1975 veröffentlicht im sogenannten *Frauenjahrbuch 1* unter dem Titel »Mein Kind ist ein Mann«:

> . . . der eben jetzt, mit 15 eigentlich eine ganz übliche männliche Sozialisation hinter sich hat . . . So ist der A. jetzt fertig männlich sozialisiert sozusagen, also auch mit chauvinistischen Verhaltensweisen schon drin. Er wird natürlich von den anderen Frauen in erster Linie als Mann gesehen und nicht als Kind oder Sohn einer Mitfrau.
>
> Zum Beispiel folgendes: Ich sitze mit 5 Frauen am Küchentisch, und wir essen zu Abend. Wir haben eigentlich eine Arbeitsgruppe. A. kommt nach Hause, etwas später, so gegen 7 Uhr, und er ißt natürlich auch mit. Wir wollen noch Zwiebeln schälen, und wir suchen das Küchenkneipchen, das Messer, und da sag' ich: »Das benutzt der A. immer als Obstmesser. Wahrscheinlich liegt es unter irgendwelchen Apfelsinenschalen in seinem Bett.« Daraufhin sagt dann eine Frau: »Na so, im Bett, also hoffentlich passiert da nichts anderes mit.« Und der A. überhört das also offensichtlich. Aber ich merke, daß er es sehr wohl gehört hat, und ich finde es nicht so gut, einfach darüber hinwegzugehen. Ich reagiere da irgendwie drauf, und daraufhin verstärkt der A. das auch noch, woran ich merke, daß er es sehr wohl mitgekriegt hat. Es hat wahrscheinlich schon kapiert, was diese Anspielung so heißen sollte, und er sagt dann auch: »Naja, es könnte ja auch ein verrostetes oder so was sein.« Also verstärkt das dann noch und macht es dadurch noch krasser und schärfer. Das ist so ein Wortgeplänkel, und ich habe ein ungutes Gefühl dabei.
>
> Dann liegen zwei große Messer auf dem Tisch, und zwei Frauen nehmen also diese beiden großen Messer in die Hand, die Klinge nach oben – es ist alles irgendwo ganz witzig und lustig. Aber ich sage mir: das ist ein 15jähriger Junge. Das muß ja nun nicht grade sein. Um das Ganze nicht überzubewerten, auch nicht vor ihm, gehe ich auch auf das Geplänkel ein. Versuche es zwar ein bißchen run-

terzuhalten, aber passiert ist es ja sowieso. Ich kann auf seine vielleicht *dadurch entstandenen Ängste* gar nicht eingehen, weil ich Angst habe, daß ich mit dem Finger in was reinbohre, wovon ich gar nicht weiß, ob es bei ihm Ängste erweckt. Es ist eine unheimlich schwierige Situation, die ich eigentlich lieber umgehen würde. Aber es sind Spielchen, die ich mir in einem anderen Zusammenhang, wenn es nur nicht grade der A. ist, sondern wenn da ein *andrer Mann säße,* der auch stabil genug ist, schon vorstellen könnte[52].

Wir haben es nicht gewußt?

Wir wissen nicht, was mit unseren Söhnen aus geschiedenen Ehen geschieht, deren Mutter in einer solchen Frauengruppe ist. Aber vielleicht sollten wir uns mehr darum kümmern, es zu erfahren.

Die Interviewerin fragt die 36jährige bisexuelle Mutter noch besorgt:

»Was du erzählt hast vom Messer in der Küche: Da bekommt er sozusagen den aggressiven Teil der Frauenbewegung mit und begreift dadurch Frauen als bedrohliche Megären. Also, daß er dann praktisch einen Ausweg hätte in die Homosexualität?«

Und die Mutter antwortet:

»Ja, das habe ich mir schon mal überlegt. Erstens mal, weil ihm die Aggressionen der Frauen deutlicher werden als zärtliche Momente«[53].

Das Kind, dieses Produkt femi-faschistischer Erziehung reagiert denn auch mit terroristischen Wunschträumen:

Ich hasse das Frauenzentrum, und wenn ich ein Extremist wäre, hätte ich es längst in die Luft gesprengt[54].

Muß dieser Sohn noch körperlich verstümmelt werden, müssen ihm noch, nach antikem Vorbild, die Hände oder die Hüfte ausgekugelt werden?

Die modernen Amazonen, wollen sie nicht immer in solche Gewissensbisse verfallen wie die Frau aus Frankfurt, müssen noch zwei Probleme lösen: Durch wissenschaftliche Methoden den Nachwuchs möglichst auf Mädchen beschränken (das erspart das Verstümmeln oder Töten der Söhne) und diese Kinder ohne die Mithilfe von Männern zeugen. Denn das weibliche Ei müßte ja noch von einer männlichen Zelle befruchtet werden. Aber auch da arbeitet die Wissenschaft bereits an einer Lösung: Der französische Biologe Jean Rostand berichtet über Methoden, mit denen man ein Ei auch ohne Befruchtungsvorgang zur Zellteilung bringen kann, eine Methode, die an Seeigeleiern bereits erfolgreich praktiziert wird:

> Es ist inzwischen eine normale Sache, daß Lebewesen mit perfekter Konstitution ohne männliche Mitwirkung aus einem jungfräulichen Ei geboren werden können, wenn im Inneren dieses Eis eine Verdoppelung der Chromosomen vorgenommen worden ist[55].

Die Zellverdoppelung wird mit Hilfe physischer Reizung (einer Art Nadelstich) oder chemischer Reize vorgenommen.

Ein uralter Sagentraum der Menschheit wird verwirklicht. Die Zeugung aus *einem* Leib, *einer* Rippe, *einem* Kopf, *einem* Samen! Die *unbefleckte* Empfängnis und die *jungfräuliche* Geburt! Will man aber, um eine bessere biologische Mischung zu erhalten, die Erbanlagen der eigenen Zelle mit den Chromosomen einer fremden Zelle mischen, so braucht man immer noch keinen Mann. Die Eizelle kann theoretisch mit jeder anderen Körperzelle verschmolzen werden, die man einem fremden Körper entnimmt, zum Beispiel dem Arm einer anderen – Frau.

Die Geschlechtsbestimmung für das zukünftige Lebewesen ist ebenfalls kein Problem mehr. Hier ist die Wissenschaft sogar schon am weitesten fortgeschritten[56].

Sex ohne Männer: Der Mythos vom klitoralen Orgasmus

Zu einer perfekten schönen, neuen Welt ohne Männer fehlt nur noch eins: eine alle erfüllende, befriedigende Sexualität. Für dieses Problem gab es in der amazonischen Vorzeit keine rechte Lösung. Um so mehr aber bietet sich heute, wo die reine Fortpflanzung durch Eistich und Retorte, Cloning und extrauterine Schwangerschaft gesichert ist, ein ganz anderer Weg zum Glück: der Sex ohne Mann, der von Frau zu Frau solidarisch geübt oder allein mit dem Vibrator ins Unendliche gesteigert werden kann.

Es fehlte noch die Entthronung der üblichen Art des Geschlechtsverkehrs, bald vulgär »Schwanzficken« oder kühl wissenschaftlich »Penetrieren« (ein von Alice Schwarzer bevorzugtes Reizwort) genannt. Konnten die Prophetinnen nachweisen, daß die althergebrachte Weise des Liebesakts gar keinen Lustgewinn für die Frau bringt, ja nur unangenehm und schmerzhaft ist, so war der Weg frei zu einer männerlosen Sexualität, für eine von den Frauen allein, ohne Zuhilfenahme von Männern praktizierbare Methode: für das Hohelied des Kitzlers.

Die Chefideologin des alleinseligmachenden Klitoris-Orgasmus heißt Anne Koedt, und sie veröffentlichte ihren Aufsatz »Der Mythos vom vaginalen Orgasmus« ebenfalls 1970 in dem Sammelband *Women's Liberation.* Darin heißt es:

> Es gibt nur ein Gebiet, mit dessen Hilfe der sexuelle Höhepunkt erreicht werden kann – neben vielen anderen Gebieten, die nur der sexuellen Erregung dienen: Dieses Gebiet ist das der Klitoris. Jeder Orgasmus nimmt von ihr seinen Ausgang. Da die Klitoris in den konventionellen Positionen des Geschlechtsverkehrs nicht unbedingt ausreichend gereizt wird, verfallen wir in die »Frigidität«. Frauen sind also sexuell gesehen immer im Sinne dessen definiert worden, was den Männern Vergnügen bereitet. Unsere eigene Biologie ist niemals richtig analysiert worden. Statt desses füttert man uns mit dem Märchen von der befreiten Frau und ihrem Vaginal-Orgasmus, einem Orgasmus, den es in Wirklichkeit überhaupt nicht gibt . . .

Die Klitoris hat keine andere Funktion als die, dem sexuellen Vergnügen zu dienen, während die Vagina ebenso wie alle anderen Körperstrukturen nur mit spärlich berührungsempfindlichen Endorganen ausgestattet ist[57].

Nach dieser Einleitung kommt Anne Koedt schnell zur Sache:

Die Männer fürchten, daß sie sexuell entbehrlich werden, wenn die Klitoris statt der Vagina zum Zentrum weiblichen Lustempfindens wird. Tatsächlich ist daran vieles richtig, wenn man es rein anatomisch betrachtet. Die Position des Penis in der Vagina ist zwar ideal für die Fortpflanzung, aber sie erzeugt bei der Frau nicht notwendigerweise einen Orgasmus, weil die Klitoris sich außerhalb der Vagina und weiter oben befindet. Frauen müssen sich in der »normalen« Position auf indirekte Stimulierung verlassen. Die Vertreter der lesbischen Sexualität könnten aus den anatomischen Fakten ein ausgezeichnetes Argument für die Abschaffung des männlichen Geschlechtsorgans gewinnen. Abgesehen von den rein anatomischen Gründen, aus denen Frauen sich andere Frauen als gleichwertige Geliebte suchen könnten, gibt es noch eine zweite Furcht auf seiten der Männer – daß Frauen nämlich auch auf rein menschlicher Basis die Gesellschaft von Frauen vorziehen könnten. Die Anerkennung des Klitoris-Orgasmus als Tatsache würde die Institution der Heterosexualität bedrohen[58].

Zwar ist Anne Koedt klug genug, um angesichts der vielen festgestellten Orgasmen beim verhaßten »Penetrieren« einzuräumen:

Klitoris, Labia Minora und das untere Drittel der Vagina funktionieren als eine einzige, säuberlich integrierte Einheit, wenn durch das männliche Organ während des Koitus auf die Labia ein Zug ausgeübt wird. Die Stimulierung der Klitoris wird durch den rhythmischen Zug an der dermatösen Vorhaut bewirkt[59].

Und Mit-Schwester Germaine Greer versucht ihre radikalen Mitkämpferinnen zu beschwichtigen:

Es ist Unsinn, wenn man behauptet, eine Frau fühle überhaupt nichts, während ein Mann seinen Penis in ihrer Vagina bewegt. Der Orgasmus ist qualitativ anders, wenn die Vagina sich wellenförmig um einen Penis zusammenziehen kann und nicht nur um einen leeren Raum. Der sich fortsetzende intensive Sex-Genuß der Frau, der weit über den Orgasmus hinausgeht und vom Mann mit Verwunderung betrachtet wird, basiert nicht auf der Klitoris, die auf ununterbrochene Stimulation nicht besonders gut reagiert, sondern auf einer allgemein sinnlichen Reaktion. Wenn wir die weibliche Reaktion insgesamt nur auf die Klitoris zurückführen, dann zwingen wir den Frauen damit dieselbe sexuelle Beschränktheit auf, die die sexuelle Reaktion des Mannes verkrüppelt hat[60].

Doch die Warnung verhallte ungehört. Der Zug des radikalen Feminismus war bereits abgefahren. Lesbische Liebe als die einzig wahre (»Frauenbeziehungen bringen echt mehr!«) und heterosexuelle Beziehungen als das Mittel zur Unterdrückung der Frau – das System war zu schön, um sich noch durch Einbrüche der Realität verunsichern zu lassen. Wenn die Tatsachen nicht ins System paßten – schlimm für die Tatsachen!

Alle diese Bücher und Aufsätze sind in einem einzigen Jahr erschienen. Im Jahr 1970. Zusammen genommen bilden sie ein ganzes System. Der radikale Feminismus hat sich nun ganz vom Sozialismus gelöst. Ende 1970 ist das radikal-feministische System perfekt. Es lautet etwa so:

○ Die Geschichte der Menschheit ist nicht die Geschichte von Klassenkämpfen, sondern von Geschlechterkämpfen. Nicht der Gegensatz von Kapital und Arbeit, sondern der Gegensatz von Männern und Frauen ist der Grundwiderspruch der Gesellschaft.

○ Seit Beginn der Menschwerdung herrschten die Frauen; erst in geschichtlicher Zeit (seit etwa 5000 Jahren) wurden sie unterdrückt. Die Unterdrückung durch das Patriarchat muß abgeschüttelt werden. Aber nicht Gleichberechtigung ist das Ziel.

○ Die Frauenherrschaft war besser, friedlicher, gerechter. Die Männerherrschaft hat nur Unglück und Kriege gebracht. Die Herrschaft der Frauen muß wiederhergestellt und für alle Zeiten befestigt werden.

○ Das Ziel kann nur mit Gewalt erreicht werden. Vorbild sind die Amazonen, die männlichen Nachwuchs töteten oder verkrüppelten.

○ Männer sind aber nicht nur schlechter, sondern eigentlich eine biologische Fehlentwicklung, eine Mißgeburt. Die Entwicklung der modernen Zivilisation macht sie überflüssig.

○ Die Fortpflanzung der Menschheit kann durch Parthenogenesis (= Jungfernzeugung) per Eiteilung erfolgen. Die Aufzucht der Kinder erfolgt durch Retorte, Brutkästen und gesellschaftliche Einrichtungen (Kinderkrippen, Horte usw.).

○ Für die Lusterfüllung sind Männer ebenfalls nicht erforderlich, da der Orgasmus nur durch die Klitoris erzeugt wird und zu deren Reizung gleichgeschlechtliche Beziehungen genügen, ja sogar lustvoller sind.

○ Wenn alle wissenschaftlichen Voraussetzungen erfüllt sind, werden durch Geschlechtsbestimmung keine männlichen Kinder mehr erzeugt.

○ Die Herrschaft der Männer muß zuerst beendet werden, anschließend die Existenz der Männer.

In Deutschland ahnt man 1970 noch nichts von diesen Entwicklungen.

Man bekommt gelegentlich eine Buchbesprechung zu Gesicht oder eine kleine Kostprobe in der linken Zeitschrift *konkret* zu lesen. Der Verfasser dieses Buches ist damals Inhaber, Herausgeber und Chefredakteur des Blattes, das Deutschlands zukünftige Amazonen mit dem ersten Lesestoff versorgt. Der ihnen Appetit macht auf mehr.

Das Wort Feminismus ist noch nicht gefallen.

»Begabt, aber faul«: Die Jugend der Alice Schwarzer

Auch Alice Schwarzer gibt es noch nicht. Jedenfalls nicht in der Frauenbewegung. Alice Schwarzer ist weder Feministin noch, wie heute, Lesbierin. Alice Schwarzer ist eine junge Frau von 27 Jahren, die in Paris lebt. Das 1943 geborene uneheliche Kind eines Soldaten wächst beim Großvater und der Großmutter auf dem Lande auf. Sie selbst schildert ihren Werdegang anhand von Erinnerungsfotos in *Emma* (2/1979) so:

> Noch nicht ein Jahr war ich alt, als die Bomben fielen. Hier bin ich das evakuierte Großstadtkind auf dem Land. Wohnung kaputt, Familie zerrissen – viel Platz und viele Freiheiten.

Auf dem Bild sieht man einen niedlichen einjährigen Hosenmatz. Im nächsten Bild sieht uns ein sauber gescheiteltes kleines Mädchen aus ernsthaften, weit auseinanderstehenden Augen an. Das Thama »viele Freiheiten« wird weitergeführt – mit leichtem Bedauern über die versäumten Möglichkeiten:

> Schularbeiten habe ich nie gemacht. Niemand hielt mich dazu an (aber auch niemand warnte mich vor späteren Folgen). Begabt, aber faul, hieß es immer, und alle fanden das in Ordnung. Gespielt habe ich meist im Wald: Hüttenbauen und Räuber und Schanepitz. Mit Mädchen und Jungen.

Der Großvater, von seiner eigenen Frau nach bestem Esther-Vilar-Muster tyrannisiert, verwöhnt die niedliche kleine Enkeltochter. Sie wird nicht durch Normenzwänge »zum Weibchen programmiert«, aber eben auch nicht zum schulischen Ehrgeiz. Sie sagt später, daß sie im Ruf eines »begabten, faulen, eher geschwätzigen Kindes« gestanden habe.

So versagt sich denn die Schule auch ihr. Es beginnt ein Marsch durch die Institutionen. Höhere Schule, Privatschule, Handelsschule. Abgang mit Mittlerer Reife. Alice im gleichen Fotostrip über den Backfisch Alice:

> Zur Handelsschule ging ich in der Zeit und langweilte mich tödlich.

Hier bin ich 15 und mit meiner Mutter in Brüssel. Für Politik interessiere ich mich damals schon. Aber ich selbst? Später wollte ich mal große Hüte tragen und mit IHM eine romantische Dachwohnung bewohnen. Berufspläne? Keine.

Sie beginnt eine kaufmännische Lehre bei einer Autohandlung, ist frustriert. Hier will sie ihre ersten sozialen Erregungen gespürt haben. Daß der Juniorchef sie als Lehrling duzte, erniedrigte sie so, daß sie »krank wurde«.

Als nächstes Foto aus dem Erinnerungskästchen sehen wir Alice mit einem Tanzstundenjüngling. Später, im *Spiegel*-Gespräch von 1976, legt sie großen Wert darauf, daß sie sich nicht gleich vom ersten besten »penetrieren« ließ. Sie blieb Jungfrau, sogar »eiserne Jungfrau« will sie gewesen sein. Überhaupt fand ein Sexualleben des Teenagers Alice – wenn wir's denn wissen wollen – nicht statt. Alice läßt 1976 die deutsche Nation wissen, daß sie »nie masturbiert« hat: *Spiegel*-Journalist Peter Brügge, Spezialist für pikante Sonderfälle, notiert süffisant:

> Ihren späteren emotionalen Bedürfnissen entsprachen Ostermarsch und DFU, weniger die Frage nach sexueller Aufklärung, auf die sie erstmals in einem schrägen Bericht der Illustrierten *Quick* angeekelt eine Art Antwort fand. Niemals hat das Mädchen Alice masturbiert. Da war nicht der Schatten einer Vorahnung davon, daß Alice, die Autorin, dereinst den politischen Rang der Klitoris proklamieren sollte, eines vom Penis unabhängigen Organs[61].

Hier haben wir zwei Wesenszüge der späteren Alice schon im Ansatz: Eine gewisse jüngferliche Verachtung für Sex, sowohl für den in der Praxis als auch für Sex als Illustriertensurrogat, und eine Hinneigung zu eine links-politisierenden, aber sich brav bürgerlich gebenden Friedenstantenbewegungen, wie sie der Ostermarsch und die prokommunistische DFU waren[62]. Eine gewisse jugendbewegte Sehnsucht nach Aktivität ist da, weiß aber noch nicht wohin. Zunächst einmal geht sie nach München. Dann nach Paris. Als Au-pair-Mädchen.

Dort ist alles viel schöner, nicht mehr so langweilig. Irgendwann kommt es dann, mit 19 (»nun mußte man's bringen«), zur Zwangsvollstreckung. Alice läßt es sich nicht nehmen, auch dieses Private öffentlich zu machen: »Der gewählte Partner hat ihr nichts Bemerkenswertes zugefügt . . . Obwohl sie sich mal im schlimmen Sinne penetriert gefühlt hat? Nööö . . . Dies spontan. Gleich darauf korrigiert sie: Zuletzt sei da doch beim Auseinandernehmen der Knie ein ungutes Gefühl« gewesen[63].

Als nächstes Bild aus ihrem Privatalbum präsentiert Alice sich ihren Lesern mit einem hochgewachsenen, dunkelgelockten Jüngling in der Pose der Verliebten auf dem Markusplatz in Venedig. Man schreibt das Jahr 1965, das Jahr Betty Friedans und ihrer NOW:

> Ich war damals 22, er 23, ich Au-pair-Mädchen in Paris, er Franzose und Jurastudent.

Mehr erfahren wir nicht über Bruno, den Mann, mit dem Alice offenbar eine engere Beziehung gehabt haben muß. Nahm sie damals die Unterdrückung und Demütigung der Frau durch den Mann noch nicht so wahr? Wir erfahren nur noch:

> Zu der Zeit hatte ich allerdings schon den Entschluß gefaßt, Journalistin zu werden. Ein Jahr später ging ich *trotz dieser Verbindung* (Hervorhebung durch den Verfasser) zurück nach Deutschland, um zu volontieren.

Alice Schwarzer hat beschlossen, Journalistin zu werden. Bei der Aufnahmeprüfung der Journalistenschule in München fällt sie durch, kann aber dann, 1966, als Volontärin bei den *Düsseldorfer Nachrichten* anfangen. Ein Volontariat, eine gar nicht oder nur mit einem Taschengeld bezahlte Anlernstelle für Journalisten, dauert gewöhnlich ein Jahr.

1968 treibt es Alice wieder nach Frankreich, in einem plötzlichen Entschluß. Nach der Mairevolte der Studenten hat man dort, in Vincennes, eine prüfungsfreie Universität eröffnet, an der Alice auch ohne Abitur studieren kann. Sie studiert Gesellschaftswissenschaften und versucht, an deutsche Zeitschriften und Zeitungen Artikel zu verkaufen. Wie bereits erwähnt, gehörte zu diesen Zeitschriften das alte *konkret*. Der Verfasser dieses Buches macht jetzt die Bekanntschaft einer Artikel einsendenden Studentin Schwarzer, die verspricht, eines Tages ein Interview mit Jean Paul Sartre zu machen. Daran wäre man bei *konkret* sehr interessiert, obwohl man auch selber Drähte zu dem Existenzialphilosophen hat. Alice nimmt Beziehungen zu Simone de Beauvoir, Sartres Lebensgefährtin, auf. Das alles zieht sich hin. Alices Aussichten auf eine journalistische Karriere sind alles andere als rosig.

Da kommt, buchstäblich über Nacht, ihre Chance. Eine Chance, wie man sie nur einmal in seinem Leben bekommt, eine einmalige Konstellation, in der einer beherzt zugreifen muß. Alice greift zu. Die französische Frauengruppe »Mouvement pour la Liberation des Femmes« startet eine Selbstbezichtigungsaktion gegen den dortigen Abtreibungsparagraphen. 343 Französinnen bekennen in der linken Wochenzeitschrift *Nouvel Observateur:* »Ich habe abgetrieben.« Darunter sind Prominente wie Simone de Beauvoir, Francoise Sagan, Violette Leduc, Marguerite Duras, Jeanne Moreau, Catherine Deneuve, Marina Vlady, Micheline Presle. In Ihrem Appell heißt es:

> Eine Million Frauen lassen jährlich in Frankreich Abtreibungen vornehmen. Wegen der Heimlichkeit, die ihnen aufgezwungen wird, tun sie das unter gefährlichen Bedingungen, während dieser Eingriff unter ärztlicher Aufsicht äußerst einfach ist. Diese Million Frauen ist verschwiegen worden. Ich erkläre, mich einer Schwangerschaftsunterbrechung unterzogen zu haben. Wir fordern freien Zugang zu Mitteln der Geburtenkontrolle und freien Schwangerschaftsunterbrechung!

Ein großer publizistischer Coup. Die prominente Beteiligung, insbesondere der Prominenz aus dem Showbusiness und das breite Interesse, das das Problem »unerwünschte Schwangerschaft« bei jeder Frau im Lande finden muß, verhelfen der Aktion zu einer enormen Publicity.

Alice Schwarzer, die »Studentin«, die eine erfolgreiche Journalistin werden will, sieht eine Möglichkeit. Sie bietet dem *stern* an, eine ähnliche Aktion in der Bundesrepublik zu starten. Sie hat Glück. Der *stern* ist daran interessiert, die französische Aktion – und ihren Erfolg – in Deutschland zu wiederholen. Einen Artikel oder eine Serie hätte der *stern* ohne Alices Hilfe aus jener französischen Zeitschrift »abkupfern« können. Dazu hat er ja einen Frankreichkorrespondenten und ein Büro in Paris. Aber der *stern* braucht eine »Bewegung«, eine Frauengruppe, die die Aktion ins Leben ruft. Er braucht ein Verbindungsglied zwischen der Redaktion und einer solchen Gruppe. Zwischen einer idealistischen Gruppe, die herumläuft und aus echtem Engagement Unterschriften sammelt, um den sozial schwächeren Frauen zu helfen, um den für viele Frauen Krankheit und Tod bedeutenden Abtreibungsparagraphen zu beseitigen. Und einem großen Unterhaltungsblatt, das sich gern den Anschein gibt, fortschrittliche, liberale Politik zu unterstützen und Gutes für die kleinen Leute zu tun, das aber auch Beziehungen zur Film- und Theaterprominenz hat. Dieser Vermittler zwischen einem Millionenkonzern und einer kleinen Frauengruppe wird Alice Schwarzer.

§ 218: Das ganz große Geschäft

Die Geschichte wäre konsequent, könnten wir jetzt berichten, daß an diesem Punkt der Entwicklung Alice Schwarzer und der Frankfurter Weiberrat – also jene Urzelle der deutschen Frauenbewegung, die wir auf Seite 54 bei Marx und Engels, Clara und Rosa verlassen haben – zusammengetroffen wären. Doch die Geschichte ist nicht konsequent.

Es sind nicht die Frauen des Weiberrats, die Alice dabei helfen, im *stern* Karriere zu machen. Der Weiberrat ist an dem Kampf gegen den § 218 nicht interessiert. Mit den Worten einer Rats-Frau:

> Mit der Frankfurter Gruppe »Frauenaktion 70«, die damals bereits den Kampf gegen den § 218 aufgenommen hatte, hatten wir auch nichts zu tun, weil die uns nicht links genug waren und weil wir an Aktionen gegen den § 218 noch nicht interessiert waren. Um uns selbst und aller Welt zu beweisen, daß wir doch revolutionär sind, redeten wir immer mehr über Klassengegensätze und immer weniger über unsere eigenen Erfahrungen[64].

Es ist eine ganz andere, bürgerliche Gruppe, die »Frauenaktion 70«, die schon seit einem Jahr gegen den § 218 arbeitet und auch »Adressen« vermittelt, also praktische Hilfe leistet. Mit ihnen zusammen formuliert Alice ihren ersten Aufruf.

Aktivitäten gegen den § 218 gab es schon lange in Deutschland. Seit 1970 haben sie sich verstärkt, weil nach hundert Jahren fast aussichtslosen Kampfes endlich praktische Reformen in Aussicht stehen.

Der Kampf gegen den im März 1871 eingeführten Abtreibungsparagraphen ist alt. Im Mittelalter galt Abtreibung noch als eine besonders schlimme Form von Mord. Entsprechend waren die Strafandrohungen:

> Die sol man lebendig in ein grab, ein dornen heck auf iren leib legen, sie mit erde beschutten, und ir ein eichen pfal durch ir herz schlan[65].

Seit 1871 ist Schwangerschaftsunterbrechung kein Mord mehr. Aber das Frauenelend durch illegale Abtreibungen oder dauernde Schwangerschaften bleibt bestehen. Liberale und sozialistische Aktivitäten gegen den Paragraphen hatten immer zwei Seiten: Kampf um die gesetzliche Freigabe der Schwangerschaftsunterbrechung und praktische Hilfe bei der möglichst unschädlichen Durchführung der Schwangerschaftsunterbrechung.

In den zwanziger Jahren reagiert man in beiden Richtungen auf das hauptsächlich die Arbeiterfrauen und erst recht die Arbeitslosen oder andere minderbemittelte Schichten treffende Abtreibungsverbot. Während die Kommunistische Partei (KPD) praktische Hilfe anbietet und regelrechte Abtreibungsstellen mit eigenen Ärzten und entsprechender Betreuung organisiert, machen die linken Intellektuellen publizistische Kampagnen und Gesetzesinitiativen gegen den »Gebärzwang«, allen voran der streitbare *Weltbühne*-Publizist und Gründer der linksunabhängigen Gruppe »Revolutionäre Pazifisten«, Kurt Hiller. Es ist derselbe Kurt Hiller, der 1957 aus dem Londoner Exil zurückkehrt und in unserer Studentenzeitung *konkret* die Aktion gegen den Gebärzwang spektakulär fortsetzt. »Gebärzwang durch 218« heißt damals unsere Aktion, die ein übergroßes Leserecho, aber keinerlei Auswirkungen auf die praktische Politik hat, in der finsteren Zeit der Adenauer-Administration. Danach ist es lange Zeit still in der Bundesrepublik.

Dann aber kommt die sozial-liberale Koalition. Von ihr, vor allem von ihrer charismatischen Galionsfigur Willy Brandt erwartet man echte Reformen. Diese Reform hätte überdies alle Aussichten auf Durchsetzung, weil sie nichts kosten würde. Der *stern,* wenige Jahre zuvor nur ein Unterhaltungsblatt mit Mode, Sex und Crime, macht sich jetzt zum Sprecher – und auch zum Nutznießer – der Reformhoffnungen breiter Wählerschichten. Auch in der Ostpolitik.

Und nun wird auch die Alice-Schwarzer-§-218-Aktion gestartet.

Solche Publikums-Aktionen sind an sich in Illustrierten wie dem *stern* nichts Ungewöhnliches. Neben Mode, Sex und Crime – der Spekulation auf erotische und sadistische Unterhaltungsreize – gibt es noch ein weiteres Gebiet, das im Redaktionsprogramm seinen festen Platz hat und auch seinen aus dem Amerikanischen kommenden Fachausdruck: Human touch (etwa menschliche Rührung). Human touch – das war und ist heute noch in der *Bild*-Zeitung oder im *Hamburger Abendblatt* ein Bericht über einen Hund, der über den Tod seines Herrchens hinaus diesem die Treue hält, ja, aus lauter Kummer am Grab seines Herrchens, das er in kilometerlangen Eilmärschen erreicht, aus Anhänglichkeit und Kummer – stirbt.

Human touch – das sind aber auch jene Berichte in den Illustrierten über Lebensretter, tapfere Mütter mit sieben Kindern, Rettern in Berg- oder Wassernot und treue Liebende, die sich nach dreißig Jahren wiedersehen und heiraten.

Mit einer gewissen Akzentverschiebung folgt der *stern* mit seiner Aktion »Ich habe abgetrieben« diesem Human-touch-Schema: Eine Reform des Paragraphen ist lange überfällig, ist im hundertsten Jahr des Gesetzes auch geplant. Die Aktion wirft also die Gesellschaft keineswegs um. Anderseits können sich Millionen Menschen, ein großer Teil davon aus eigener Anschauung, mit den bekennenden Frauen identifizieren, weitaus mehr als beispielsweise mit dem Kampf gegen die Abschaffung des Homosexuellenparagraphen 175 und der nach seiner Aufhebung bleibenden Diskriminierung. Auch diese greift der *stern* schließlich auf, jedoch erst sehr viel später. Er versucht 1979 eine analoge Bezichtigungsaktion – »Ich bin schwul« –, die aber nicht entfernt die Durchschlagskraft der Alice-Schwarzer-Aktion hat.

Wir haben das Thema hier etwas ausführlicher behandelt, weil es nicht uninteressant ist zu sehen, daß die vielen sozialistischen Ansätze zu einer neuen Frauenbewegung auch nicht einen kleinen Bruchteil der Wirkung hatten, wie der Publicity-Gag einer cleveren Journalistin und der Einsatz einer Massenillustrierten: Die heutige Frauenbewegung ist – jedenfalls in ihrer Breite – das Produkt einer *stern*-Aktion!

Der Boden für eine solche Aktion war schon von der französischen Aktion im *Nouvel Observateur* vorbereitet. Im Februar 1971 hatte überdies in der Evangelischen Akademie in Bad Boll eine Tagung stattgefunden, die sich mit einer Reform des § 218 beschäftigen sollte. Zu der Tagung von Medizinern, Juristen und Theologen war nicht eine einzige Frau geladen worden. Doch verschiedene Frauengruppen, vor allem die »Frauenaktion 70« und Frauen aus West-Berlin kommen angemeldet und unangemeldet auf die Tagung und erlangen nach einigem Hin und Her Einlaß und Rederecht.

Danach bleiben die Ereignisse im Fluß. Anfragen im Bundestag. Interviews mit Jahn, neue Initiativen, Dementis. Schließlich die *stern*-Aktion, sicherlich nicht ohne Wissen der *stern*-Freunde im Kabinett gestartet.

stern, 6. Juni 1971: Auf dem Titelbild die Prominenten: Romy Schneider, Liz Verhoeven, Hanne Wieder, Vera Tschechowa, Sabine Sinjen, Senta Berger, Helga Anders, Ursula Noack, Veruschka von Lehndorff, noch ein paar andere, meist Schauspielerinnen. Innen drin die andern, die ganze Liste der 347 Frauen. Alle bezichtigen sich: »Ich habe abgetrieben.«

Der hektrografierte Text der Anzeige sieht so aus:

APPELL

Jährlich treiben in der Bundesrepublik rund eine Million Frauen ab. Hunderte sterben, Zehntausende bleiben krank und steril, weil der Eingriff von Laien vorgenommen wird. Von Fachärzten gemacht, ist die Schwangerschaftsunterbrechung ein einfacher Eingriff.
Frauen mit Geld können gefahrlos im In- und Ausland abtreiben. Frauen ohne Geld zwingt der Paragraph 218 auf die Küchentische der Kurpfuscher. Er stempelt sie zu Verbrecherinnen und droht ihnen mit Gefängnis bis zu fünf Jahren.
Trotzdem treiben Millionen Frauen ab – unter erniedrigenden und lebensgefährlichen Umständen. Ich gehöre dazu: Ich habe abgetrieben.
Ich bin gegen den Paragraphen 218 und für Wunschkinder. Wir Frauen wollen keine Almosen vom Gesetzgeber und keine Reform auf Raten!
Wir fordern die ersatzlose Streichung des Paragraphen 218!
Wir fordern umfassende sexuelle Aufklärung für alle und freien Zugang zu Verhütungsmitteln!
Wir fordern das Recht auf die von den Krankenkassen getragene Schwangerschaftsunterbrechung!

Name: ....
Beruf: ....
Adresse: ....
Telefonisch zu erreichen: ....
Unterschrift: ....

Es folgen drei doppelseitige Fotoseiten, sogenannte Aufmacher. Dazu noch ein paar prominente Frauen. Die meisten haben sich aus Image-Gründen mit ihren Kindern fotografieren lassen. Sabine Sinjen, die kein eigenes hat, sogar mit einem fremden Kind.

Dann folgen alle 374 Unterschriften und der eigentliche Artikel. Autorin: Alice Schwarzer. Der Artikel ist flott und im typischen Illustriertenstil geschrieben. Das läßt darauf schließen, daß Alices Text vorher durch die beim *stern* übliche Prozedur des Umschreibens gegangen ist. Selbst Manuskripte prominenter Schriftsteller (wie etwa Erich Kuby) werden dort von extra angestellten Umschreibern so umgefummelt, daß sie auch das letzte Hausmütterchen versteht. Sicher wird die ambitionierte Feministin Alice Schwarzer nur ungern diesen Text in ihre gesammelten Werke aufnehmen:

> Um einen runden Couchtisch in Frankfurt-Eschersheim, Fritz-Reuter-Straße 5, saßen am 3. Mai dieses Jahres sieben Damen, knabberten Käsegebäck und formulierten einen Text, der der Bundesregierung noch zu schaffen machen wird. Die Frankfurter Damenrunde setzte sich aus Mitgliedern der »Frauenaktion 70« zusammen . . .

»Ich habe abgetrieben« – aber: Alice war nie schwanger

Trotz des blumigen Anfangs erfahren wir einiges über die Schwierigkeiten der Aktion: Als der Text der Selbstanzeige formuliert ist, will keine der »Damen« unterschreiben. Erst die telefonisch mobilisierten »Frauen« einer Münchener Frauengruppe machen den Anfang. Sie hektografieren den Text und sammeln Unterschriften an der Münchener Uni. So kommen die ersten Unterschriften zusammen. Die ersten, die am schwersten zu bekommen sind. Denn wer will schon alleine wegen einer Abtreibung vor Gericht stehen? Aber mit 373 anderen zusammen?

Da ist es nur ein kleiner Schönheitsfehler, daß einige der Frauen so alt sind, daß ihre Abtreibungen schon ein Menschenalter her sind. Fast alle aber könnten ihre Abtreibung vor fünf Jahren vorgenommen haben. Das ist der Trick: Nach fünf Jahren verjährt das Delikt.

Ein anderer Schönheitsfehler wird nicht bekannt: Unter der Liste der Abtreiberinnen befindet sich, zwischen Schwarzenau und Schwendt, auch der Name der Berichterstatterin: Alice Schwarzer. Aber Selbstanzeigerin Alice hat nie abgetrieben, aus dem einfachen Grunde, weil sie nie schwanger war. Dies stand natürlich nicht im *stern*. Erst fünf Jahre später enthüllte sie im *Spiegel*: »Ich hab' nicht wirklich abgetrieben, doch in meinem Kopf hundertmal[66]!«

Sie hat nicht *wirklich* abgetrieben, und die Frauen haben sich die Aktion nicht *wirklich* ausgedacht[67]. Sondern Alice hat sie ihnen »nahegelegt« nach dem Motto: Erst etwas machen und dann darüber schreiben! Diese Anweisungen der KP an kommunistische Journalisten wurde hier von einer Nicht-Kommunistin buchstabengetreu ausgeführt: Wenn es keine Ereignisse gibt, über die man berichten kann, stelle man selbst die Nachricht her, um anschließend darüber zu schreiben. Doch was tat's. Die Sache war gelaufen und über Nacht eine Massenbewegung.

Immer abgestimmt mit Bonn:

Am Tag der *stern*-Veröffentlichung bringt die *Bild*-Zeitung ein Interview mit Justizminister Jahn. Sein Nein ist ein halbes Ja: »Eine völlige Freigabe der Schwangerschaftsunterbrechung kommt überhaupt nicht in Frage.« Es wird jedoch, sagt Jahn, an einer Reform gearbeitet. Eventuell soll eine »ethische Indikation« zugelassen werden.

Einen Tag später, 4. Juni 1971: Der Rechtsausschuß der FDP empfiehlt der Fraktion, »auf der Grundlage des Alternativentwurfs der 16 Strafrechtslehrer, der sogenannten Alternativ-Professoren initiativ zu werden. Die Reform des § 218 darf nicht auf die lange Bank geschoben werden«. Das bedeutet, Schwangerschaftsunterbrechung wird bis zum Ende des dritten Monats nicht mehr unter Strafe gestellt, nachdem eine ärztliche Beratungsstelle aufgesucht wurde.

Am zweiten Tag nach der *stern*-Veröffentlichung, 5. Juni: Umfrage des Allensbacher Instituts:

> Das Allensbacher Institut für Demoskopie gibt die Umfrageergebnisse zum § 218 bekannt. Die bereits im März gestartete Untersuchung stellt die Frage: »Es wird viel über den § 218 des Strafgesetzbuches gesprochen, der Abtreibungen grundsätzlich verbietet. Wie denken Sie darüber – sollte dieser Paragraph abgeschafft werden oder sollten Abtreibungen weiterhin grundsätzlich verboten sein?«

Antworten: 46 Prozent der Befragten sind für die Abschaffung (davon 41 Prozent Frauen und 50 Prozent Männer), 39 Prozent wollen die Abtreibung weiterhin verbieten, und 15 Prozent sind unschlüssig oder haben abweichende Meinungen. Bei denen, die unter dreißig sind, sind sogar 64 Prozent für die Abschaffung (Frauen 62 Prozent, Männer 64 Prozent) und nur 21 Prozent dagegen.

6. Juni: Minister Jahn nimmt zur *stern*-Veröffentlichung Stellung; er bezeichnet sie als einen

> zwar bemerkenswerten, aber sicher nicht repräsentativen Vorgang. Die Aufforderung dieser Frauen an den Gesetzgeber ist ein gewichtiger Diskussionsbeitrag, aber wir werden kritisch zu sehen haben, daß diese Äußerungen . . . keineswegs alle Gesichtspunkte berücksichtigen, die berücksichtigt werden müssen.

Am 8. Juni zieht die SPD-eigene *Hamburger Morgenpost* (sicher nicht ohne den Segen der Partei) nach:

In Hamburg bekennen achtzehn Redakteure der *Hamburger Morgenpost* in einem Aufruf: »Ich habe gegen den § 218 verstoßen«. Unter der Überschrift »Halbe Nation hängt in der Sache drin«, werden die Leser zur öffentlichen Selbstbezichtigung aufgerufen.

Schon Ende 1970 hatten sechzehn bekannte Strafrechtler dem Gesetzgeber in einem Entwurf für ein neues Strafgesetzbuch zwei Vorschläge (Mehrheits- und Minderheitslösung) unterbreitet, wie der Paragraph reformiert werden soll. Die Mehrheitslösung:

Unzulässige Schwangerschaftsunterbrechung: Die in den ersten drei Monaten nach der Empfängnis vorgenommene Schwangerschaftsunterbrechung wird mit einer Strafe bis zu einem Jahr bestraft, es sei denn, daß die Schwangere die Unterbrechung
1. innerhalb von vier Wochen nach der Empfängnis selbst vornimmt oder durch einen anderen vornehmen läßt oder
2. im zweiten oder dritten Monat nach der Empfängnis von einem Arzt vornehmen läßt, nachdem sie eine Beratungsstelle aufgesucht hat.

9. Juni: Die Ermittlungen der Justiz beginnen: In München erklärt Oberstaatsanwalt Fendt, die Staatsanwaltschaft sei »von Amts wegen« verpflichtet, die Ermittlungen gegen die Selbstbezichtigungen durchzuführen, weil es das Legalitätsprinzip zwingend vorschreibe. Allein in München betrifft das siebzig Unterzeichnerinnen. In Düsseldorf werden Ermittlungen gegen 33 Frauen eingeleitet. In Hamburg liegen zwei Anzeigen gegen Romy Schneider vor. Weitere elf Frauen warten noch auf ihre Verfahren.

11. Juni: Kassel – DGB-Frauenkonferenz: Auf der 7. Bundes-Frauenkonferenz des DGB in Kassel fordern die 190 weiblichen Delegierten bei nur vier Gegenstimmen Straffreiheit für die Schwangerschaftsunterbrechung bis zum Ende des dritten Monats. Darüber hinaus soll Abtreibung möglich sein, wenn eine medizinische oder eugenische Indikation gegeben ist oder die Schwangere das sechzehnte Lebensjahr noch nicht vollendet hat.

Schwangerschaftsunterbrechung soll laut Forderung der DGB-Frauen zu einer Pflichtleistung der Krankenkassen werden.

Am 16. Juni stößt der *stern*, wie bei solchen Veröffentlichungen üblich, nach: 48 Ärzte verschiedener Fachrichtungen, darunter zwei Frauenärzte, erklären im *stern*, Nr. 26:

> Für uns Ärzte ist der § 218 lebensfremd. Wir fordern die Freigabe der Schwangerschaftsunterbrechung bis zum dritten Monat.

Am 17. Juni befürwortet der Sprecher der SPD-Fraktion in Strafrechtssachen, Hans de With, Straffreiheit für Abtreibung,

> wenn sie in den ersten drei Monaten nach Beratung mit dem Hausarzt von einem Arzt vorgenommen wird oder wenn – nach dem dritten Monat – eine ärztliche Gutachterstelle die medizinische oder eugenische Indikation bestätigt.

Die Frauengruppen können nicht so schnell reagieren, wie die tagtägliches schnelles Handeln gewohnten Politiker und Journalisten. Sie müssen erst Tritt fassen, diskutieren, Versammlungen einberufen, abstimmen. Dann aber, ab 19. Juni, werden auch sie mobil. In Frankfurt fordert die »Frauenaktion 70« in einer Demonstration und Unterschriftensammlung: »Abtreibung nicht gesetzeswidrig!« und »Gebt den Engelmachern keine Chance! Weg mit dem § 218!«. Auch die Arbeitsgemeinschaft Sozialdemokratische Frauen und die Jungsozialisten sammeln Unterschriften. Berlin: Die »Abtreibungsinitiative der Humanistischen Union« und der »Sozialistische Frauenbund West-Berlin« informieren an zehn verschiedenen Plätzen der Stadt über den § 218 und fordern seine Abschaffung. 10.000 Berliner erklären sich solidarisch, 200 Frauen bezichtigen sich selbst einer Abtreibung. Hamburg: Die erste Sammlung der »Aktion 218« bringt in kurzer Zeit 1050 Solidaritätsunterschriften.

Einige Unterschriftensammlungen hatte es schon am 12. Juni in München, Saarbrücken, Kassel und Pinneberg gegeben. Vor den Listen stehen Schlangen von Menschen, um zu unterschreiben.

Die Springerpresse und die CDU/CSU-Fraktion bekämpfen die Aktion auf das heftigste und tragen dadurch zu ihrer schnelleren Weiterverbreitung bei.

Liberale Presse, wohlwollende Gesetzesgeber oben und spontane Frauengruppen an der Basis agieren in nie gekannter

Übereinstimmung.

Die zunächst von einigen Gruppen getragene Aktion wird zur ersten Massenbewegung der Frauen nach der Erkämpfung des Wahlrechts. Bis zum Juli demonstrieren in dreißig Groß- und Kleinstädten Hunderttausende Frauen und Männer gegen den § 218. Wo keine Frauengruppen vorhanden sind, bilden sich über Nacht welche, teilweise in Zusammenarbeit mit SPD-Gruppierungen, Jungdemokraten, Frauenausschüssen der Gewerkschaften und der Humanistischen Union. Auch die DKP mischt kräftig mit.

Schon im Juni treffen sich Frauengruppen in Düsseldorf, und am 10. Juli kommen bereits Delegierte von fünfundzwanzig Frauengruppen nach Frankfurt. Sie beschließen, unter dem Titel »Aktion 218« gemeinsam vorzugehen.

Der *stern* rotiert, die Redaktion kann gar nicht so schnell neue Selbstbezichtigungsaktionen nachliefern. Im *stern* Nr. 28 bezichtigen sich weitere 1024 Frauen, abgetrieben zu haben. Im *stern* Nr. 30 bezichtigen sich 218(!) Männer der Beihilfe zu einer Abtreibung.

Sieben Schriftsteller, darunter Ernst Bloch, Günter Wallraff und Gerhard Zwerenz, bezichtigen sich der Beihilfe zu Straftaten gegen § 218 StGB und fordern »alle verantwortungsbewußten Kollegen auf, unserem Beispiel zu folgen«.

Im Juli 1971 überreichten Vertreterinnen der »Aktion 218« dem damaligen Bundesjustizminister Jahn 86.500 »Solidaritätserklärungen zur Abschaffung des § 218« und 3000 Selbstanzeigen »Ich habe abgetrieben«. Zwischenzeitlich kam der Justizapparat in Bewegung. In München durchsuchten im Juni rund 30 Polizeibeamte zwei Wohnungen von Mitgliedern der »Aktion 218«. Sie beschlagnahmten 2000 Solidaritätserklärungen und 200 Selbstanzeigen. Obwohl Polizei und Justiz in einer Reihe von Städten ermittelten, mußte keine Frau vor den Richter. Die Verfahren wurden eingestellt[68].

Gegen Ende des Sommers wird klar, daß die Bewegung gesiegt hat. In dem üblichen Hin und Her von vorsichtigen Verlautbarungen, Dementis und neuen Erklärungen wird deutlich, daß es eine Änderung des § 218 (mit ärztlicher Kontrolle und Dreimonatsfrist) geben wird.

Geschlechterkampf statt Politik: Alice sprengt eine Versammlung

Aber die zweite deutsche Frauenbewegung hat sich inzwischen verselbständigt. Sie ist »autonom« geworden. Warum, das schildert die schon einmal zitierte anonyme Frau aus dem Frankfurter Weiberrat. Hier hatte man die Frauen der »Frauenaktion 70« noch als unsozialistisch abgelehnt. Auch die Abtreibungskampagne findet zunächst wenig Anklang (»Protokoll des Plenums vom 13. Mai 1971, zu Punkt 8«):

> Da sich aus dem Weiberrat nur zirka 15 gemeldet haben, die unterschreiben wollen, und wir beim letzten Plenum als Mindestzahl des Risikos wegen 50 bestimmt haben, wird der Weiberrat nicht daran teilnehmen.

Plötzlich aber hat sich die Welt verändert. Der *stern* ist erschienen. Der Weiberrat schlägt Alarm (»Anhang zum Protokoll des Plenums vom 3. Juni 1971«):

> !!Außerplanmäßiges Plenum am 10. Juni!! Kommt in Massen! Wegen der Dringlichkeit der laufenden Abtreibungskampagne müssen unsere Argumente gegen die der Liberalen abgegrenzt werden.

Die »Frau aus Frankfurt«:

Was war geschehen? Einige Autoritäten hatten zwischenzeitlich mit Frauen aus anderen Städten und Gruppen gesprochen und gemerkt, daß der Kampf gegen § 218 für uns als Frauen und Frauengruppe doch große Bedeutung haben könnte. Plötzlich war das Thema, für das wir Wochen vorher nur ein müdes Gähnen übrig gehabt hatten (es war jeweils der letzte Tagesordnungspunkt gewesen!), so wichtig, daß dafür ein Sonderplenum einberufen wurde.
Die Teilnahme an der Abtreibungskampagne ermöglichte es vielen Frauen, die sich an den theoretischen Diskussionen nicht hatten beteiligen können, auch *ihre* Fähigkeiten im Weiberrat einzubringen (Malen, Dichten, Diskutieren auf der Straße, Organisieren) und dadurch gewisse Anerkennung zu erlangen[69].

Vor allem aber: Man hatte endlich ein »revolutionäres Objekt« – die Frauen, die eine Abtreibung brauchten und sich eine illegale Unterbrechung finanziell nicht leisten konnten. Frauen, die die Pille nicht vertrugen oder sie vergessen hatten zu nehmen oder nicht einmal den Mut gehabt hatten, sich die Pille verschreiben zu lassen. Ein Millionen zählendes revolutionäres Potential, das sich auch bereitwillig agitieren läßt.

Im Protokoll des »Weiberrats« vom 18. September 1971 kommt zum ersten Mal in der Bundesrepublik das Wort »Feminismus« vor – noch immer als Schimpfwort, von Männern gegen die Frauengruppe verwendet:

> Wozu dann Frauenorganisation, wenn die Diskussion über Frauenprobleme – ausgenommen §-218-Aktion – zurückgedrängt und als Feminismus diffamiert wird[70]?

Man will aber über alle Frauenprobleme diskutieren. Und man tut es in den neuen §-218-Gruppen, die überall im Land wie Pilze nach dem Regen emporschießen. Man versteht sich als Frauenbewegung auch jenseits der einen konkreten Aktion 218, und man akzeptiert den Namen Feministen. Bis zum Herbst 1971 ist das Selbstverständnis da. Noch einmal die »Frau aus Frankfurt«:

> Wir mußten als Gruppe nicht mehr ein bedeutungsloses Schattendasein führen, sondern waren jetzt Teil einer eigenen Bewegung: der Frauenbewegung! Endlich konnten wir den Genossen, die uns immer nur abfällig belächelt hatten, etwas Handfestes entgegenhalten: Wir sehen, welche Bretter ihr vor den Köpfen habt, weil ihr nicht seht, daß sich ohne euer Dazutun plötzlich Leute organisieren, an die ihr überhaupt nie gedacht habt, und zwar in einer Zahl, die ihr für den Abbruch der Morgenröte halten würdet, wenn es sich um Arbeiter handeln würde[71].

»Frauenbewußtsein« (analog zum gern zitierten Klassenbewußtsein der Arbeiter) ist entstanden und verselbständigt sich. Nach der Lektüre der feministischen Literatur aus Amerika richtet sich das neue Bewußtsein nicht mehr nur gegen die reaktionäre Gesetzgebung und den Justiz-, Staats- und Parteienapparat, sondern auch gegen die eigenen Genossen, die sämtlich den Kampf gegen § 218 unterstützen.

Aber jetzt ist man Feministin als Selbstzweck. Jetzt tritt man auch gegen die eigenen Genossen an. Aus dem einzigen Grunde, daß sie – Männer sind.

Es ist wie damals bei der Tomatenaktion und dem Flugblatt mit dem Hackebeilchen. Nur, daß es sich diesmal nicht mehr um sieben Frauen handelt, sondern um eine nach Zehntausenden zählende Massenbewegung.

Der Kampf gegen Männer hat begonnen. Geschlechterkampf als Selbstzweck.

Die Frau, die – noch im selben Jahr – die erste Aktion dieser Art organisiert, heißt – Alice Schwarzer.

Buchmesse 1971: Die großgewordene Zeitschrift *konkret* hat sich seit einiger Zeit auch einen Buchverlag zugelegt. Spitzentitel dieses Herbstes sind ein Buch über den § 218, herausgegeben von Luc Jochimsen[72], und ein Buch des Ostberliner Staranwalts Professor Kaul[73] über seine Tätigkeit im Auschwitzprozeß. Im linken Frankfurter »Club Voltaire« präsentiert *konkret*-Chef Röhl den Buchautor und ehemaligen KZ-Insassen Kaul.

Die Veranstaltung heißt »Der Feind steht rechts«.

Aber der Feind von rechts läßt sich nicht blicken. Die Unbelehrbaren von gestern und die jungen Neonazis von heute sind in der überfüllten Veranstaltung nicht zu sehen. Statt dessen läßt eine andere Feindschaft die Veranstaltung platzen.

Wir haben das Buch vorgestellt, einiges über den laufenden Auschwitzprozeß und andere Naziprozesse gesagt. Jetzt hat Professor Kaul das Wort. Er berichtet über seine KZ-Zeit, über die unbeschreiblichen Greuel, über den trotz allem kämpfenden Widerstand. Die dichtgedrängte Zuhörerschaft aus allen Gruppen und Richtungen der Linken wird still. Die heiter gelassene, »coole« Clubstimmung ist verflogen. Der Spaß hört auf. Junge Gesichter sind ernst, gespannt. Der Feind steht rechts . . .

Da dringt Gelächter und helles Kreischen von draußen rein. Schreien, Quietschen von Frauenstimmen. »Wir wollen hinein.« Dann drängen, schieben, stoßen sich ein paar hippiehaft angezogene Frauen herein, die leicht angeschäkert wirken, sich gegenseitig Mut machen. Sie werden angeführt von Alice Schwarzer. Sie schreien in die Rede von Kaul herein: »Wir wollen mitdiskutieren. Hier sind ja alles Männer! Da vorne sitzen ja nur Männer!« Dann versuchen sie (eine Geste, die aus der amerikanischen Flower-Power-Bewegung kommt) den Rednern Nelken ans Revers zu heften . . .

Sie wirken etwas hilflos und ungelenk, wie jemand, der sich mit äußerster Anstrengung von konventionellen Hemmungen befreien will. Ihre Stimmen sind schrill, ihre Reden wirr und zusammenhanglos. Noch einige Male macht Kaul einen Versuch, seine Erzählung fortzusetzen, eine Diskussion über den Auschwitzprozeß weiterzuführen. Er fordert Alice Schwarzer auf, mitzudiskutieren. Er fragt, ob sie etwas sagen möchte zum Thema, zum Auschwitzprozeß, zur Gefahr des Neonazismus. Einige Frauen machen Miene, sich zu setzen und zuzuhören, die Sache scheint ihnen peinlich zu werden. Nicht so ihre Anführerin. Sie treibt die anderen wieder zu neuem Schreien und weiteren Zwischenrufen, zu lautem Gedrängel und Geschubse an. Vergebliche Intervention mehrerer Genossen. Nach einer halben Stunde lassen wir die Veranstaltung schließen, die Zuhörer verlassen den »Club Voltaire«.

Die Veranstaltung »Der Feind steht rechts« ist geplatzt.

Es war keine große Heldentat, nur eine kleine Mutprobe, die die *stern*-Autorin Alice in Frankfurt inszenierte. Hier profilierte sich zum ersten Mal der Typ von Feministin, bei dem der Kampf gegen Faschismus und für sozialistische Inhalte dem abstrakten Kampf gegen männliche Autorität untergeordnet ist. Wie einst der heutige Stamokap-Chef Detlev Albers die Gründungsfeier der Hamburger Uni gesprengt hatte, indem er den Muff von 1000 Jahren bekämpft hatte, so sollte hier bewiesen werden, daß ein paar beherzte und beharrliche Frauen eine Veranstaltung von »Männern« sprengen können, auch wenn sie durch ein für die ganze Linke verbindliches Thema geeinigt ist. Sie hat es bewiesen. Zu welchem Zweck, das werden wir noch sehen.

Alice setzt solche Aktionen vorerst nicht fort. Sie ist mit anderen Tätigkeiten beschäftigt. Man hört auch nicht, daß sie die Redaktionssitzungen des *stern* gestört hätte. Hier gibt es in den folgenden Monaten noch genug zu tun, um die neue Frauenbewegung »aufzuarbeiten«. Vor allem arbeitet Alice in großer Eile an ihrem ersten Buch. Es heißt *Frauen gegen den § 218*[74] und soll noch in diesem Jahr erscheinen. In ihm wird jene Methode – Dokumentation von Tonband- oder Gesprächsprotokollen – erprobt, mit der Alice Schwarzer 1975 ihren großen Bestsellererfolg landen wird, den »*Kleinen Unterschied*« . . .

So wird es eine Zeitlang still um Alice und auch um die »Bewegung«, wie sich die feministische Front bald anmaßend nennt. Das soll heißen: es gibt nur *eine Bewegung,* die diesen Namen verdient, und das ist die *unsere.* Eben *die Bewegung.* So wie die Hamburger sagen: *die Insel,* wenn sie von Sylt sprechen. Die Analogie zum Nationalsozialismus kennt – oder fürchtet – man nicht: Auch dort sprach man nach 1933 nicht mehr von der nationalsozialistischen Bewegung, sondern von *der Bewegung;* das verhaßte Gegenstück hieß nicht das parlamentarische System, sondern *das System,* die Systemzeit.

Während niemand hinschaut, wächst die Bewegung. Im Juli 1971 in Frankfurt waren es sechzehn Gruppen, die sich getroffen hatten. Bis zum nächsten Treffen der »Aktion 218«, dem ersten Bundesfrauenkongreß am 12. März 1972 gibt es fünfunddreißig Gruppen in zwanzig Städten. Thema der meisten Gruppen ist immer noch die Frage der Abtreibung beziehungsweise der Verhütung. Manche fangen an, nach dem Vorbild der USA, sogenannte Selbsterfahrungsgruppen zu bilden, in denen die Mitglieder in langen, therapieähnlichen Gesprächen vor anderen Frauen über ihre eigene Situation reden, sich »ausquatschen« und so zu einem neuen Bewußtsein gelangen.

Das neue Selbstbewußtsein will aber nicht nur defensiv und als erste Hilfe verstanden werden. Man will bald auch autonom, ohne Männer leben, fröhlich sein und feiern. Solche Bedürfnisse hatten in der bewegungslosen Vergangenheit nur bis zu einem Kaffeekränzchen am Nachmittag geführt – dem Gegenstück zum männlichen Stammtisch und Kegelabend. Jetzt aber bekommt das Kaffeekränzchen eine neue Dimension. Quantität geht in Qualität über: Im Januar 1972 findet in West-Berlin das erste Frauenfest statt. Die Teilnehmerinnen sind begeistert. Tausend Frauen in einem Ballsaal – Männer sind nicht zugelassen – machen die Erfahrung, daß sie keine Männer brauchen, um ausgelassen, fröhlich zu sein, um zu trinken, zu tanzen und Bekanntschaften zu machen. Auch hier ist man zwar nicht aller Zwänge, hübsch und attraktiv zu erscheinen, enthoben. Aber die Frauen machen sich an diesem Abend nicht für Männer oder Konkurrentinnen hübsch, sondern für sich selber. Die meisten amüsieren sich königlich und sind ausgelassen wie auf einem Backfischtreffen. Zumal es keine Klausur für die Ewigkeit ist – weit nach Mitternacht kehren die meisten Frauen zu irgendeinem männlichen Partner zurück, der mit einer Mischung von Neugier, Neid und Mißtrauen reagiert, auf jeden

Fall stark verunsichert ist: eine gewünschte Nebenwirkung.

Die »Frau aus dem Frankfurter Weiberrat« in ihrer Erinnerung:

> Langsam begannen wir Spaß zu gewinnen an Sachen, die uns früher nur Angst gemacht hätten: ohne Männer in Kneipen, ins Kino gehen, ohne Männer verreisen (und nicht, um unterwegs Männer zu treffen), mit Frauen tanzen gehen . . . mit Frauen wohnen, mit Frauen das Leben organisieren. In dem Maße, wie sich die Stimmung langsam veränderte, konnten wir uns auch mit dem am meisten tabuisierten Problem beschäftigen: der Homosexualität[75].

»Alle Frauen sind Lesben – manche wissen es nur noch nicht«

Jetzt endlich ist das Stichwort gefallen. In der Stille ist etwas herangewachsen und größer und immer wichtiger geworden, bis es für viele zum einzig Wichtigen geworden ist. Das nennt sich zuerst einmal *Frauenbewußtsein* und kommt daher als *Frauenautonomie* und *Frauensolidarität* und *sisterhood* und *Frauenpower*. Aber bald kommt etwas Neues hinzu: ein leises Flehen und süßes Kosen, ein Dehnen und Sehnen, eine süße Ahnung, die durch die Gemüter zieht: Sappho, das Hohelied der Liebe, der anderen Liebe, der besseren Zärtlichkeit.

Hieß es vorher nur: »Frauen helfen Frauen, schützen Frauen, schätzen Frauen«, so heißt es jetzt auch: »Frauen lieben Frauen«, und sehr bald stellt sich heraus: »Frauenbeziehungen bringen echt mehr!« (Frauenkongreß 1972). Von der ersten Frauenschallplatte tönt es so:

Julie, laß den Mann doch aus dem Spiel
denn Du weißt, 'ne Frau bringt Dir so viel!
Das Gefühl ist noch so unbekannt,
Du betrittst ein neues, schönes Land![76]

Das große Glück kommt nicht an einem Tag; es blüht auch nicht nachts, wenn die intimen Bars mit der rosa Lampe öffnen. Es ist nicht dasselbe Glück wie das der »Traditionslesben«, der gestandenen schwulen Frauen, die es seit eh und je in jeder Großstadt gibt, mit ihren Bubikopffrisuren und Männerkostümen und Herrenhemden und dem energischen, aber gleich wohl feuchten Blick für das schwächere Geschlecht. Die alteingesessenen Positionen der Lesben erobern die neuen »Bewegungs-Lesben« im Sturm. Sie sind ein neuer stürmischer Frühling, ein Frühlingsgewitter, ein Sturm im stickigen rauchigen Lesbenland mit seinen parfümierten Bars und schummerigen Hinterstübchen, wo man möglichst verraucht und verrucht und zynisch und großstädtisch, angeberisch keß und pervers dahertuckte und -turtelte und mit tiefer Männerstimme betörte und möglichst obszön und mondän und verrückt aussehen wollte.

Die alte Garde der Lesben ist fasziniert und geblendet von den jungen Amazonen, die nicht mehr mit künstlich gespitztem Mund »Sappho« lispeln, sondern eher wie ein Black Panther nach Erfüllung rufen, auftrumpfen, sich offen ohne Männer ausleben wollen, auch sexuell.

Es war ein langer Weg, ehe man sich selber entdeckte und offenbarte:

> Nachdem sich im Verlauf eines halben Jahres immer hartnäckiger das Gerücht durchgesetzt hatte, es gäbe im Weiberrat so etwas wie »Lesbierinnen«, konnten die vier betroffenen Frauen im Frühjahr 1972 zum erstenmal den Mut aufbringen, sich im Weiberrat zu ihrem Lesbischsein zu stellen. Sie verlangten im Plenum eine Diskussion, bei der sie darauf hinwiesen, daß offenbar bei vielen Weiberratsfrauen die finstersten Vorurteile über Lesbierinnen bestünden. Die wirkliche Auseinandersetzung mit der besonderen Unterdrükkung der Lesben war damals noch genauso unerlaubt, wie es ein Jahr zuvor die Beschäftigung mit der allgemeinen Unterdrückung der Frau gewesen war. So dauerte es noch mal ein halbes Jahr, bis sich in Frankfurt die Lesben zu einer Gruppe zusammenschlossen. Jetzt, wo sich die Lesben nicht mehr versteckten (vorher hatten sie mehr als ein Jahr in der Frauengruppe mitgearbeitet, ohne daß irgendeine Frau etwas von ihrer Homosexualität gewußt hatte!), war jede Frau im Weiberrat gezwungen, sich mit dem Gedanken auseinanderzusetzen, daß Frau auch ohne Mann leben kann, ohne deshalb auf Sexualität und enge Beziehungen verzichten zu müssen[77].

Diesen ersten schüchternen Äußerungen folgen bald selbstbewußte Erklärungen wie:

> Man scheint davon auszugehen, daß wir schon wieder »normal« werden, wenn wir nur den richtigen Mann kennenlernen. Wir werden aber kaum durch *den* Mann und auch nicht durch die immer wieder bemühten psychotherapeutischen Methoden auf den richtigen Weg gebracht. Wir *sind* auf dem richtigen Weg[78].

Die Schreiberin dieser Zeilen schildert noch einmal die Trostlosigkeit des früheren homosexuellen Gettos, eine Situation, die für die Homosexuellenkneipen genauso bezeichnend war wie für die Lesbentreffpunkte, bevor die Minderheiten ihre Veranlagung nicht mehr als Ausgestoßensein betrachteten:

> Wir verkriechen uns in Nepp-Lokalen, die uns Lösungen vorgau-

keln, die eben nicht zu verwirklichen sind. Schon beim Betreten einer solchen »einschlägigen« Bar überfällt mich schlagartig das Gefühl, auf einem Viehmarkt zu sein. Man wird dort nach immer dem gleichen Schema taxiert und festgelegt. Dann beginnt das immer gleiche Spiel, in dem jeder seine Rolle kennt. Die »männliche« und die »weibliche« Frau imitieren nicht nur das Rollenverhalten der Gesamt-Gesellschaft, sondern überziehen es ins Unerträgliche. Während Dunja Rajter ihre Volksverdummung verkauft, habe ich in einem solchen Lokal die »männliche« Rolle zu spielen, ob ich will oder nicht. Ich habe ein Gespräch einzuleiten, zum Trinken einzuladen und zum Tanzen aufzufordern. Dabei muß ich eine Vielzahl sexueller Techniken beachten und möglichst perfekt beherrschen. Ich weiß, daß jede scheinbar liebevolle Geste eingeübte, exakte Berechnung ist, um mit irgend jemand den Teufelskreis der Einsamkeit wenigstens für eine Nacht zu durchbrechen. Diese Atmosphäre der hoffnungslosen und lüsternen Augen dort läßt jedoch auch mir nur den gängigen Ausweg: ich betrinke mich. Schließlich gehe ich trostloser wieder weg, als ich dorthin gekommen bin[79].

Damit aber sollte es nun vorbei sein. Die Lesben fordern ihren Platz in den Frauengruppen. Schließlich sind sie sogar überzeugt, die eigentliche Avantgarde des Feminismus zu sein. Um es auf eine Kurzformel zu bringen: »Feminismus ist die Theorie – Lesbischsein die Praxis!«

Dies ist ein Zitat aus dem Aufsatz der Amerikanerin Anne Koedt, der neuen Prophetin der lesbischen Frauenbewegung, der 1971 in einem Sammelband erschienen war[80].

Wir haben die von deutschen Eltern abstammende Amerikanerin Anne Koedt bereits als Prophetin des klitoralen Orgasmus kennengelernt. 1970 war ihr *Mythos vom vaginalen Orgasmus* erschienen[81] und hatte bei vielen Frauen zur Entdeckung ihrer latenten lesbischen Neigungen geführt. Der Gedanke, daß die lesbische Liebe der sicherste Weg zur Befreiung vom Mann sei, griff um sich. Am Ende des Jahres wurde die Verbindung zwischen Feminismus und gleichgeschlechtlicher Liebe öffentlich: In einem *Time*-Artikel vom 14. Dezember 1970 erklärte Kate Millet offen, sie sei bisexuell. Einige Tage später erklärte sie auf einer Pressekonferenz, daß die Frauenbefreiungsbewegung und die lesbische Bewegung *ein* Ziel hätten, nämlich eine Gesellschaft zu errichten, die Menschen nicht mehr länger auf Grund ihres Geschlechtes zu definieren.

Das war der Durchbruch. Im nächsten Jahr, 1971, schlägt

Anne Koedt an der gleichen Stelle ideologische Nägel ein; sie definiert:

> Was ist demnach die Verbindung zwischen Lesbianismus und radikalem Feminismus? Selbst wenn man nur die knappesten Definitionen von Lesbianismus und Feminismus zugrunde legt, ergibt sich als hervorstechende Übereinstimmung: die Biologie bestimmt *nicht* die Geschlechtsrollen[82].

Sind die schwulen Frauen dann konsequenterweise die Speerspitze der Frauenbewegung, eine Art Avantgarde, so, wie die Kommunistische Partei eine Avantgarde für das Proletariat sein will? Da will Anne Koedt sich nicht festlegen. Sie berichtet nur:

> Einige Lesbierinnen vertreten die Position, daß sie die Avantgarde der Frauenbewegung darstellen, weil 1. sie schon mit den Geschlechtsrollen gebrochen haben, bevor es überhaupt eine feministische Bewegung gab, und 2. sie überhaupt keine Männer brauchen. (Irgendwie sind sie die Revolution[83].)

In dem verständlichen Wunsch, den allen von orthodoxen Linken als schädlich eingestuften Radikal-Feministinnen eins auszuwischen, zitiert die deutsche DKP-Feministin Jutta Menschik den letzten Satz so, daß man zumindest annehmen muß, er stamme von Anne Koedt[84]. Bei ihrer Gesinnungsgenossin Lottemi Doormann in dem Frauenbuch *Keiner schiebt uns weg*, in dem vielfach ungenau von Jutta Menschik abgeschrieben wird, erscheint der Satz schlicht verfälschend als ein Zitat von Anne Koedt[85]. Falschmünzerei einer Anhängerin des »Realen Sozialismus«? Ich tippe eher auf Pfuscharbeit, da auch im übrigen Doormann-Buch Zitate und Zahlen flüchtig und unkritisch weitergegeben werden.

Anne Koedt jedenfalls ist wesentlich differenzierter. Sie ist keineswegs der Ansicht, daß lesbische Beziehungen notwendig dem Feminismus nützen:

> Geschlechtsrollen und männliche Vorherrschaft werden nicht einfach dadurch beseitigt, daß Frauen lesbisch werden . . . So kann eine lesbische Beziehung einer Frau bestenfalls mehr Glück und Freiheit in ihrem Privatleben geben (vorausgesetzt, daß keine der beiden Frauen die typischen Rollen spielt). Aber eine radikale Feministin ist nicht jemand, der sich damit begnügt, zu Hause ein gu-

tes, nicht-sexistisches Leben zu führen; sie ist jemand, der politisch in der Gesellschaft arbeitet, um die Institutionen des Sexismus zu zerstören.

Eine andere Annahme, die der Argumentation »lesbisch-als-Avantgarde-Feministin« zugrunde liegt, ist, daß die Lesbierinnen sich schon deshalb, weil sie von einem Aspekt des Sexismus besonders betroffen sind – nämlich der Norm ausschließlicher Heterosexualität – für radikale Feministinnen halten[86].

Dann macht Anne Koedt unmißverständlich Front gegen das ihrem eigenen Aufsatz vorangestellte Zitat:

In diesem Zusammenhang ist auch die Parole »Feminismus ist die Theorie – Lesbischsein die Praxis« falsch. Denn nicht nur reicht die Information über das Geschlecht des Liebhabers einer Frau nicht aus, um daraus auf ihren radikalen Feminismus zu schließen, sondern es liegt darin auch die falsche Annahme, daß ein Leben ohne Männer gleichbedeutend mit dem Kampf für eine radikale feministische Veränderung sei[87].

Anne Koedt ist für die Aufhebung des künstlichen Unterschieds zwischen den Geschlechtern und möchte folglich eine beide Geschlechter umfassende Sexualität und Zärtlichkeit propagieren, die sie nicht mehr mit »Bisexualität« bezeichnen möchte, sondern als »sexuelle Beziehungen zu Personen«. Aber die Praxis, die sie in den amerikanischen Frauengruppen vorfindet und die bald auch in deutschen Frauengruppen einziehen wird, sieht anders aus:

Wenn du eine Feministin bist, die nicht mit einer Frau schläft, riskierst du, mit einer der folgenden Anschuldigungen bedacht zu werden: »Du unterdrückst mich, wenn du nicht mit Frauen schläfst«, »Du bist keine radikale Feministin, wenn du nicht mit Frauen schläfst« oder »Du liebst Frauen nicht, wenn du nicht mit ihnen schläfst«[88].

Das erinnert an jenen Farbigen, der auf den Weltfestspielen der Jugend und Studenten in Moskau, jenem riesigen Karneval der Lebensfreude – und auch des Sex – einer deutschen Studentin aus der Bundesrepublik kurz und einsilbig den Hof machte: »Du mit mir schlafen? Nein. Warum nicht? Du Rassist!«

Zwar, meint Anne Koedt, stellt Homosexualität die »sexistische Ideologie« in Frage und mache deshalb »die Männer nervös«. Als Mittel zur Befreiung aber sei weibliche Sexualität auch deshalb untauglich, weil gleichgeschlechtliche Liebe bei Frauen von den Männern oft als etwas Erotisches angesehen werde. Koedt: »Es ist schon ein Witz, daß wir in den Augen der Männer Sexobjekte bleiben, auch wenn wir die Liebe nur noch untereinander treiben.« Zahlreiche Darstellungen lesbischer Liebe in Sexmagazinen und Pornofilmen bestätigen ihre These. Schlußfolgerung: Homosexualität kann »bestenfalls einen geringen Teil des gesamten Kampfes gegen das System der Geschlechtsrollen ausmachen«.

Wir haben so ausführlich die Thesen Anne Koedts zitiert, weil die deutschen Feministinnen der Alice-Schwarzer-Richtung ebenso wie die noch radikaleren Amazonen von Berlin und Frankfurt diese Mahnungen der Entdeckerin der Klitoris inzwischen ganz in den Wind geschlagen haben. Die erste Lehrmeisterin Schwarzers, Simone de Beauvoir, hatte sich noch zur heterosexuellen Liebe bekannt, beziehungsweise eindeutig Stellung bezogen:

> Ein anderer Punkt ist ebenfalls umstritten: die Beziehung der Frau zum Mann. Daß Liebe und Sexualität neu zu definieren sind, darüber sind sich alle Feministen einig. Manche jedoch leugnen, daß der Mann im Leben der Frau, speziell in ihrem Sexualleben, eine Rolle zu spielen habe, während andere wiederum ihm einen Platz in ihrem Dasein und in ihrem Bett erhalten wollen. Ich stehe auf der Seite der letzteren. Ich bin eine absolute Gegnerin der Idee, die Frau in ein Weibergetto einzusperren[89].

Die Sartre-Gefährtin und Ahnfrau des modernen Feminismus in erfrischender Offenheit:

> Die Klitoris ist aufs engste mit der Vagina verbunden, und vielleicht macht gerade diese Verbindung den vaginalen Orgasmus möglich. Dies vorausgeschickt kann man sagen, daß ein Koitus mit Eindringen in die Vagina ein Lustgefühl von unleugbarer Eigenart vermittelt, und dieses erscheint denn auch vielen Frauen als das ergiebigste und befriedigendste. Laborexperimente, bei denen die Sensibilität des Innern der Vagina isoliert von der Gesamtheit ihrer Reaktionen untersucht wird, beweisen nichts. Der Koitus ist nicht eine Beziehung zwischen zwei Genitalsystemen oder auch zwischen zwei Körpern, sondern eine Beziehung zwischen zwei Personen, und der Orgasmus ist im Grunde seines Wesens ein psychosomatisches Phänomen[90].

Doch wenn ihr's nicht fühlt, ihr werdet's nie erjagen. Simones deutsche Schwester Alice jedenfalls bleibt hart: Sexualität mit Männern sei gefährlich, da Heterosexualität ein »Machtmittel der Männer im Geschlechterkampf« sei, und gar der Akt selbst, das verhaßte »Penetrieren« (von ihren ruppigeren Schwestern abstoßend-paradox »Schwanzficken« genannt) lehnt sie ab: Für Penetration spreche »viel bei den Männern, nichts bei den Frauen«[91].

So sehr erscheint der Kämpferin gegen die Männer die lesbische Liebe als die angestrebte Norm und die Männerliebe verächtlich, daß sie in der Einleitung zum *»Kleinen Unterschied«* der allgemein gebräuchlichen Form des Beischlafs in einem Nebensatz herablassende Toleranz bezeugt wie einer an sich abstoßenden Perversion: »Ich meine – *wenn* (Hervorhebung durch den Verfasser) es Frauen gibt, die den Koitus gern vollziehen – auch gut[92].«

Alice schränkt im nächsten Satz gleich wieder ein – »in meiner Arbeit geht es nicht um die Abschaffung des Koitus« –, eine Methode, der wir bei ihr noch oft begegnen werden und die etwa mit dem Satz »zwei Schritte vor, einen Schritt zurück« oder »etwas bleibt immer hängen« beschrieben werden kann. Die geschickte Taktikerin und Geschäftsfrau Schwarzer gebraucht sie ebenso routiniert wie ein CSU-Politiker: »Ich bin grundsätzlich gegen die Einschränkung des Demonstrationsrechts, allerdings müssen in Ausnahmefällen Überlegungen gestattet sein . . .« – »Es kann in keinem Fall um die Ablösung von Helmuth Kohl gehen, gleichwohl . . .«.

Das Wort, erst einmal gefallen, gräbt sich ins Bewußtsein, nistet sich dort durch häufige Wiederholung ein und kann beliebig oft dementiert, zurückgenommen, verneint werden. Es steht im Raum, ist nicht mehr wegzudiskutieren, bildet eine neue Realität.

Die komplette Wahnwelt der Schwarzer und ihrer Jüngerinnen wird langsam aufgebaut, nicht an einem Tag. Teilchen fügt sich zu Teilchen, schließlich entsteht bei jeder Anhängerin das Bedürfnis, das System perfekt zu machen, notfalls auch durch Zukneifen beider Augen. Auf Argumente hört »frau« nicht mehr oder hört sie mit dem Ohr des Spitzels. Schuppen scheinen von den Augen zu fallen und eine Realität freizugeben, in der sich die Konturen zu einem lebhaften Hell-Dunkel-Kontrast auflösen. Eine böse, aggressive, kriegerische Welt der

Männer, von der sich eine andere, weichere, friedlichere Welt abhebt: die der Frauen. Es ist vor allem eine zärtlichere Welt:

Wenn der Feminismus endlich blüht, endlich blüht,
Und auch jede Frau dann voll erblüht, voll erblüht

Sind wir vielleicht endlich, bin ich vielleicht endlich
In eine Frau verliebt.

Das Gefühl ist noch so unbekannt,
Du betrittst ein neues, schönes Land!
Ja, wir wollen uns befrein[93]!

Die Männer sind mies – Alice bearbeitet ein Protokoll

Wann Alice Schwarzer dieses neue, schöne Land betreten hat, wissen wir nicht. Zwischen dem Verlassen von »Bruno« und ihrem ersten offenen Bekenntnis zur gleichgeschlechtlichen Liebe liegen immerhin fünf Jahre. Aus dem Jahr 1971 liegen uns solche Äußerungen nicht vor. In Alices in diesem Jahr erschienenen ersten Buch *Frauen gegen den § 218* kommt das Problem lesbische Liebe kaum vor.

Das Buch ist eine locker zusammengestellte Folge von achtzehn Tonband-Protokollen mit Frauen verschiedener Altersstufen und Berufsgruppen, die über ihre Erlebnisse mit Männern berichten. Die Methode, längere, zum Teil intime Tonbandinterviews mit »gewöhnlichen Menschen« zu machen, die Fragen später herauszustreichen und den Text stark gekürzt und auf spontan und umgangssprachlich getrimmt als Protokolle aus dem Alltag zu veröffentlichen, entstand während der Studentenrevolte, in einer Zeit, in der Enzensberger den Tod der schönen Literatur verkündet und Dokumentationsliteratur à la Wallraff oder Ulrike Meinhof gefordert hatte. Die ehemalige *konkret*-Redakteurin Erika Runge erprobte diese ergiebige Methode, Bücher zu füllen, zum ersten Mal mit Interviews aus dem (meist kommunistischen) Arbeiteralltag. Die sogenannten »Bottroper Protokolle« waren zunächst Abschriften von Filminterviews gewesen, die sie für eine eigene kleine Filmgesellschaft machte. In *konkret* hatte man, dem sexaufklärerischen Geist der Zeit gemäß, die Sozialprotokolle durch intime Fragen über Sex und Liebe zu den sogenannten »Sexpol-Protokollen« erweitert, die Wolfgang Röhl dort ab 1968 regelmäßig veröffentlicht hatte und die auch schon als Buch erschienen waren[94].

Die §-218-Protokolle sind eng an dieses Vorbild angelehnt. Dieser »Protokoll-Stil«, auf den ersten Blick außerordentlich authentisch und »dokumentarisch« wirkend, bedarf, wenn er nicht polemische Verzerrungen, wenn nicht gar Fälschungen der Realität bewirken will, eines sehr gewissenhaften, außerordentlich objektiv auswählenden Journalisten. Die Methode, die Befragten willkürlich, meist aus Bekanntenkreisen auszuwählen, den Fragesteller und seine Fragen wegzuschneiden und auch den Tonbandtext im Sinne einer gleichmäßigen Lesbarkeit zu stilisieren, ist verführerisch, ja gefährlich. Vorher war es üblich, umgangssprachliche Teile in ein verbindliches Schriftdeutsch zu bringen. Jetzt versucht man, den Text gerade durch Betonung des Umgangssprachlich-Unvollkommenen als eine spontane, schnoddrig hingesprochene, aber eben deshalb so authentische Aussage hinzu»stilisieren«: Mit möglichst vielen »ne« und »nö« und »nich?« und »wa?« und »ich also hin« . . . »klar, daß ich sauer war, wa?« usw. So entstand eine künstliche, stilistisch gleichförmige Naivensprache, eben der Protokoll-Stil, den der Schriftsteller und Filmregisseur Alexander Kluge in seinen *Lebensläufen* zu einem reinen Kunststil weiterentwikkelte.

Daß bei dieser Methode, die inzwischen in die Niederungen der billigen Massenillustrierten abgesunken ist (»Mein Mann und ich im Bett – das intime Tonbandinterview«), jede Art von Manipulation oder direkter Fälschung besonders leicht vorgenommen werden kann, liegt auf der Hand. Schon Erika Runges »Bottroper Protokolle« zum Beispiel waren durch Auswahl der befragten Personen (Bottrop ist eine Hochburg der früheren KPD, die ersten Anlaufadressen erhielt Erika Runge durch KP-Mittelsleute) durch die Art der Fragestellung und schließlich die Auswahl des Veröffentlichten stark »stilisiert« im Sinne jener leicht larmoyanten Tonlage westdeutscher »Friedenstanten« und DKP-Freunde, die beim Anblick eines kommunistischen Arbeiters, der noch die gute, alte Thälmann-Zeit gekannt hat, in rührselige Andacht verfallen. Alle Protokollierten sind bei Runge entweder aktive KP-Veteranen oder haben als Gewerkschafter oder fehlgeleitetes SPD-Mitglied gemeinsam den Kampf gegen Hitler geführt und waren später wieder Opfer – des Adenauer-Regimes. Dabei blieben sie innerlich edel, human, optimistisch, kämpferisch und humorvoll. Etwaige Zweifel, Abfall, Desintegration, der oft brutale Terror der Thälmann-Kommunisten der Weimarer Zeit und ihr verblendeter, von Stalin befohlener Kampf gegen die Sozialdemokratie als Hauptfeind der Arbeiterklasse bleiben unerwähnt.

Diesen Protokoll-»Stil« übernimmt Alice, als sie sich unmittelbar nach ihrer *stern*-Aktion an die Arbeit macht, ein Buch für den renommierten Suhrkamp-Verlag – für die Reihe *edition suhrkamp* – zu produzieren.

Nach dem Muster *Frauen gegen den § 218* ist zwei Jahre später die nächste Protokollsammlung *Frauenarbeit – Frauenbefreiung*[95] hergestellt, und der nach weiteren zwei Jahren erscheinende »*Kleine Unterschied*« ist nach dem gleichen Strickmuster gefertigt – nur die Methoden der »Stilisierung« haben sich verfeinert.

Während, wie wir später sehen werden, alle Interviews des »*Kleinen Unterschieds*« die Botschaft »Männer sind mies« und »Frauenbeziehungen bringen echt mehr« verkünden, alle vom »Penetrieren« enttäuschten Frauen schließlich bei der Frauenliebe landen, klingt dieses Motiv in *Frauen gegen den § 218* noch kaum an.

Offensichtlich ist es auch für die Verfasserin noch nicht zum Lebensmotiv geworden.

Immerhin finden wir im §-218-Buch unter achtzehn Protokollen einen einzigen Fall von Lesbentum. Er aber erlaubt uns, die journalistische Methode der Alice Schwarzer zu studieren, eine Methode, die später noch vervollkommnet werden soll.

Zunächst das »Protokoll«: Roswitha D., 20 Jahre, ledig, Krankenschwester, hat als Kind oft gesehen, wie der Vater die Mutter prügelte. Als Fünfzehnjährige hat sie (wie viele Mädchen in der Pubertät) eine zärtliche Beziehung zu einer Freundin. Mit siebzehn hat sie ein ausgesprochen sexuelles Verhältnis mit einem Mann. Weiter:

> »Mehr zufällig bin ich dann ein paar Monate später zu ›Inge‹ geraten. ›Inge‹ ist ein Lokal, in dem nur Frauen verkehren. Erst wollte ich da gar nicht rein. Irgend jemand hat mich da mitgeschleppt, aus Jux. Mein Judoklub lag nämlich genau gegenüber . . . Das war die entscheidende Wende in meinem Leben. Ich hab' angefangen, regelmäßig in das Lokal zu gehen . . .«

Kommentar Alice Schwarzer:

> Sexuelle Unterdrückung und materielle Abhängigkeit bedingen sich wechselseitig. Um dem zu entgehen, geht die bereits vatergeschädigte Roswitha D. unbewußt so weit, sich in die Homosexualität zu flüchten, obwohl sie »rein sexuell einen Mann nicht ablehnt«.

Unbewußt geflüchtet. Das ist die Methode. An keiner Stelle

des Protokolls wird deutlich, daß Roswitha »sexuelle Unterdrückung« gespürt hat, schon gar nicht von ihrem Vater. Im Gegenteil. Über den Vater sagte sie, als es herauskommt, daß sie lesbische Beziehungen hat:

»Mein Vater hat es schon vorher gewußt. Dem hatte ich es erzählt, und der hat viel besser reagiert. Denn obwohl ich mich mit ihm sonst nicht verstehe, kann ich über solche Themen mit ihm besser reden. Er war dann zwar nicht sehr glücklich, hat aber gesagt: Wenn es schon mal so ist, mußt du eben versuchen, das Beste daraus zu machen.«

Sexuelle Unterdrückung?

Materielle Abhängigkeit wird in diesem Fall ebenfalls nicht angesprochen. Sexuelle Abhängigkeit, die damit verbunden wäre, auch nicht.

Bei solch grober Fehlinterpretation kann man nur raten, wieviel sonst noch auf dem Tonband gelöscht worden oder gar nicht erst gefragt worden ist.

Dieser erste Auftritt einer Lesbe bei Alice Schwarzer bezeugt noch eine gänzlich andere Einstellung der Verfasserin, als sie sie heute zum Problem einnimmt. Unmißverständlich wird die lesbische Neigung als »Flucht in die Homosexualität« aufgrund einer »Schädigung durch den Vater«, also als eine – dem miesen Mann anzukreidende – *Fehlhandlung* dargestellt:

Um dem *zu entgehen,* geht die vatergeschädigte Roswitha *so weit,* sich in die Homosexualität zu flüchten. (Hervorhebung durch den Verfasser.)

Die generelle Botschaft des §-218-Buches: Männer sind böse, verachtenswert, hassenswert (alle sind gleichgültig oder ablehnend, wenn es darum geht, die unerwünschte Schwangerschaft zu beseitigen; sie erweisen sich im Angesicht der Not der Frau als Versager oder Charakterschweine), wird mit dieser erzwungenen »Flucht in die Homosexualität« einmal mehr unterstrichen. Von dem neuen, schönen Land, in das alle Frauen aus der verhaßten Diktatur der »Heterosexualität« flüchten sollen, ist 1971 noch nicht die Rede.

Irgendwo, zwischen dem ersten und dem zweiten Buch muß es dann bei der Verfasserin selber geklingelt haben. Im *Spiegel*-Interview wird das so umschrieben:

Die späte Entdeckung seiner (des Penis) Entbehrlichkeit rechnet zu den Wendemarken in Alice Schwarzers Biografie. Zuletzt sei da, so Alice, doch »beim Auseinandernehmen der Knie ein ungutes Gefühl« gewesen. Der Widerwille gegen das männliche Eindringen wurde immer stärker.
Alice: »Das Problem wurde immer größer in meinem Kopf[96].«

»Wir sind alle frigide. Wir sind alle hysterisch. Wir sind alle lesbisch«

Wann immer das verdrängte Problem aus dem Kopf herausdrängte – im nächsten, wiederum bei Suhrkamp erscheinenden Taschenbuch von 1973[97] sieht die Welt der Frau schon ganz anders aus. Obwohl sich das Buch mit einem ganz anderen Frauenthema beschäftigt, nämlich mit der schon von Ulrike Meinhof gestellten *Kernfrage* der Emanzipation, der *Frauenarbeit,* kommt Alice schon im Vorwort schnell zur Sache.

Zunächst rechnet sie (auf drei Seiten) mit der sozialistischen These ab, daß Arbeit frei mache, die Voraussetzung (Clara Zetkin) aller Emanzipation und Befreiung sei. Unter Hinweis auf die fortbestehende Unterdrückung und Unterprivilegierung der Frau im Ostblock, in der Sowjetunion, DDR, Kuba und China werden die Thesen der orthodoxen Frauenrechtlerinnen wie Jutta Menschik (»Das Frauenproblem ist in diesem Zusammenhang [Frauenerwerbstätigkeit. Verfasser] lediglich ein Nebenwiderspruch innerhalb des Grundwiderspruchs von Kapital und Arbeit . . .«) in Grund und Boden verdammt. Befriedigt stellt Alice fest, daß sich in der Auseinandersetzung zwischen der feministischen und der sozialistischen Richtung, wie der Frauenkongreß im Februar 1973 gezeigt hätte, die feministische weitgehend durchgesetzt habe:

> Weitergehend als die »Klassenkämpferinnen« . . . suchen die Feministinnen die Analyse und den Kampf gegen die frauenspezifische Unterdrückung *autonom und richtungweisend* in einen revolutionären Prozeß einzubringen. Sie halten neben dem Kampf gegen das System auch den Kampf gegen die individuelle und gesellschaftliche Männerherrschaft für notwendig.

Dann beruft sich Alice auf die inzwischen erschienenen amerikanischen Texte und erklärt klipp und klar:

> Das patriarchalische Prinzip ist ein Grundmuster, nach dem auch andere gesellschaftliche Herrschaftsmechanismen funktionieren. Nämlich: Rassismus, Kapitalismus und Imperialismus.

Nachdem sie die Berufstätigkeit der Frau unter den gegenwärtigen Umständen, also auch unter den Bedingungen des Ostblocks als unzureichendes Mittel der Emanzipation abgelehnt hat – im Gegenteil: Berufstätige Frauen sind dreifach Ausgebeutete und Belastete (im Haus arbeitend, in dem Betrieb ausgebeutet, im Berufsleben gegenüber den Männern benachteiligt) –, kommt Alice, die zwei Jahre nach ihrem ersten »Werk« (Schwarzer-Anteil: zweiundzwanzig Schreibmaschinenseiten!) nun wieder mit genau zweiundzwanzig Seiten vertreten ist, schnell zur Sache: der »Befreiung vom Zwang zur Heterosexualität«.

Aus dem Zwang zur Heterosexualität wird im nächsten Satz das Bandwurmwort »Zwangsheterosexualität«, das sich ausspricht wie ein walisischer Ortsname. Die Leser eines Buches mit dem Titel *Frauenarbeit – Frauenbefreiung* werden mit den neuesten Thesen von Shulamith Firestone über die »sexuelle Revolution« überrascht. Danach darf sich die feministische Bewegung nicht mehr mit der Beseitigung der männlichen Privilegien begnügen, sondern müsse ein höheres Ziel anvisieren: Die Aufhebung des Geschlechtsunterschiedes selbst. So einfach ist das. Heterosexualität und Homosexualität seien nur kulturelle Kategorien. Alices Kommentar dazu: ». . . daß die vorherrschende Heterosexualität eine ›Zwangsheterosexualität‹ ist, ist . . . eine revolutionäre Erkenntnis.«

Jetzt ist es gefallen, das Wort. Ihm werden wir bei Alice Schwarzer von nun an noch häufig begegnen. Es ist paradox – wann wurden Frauen je zur Normalliebe gezwungen? Gab es je einen § 175 für Frauen? –, aber es will etwas anderes ausdrükken. Etwas in der Art des schon zitierten »Wenn es Frauen gibt, die den Koitus gern vollziehen – auch gut«. Die unschöne Wortschöpfung ist ein Trojanisches Pferd, das ganz andere, subversive Inhalte transportieren soll. Es ist eines jener Neu-Worte aus dem Wörterbuch des Unmenschen, wie sie im faschistischen und realkommunistischen Machtbereich üblich sind, wie »Umerziehung«, »Schutzhaft« (für KZ) oder »Friedensgrenze« (für Mauer und Todesstreifen) oder »Musikzimmer« für Folterkeller – zynische Verdrehungen des eigentlichen Tatbestandes. Vordergündig will der Begriff »Zwangsheterosexualität« scheinbar nur postulieren, daß alle Arten von Liebe gleichwertig nebeneinander bestehen sollen. In der Praxis seiner Anwendung verkündet er eine andere Botschaft: »Alle

Frauen sind lesbisch, manche wissen es nur noch nicht[98].« Nur Homoliebe ist schön: alles andere ist – Zwangsheterosexualität! Vegetarier nennen so die übrigen Menschen Leichenfresser. Ganz konsequente Pflanzenesser schütteln sich sogar beim Anblick eines Eies: »Der Tod im Topf!«

Das also ist des Pudels Kern. Frauen, die (»auch gut«) vielleicht noch in einer Partnerschaft mit einem Mann leben wollen, versichert Alice immer wieder, daß die Absonderung und der Kampf gegen die Männer nur ein Übergangsstadium sein soll:

> Die ersten Schritte müssen – in einer ersten Phase – *gegen* die Männer erzwungen werden. Erst in einer zweiten Phase kann von *Gemeinsamkeit* die Rede sein . . .

Wie der Kampf gegen »die Männer« geführt werden soll, erfahren wir nicht von Frau Schwarzer. Es wird nur klar, daß mit der *Gleichberechtigung,* der Emanzipation allein nichts gewonnen ist. Das Thema des Buches ist Frauenarbeit, Hausarbeit, und es handelt von Doppelbelastung, gleichem Lohn für gleiche Arbeit, Teilung der Hausarbeit – alles schön und gut. Die Absicht der Autorin geht allerdings weiter, entschieden weiter. Sie hat ihre amerikanischen Schwestern jetzt, 1973, gründlich gelesen, und auch bei ihr ist das System der Männerfeindschaft inzwischen perfekt. Nur ist sie viel zu geschickt, um öffentlich und *selbst* die Katze aus dem Sack zu lassen. Statt dessen wird im Anhang des Buches die Amerikanerin Susan Sontag deutlicher. Alice hat das Interview mit ihr aus Sartres Hauszeitung *Les Temps Modernes* übernommen.

Susan Sontag formuliert offener als alle bisher in deutscher Sprache veröffentlichten Autorinnen, daß die Befreiung der Frau niemals mit den Männern zusammen unternommen werden könne. Denn:

> Es gibt in der Geschichte kein Beispiel dafür, daß die Forderungen der Unterdrücker und der Unterdrückten sich als vereinbar erwiesen hätten.

Deshalb, meint die Sontag, müsse man die Herrschaftsfrage stellen:

> Ein Programm, das die Befreiung der Frauen will, darf nicht auf der Suche nach Gleichheit basieren (das ist die liberale Illusion), sondern muß auf dem Konzept der Macht beruhen.

Dieses Programm wird von Susan Sontag auf den nächsten Seiten konsequent entwickelt. Es ist nicht nur ein Programm der sexuellen Absonderung, sondern im Grunde die Forderung nach einem eigenen Frauenstaat, einer Art von Alice-Land, wobei auch die Softies (= sanfte Männer mit schlechtem Gewissen gegenüber den Frauen) und die wohlwollenden Linken und ihre Organisationen keine Hilfe bei der Gründung dieses Landes sind. Im Gegenteil:

> Wenn Frauen in der augenblicklichen Situation ihrer politischen Unterentwicklung mit Männern (auch wenn sie verständnisvoll sind) an ihrer Befreiung arbeiten, kann das ihren Lernprozeß, der sie zur politischen Reife führen soll, nur bremsen,

sagt die Sontag. Und sie findet:

> Der Moment für sie ist gekommen, sich überall, wo sie können, zu organisieren, sich zu versammeln, damit die Bewußtwerdung sich unabhängig von Klasse oder Arbeit in allen Schichten ausbreitet. Frauen müssen zusammenarbeiten. Sie müssen, zum Beispiel, Vereinigungen von Ärzten, Anwältinnen, Buchhalterinnen gründen, die den Frauen zur Verfügung stehen. Sie müssen Filmteams und Rockorchester gründen, gemeinsam Bauernhöfe bewirtschaften und kleine Unternehmen führen.

Schlimm wäre es für Susan Sontag, wenn der »Kampf gemäßigt bliebe«, denn dieser passive Rückzug auf das feministische Filmteam oder ins fraueneigene Bauernhäuschen reicht natürlich nicht aus. Die Frauenpartei muß auch so etwas wie eine SA haben, eine militante Avantgarde, deren Funktionen so beschrieben werden:

> Gewisse Aufgaben und Aktionsformen können übrigens nur durch Gruppen erfüllt werden, die fähig und willens sind, ausreichend unterschiedliche und extreme Taktiken anzuwenden
> Delegationen, Manifestationen und Lobbies organisieren
> Karateunterricht nehmen
> Streikposten vor Spielzeugfabriken mit sexistischem Spielzeug stellen

Kommandoaktionen gegen Schönheitsinstitute führen
Legale Hilfe bei Scheidungen leisten
Anti-Schmink-Zentren eröffnen
Reklamen, die Frauen benutzen und beleidigen, zerreißen
Gegen die sogenannten Frauenzeitungen angehen ...

Unter vielen anderen Vorschlägen findet sich auch der schlichte Satz:

Zum militanten Lesbianismus übertreten.

Eine Seite weiter zitiert Alice die radikalste Schlußfolgerung der forschen Frau Sontag:

Ich schließe auch die Notwendigkeit von wirklichen *Kommandoaktionen* nicht aus.

»Kommandoaktionen« sind bewaffnete Terrorakte einer (selbsternannten) Revolutionsarmee. Geiselnahmen, Banküberfälle, Flugzeugentführungen oder Morde heißen im Terroristenjargon »Kommandoaktionen«. Waren solche Aktionen gemeint, wie sie Valerie Solanas unternommen hatte? Oder vielleicht größere Aktionen? Susan Sontag schweigt sich darüber aus. Ihr Appell verhallt in Deutschland auch ungehört. Zu dieser Zeit sitzen Ulrike Meinhof und Gudrun Ensslin im Gefängnis. Die Terroristen, die es noch gibt, sind an ihrer Befreiung interessiert, an Aktionen gegen die Staatsgewalt, gegen die NATO, die USA, den Imperialismus, nicht aber am Kampf gegen »die Männer«. Nicht einmal bei den Terroristen sieht man den Grundwiderspruch Mann/Frau so, wie Susan Sontag es gerne hätte.

Aber Susan hat noch einen anderen Vorschlag für Frauen, und der ist leichter zu befolgen:

Je weniger sie sich um die guten Manieren kümmern, je mehr sie nach Sexistenmaß hysterische Xanthippen sind, um so wirksamer und politischer werden ihre Aktionen sein.

Das ist ein brauchbarer Vorschlag. Und leicht auszuführen. Seid zickig, zickig, zickig! 1977 steht auf einem Transparent französischer Feministinnen:

Wir sind alle hysterisch
Wir sind alle frigide
Wir sind alle lesbisch
Wir sind alle neurotisch
Wir sind alle Männerhasserinnen.

Die Barrikade war errichtet. Nun war endlich auch von kompetenter Seite geklärt, mit welchem Gesichtsausdruck man sie besteigen sollte: mit einem verkniffenen! Der Stil, in dem man die zukünftigen Aktionen, Demonstrationen, Hexenumzüge, Walpurgisnächte, Kommandoaktionen gegen »sexistische« Institute durchführen würde, war vorgegeben: hysterisch-xanthippisch.

Der eigentliche Kampf konnte beginnen. Wie immer er ausgehen würde und welche Formen er noch annehmen würde, eins war inzwischen klar: Alice Schwarzer würde dabei sein – sie würde organisieren, darüber schreiben, kommentieren und – kassieren.

Noch – 1973 – ist der große Erfolg ausgeblieben. Die *stern*-Geschichte war eine einmalige Veröffentlichung, für die es Honorar und Spesen, aber auch nicht mehr gegeben hatte. Das schmale §-218-Büchlein von 1971 und das Buch über die Frauenarbeit 1973 brachten zwar Prestige, denn Suhrkamp gehört zu den seriösesten und angesehensten Verlagen Deutschlands, aber, wie vieles Seriöse, es brachte nicht viel Geld.

Aber die Sterne standen günstig für einen großen Fischzug. Langsam reifte eine Rekordernte heran, die nur noch auf den Schnitter wartete, der seinen Schnitt mit der Frauenbewegung machen würde.

In der weiteren Geschichte des Feminismus, der bald ein Dauerthema wurde, das nicht nur die sommerliche Sauregurkenzeit der Massenmedien beherrschte, wurde der Name Alice Schwarzer so etwas wie ein Firmenname, eine Pars-pro-toto-Bezeichnung für den Feminismus überhaupt. Und wir dürfen sicher sein, daß sie ihn auch beim Patentamt angemeldet hätte, als Firmenname für die Frauenbewegung, wenn dies möglich gewesen wäre (wie »Underberg« für Magenbitter). Unter den vielen Namen, die jetzt auftauchten, merkte man sich ihren – ihr Gesicht, das mal hier, mal da in einer Fernsehdiskussion, in einer Talk-Show auftauchte, wurde zum Markenzeichen der »Bewegung«. 1974 gelingt es ihr, noch einmal die Aufmerksamkeit der ganzen Nation auf sich zu lenken. Anfang 1974 finden überall Aktionswochen gegen den § 218 statt. Die Fernseh-Sendereihe *Panorama,* seit dem Auszug Paczenskys etwas lahm geworden, plant einen großen Schocker: Eine Frau aus einer Frankfurter Frauengruppe läßt vor den Kameras des NDR eine Abtreibung nach der schonenden Absaugmethode, bei der die Frucht mit einer Vakuumpumpe aus der Gebärmutter gesaugt wird, vornehmen. Autor dieses Filmbeitrags: Alice Schwarzer. Als sich jedoch, alarmiert von der Presse, einige Sendeanstalten weigern, den Beitrag in ihrem Sendebereich zuzulassen, setzt die in einer Konferenzschaltung miteinander verbundene Intendantenkonferenz der ARD die Sendung wenige Stunden vor der Ausstrahlung ab. Alice Schwarzer schreibt: »Das plumpe Verbot war ohne Zweifel effektiver, als es eine Ausstrahlung je hätte sein können . . .«[99] Effektiver? Für wen? Für die Sache der Abtreibung mit der Absaugmethode? Oder für die Sache der Frauen? Oder vielleicht nur für die Autorin, deren Name einmal mehr durch alle Medien geht und von dem Alice dann selber bescheiden meint, er sei »behaftet (!) mit einem gewissen Marktwert in Frauenfragen«.

Alice macht sich auf die Suche nach einem neuen Verlag, der, anders als der Suhrkamp-Verlag, in der Lage sein soll, einen großen Verkaufserfolg, einen »Bestseller« zu produzieren. Es soll wieder ein Band von Tonbandprotokollen sein. Aber diesmal soll es ein Knüller werden: Es soll weder um Abtreibung gehen noch um Frauenarbeit, sondern um ein Thema, das Millionen interessieren wird: Sex in deutschen Betten! Ein Thema, um das sich seit vielen Jahren die Illustrierten mit Millionenauflage »verdient« gemacht haben. Zu Alices Enttäuschung lehnen drei große Verlage, darunter Bertelsmann, ihr Angebot ab. Endlich aber hat sie Erfolg bei S. Fischer. Aber auch hier ist man skeptisch, sieht das Buch mehr als Teil des »linken« Verlagsprogramms, das der zum Holtzbrinck-Konzern gehörende Verlag nach Absprache mit seinem Inhaber produzieren darf. An einen Bestseller glaubt niemand. Das Buch wird mit einer Auflage von nur 10.000 Stück und ohne große Anzeigenwerbung gestartet. Alice Schwarzer vermerkt stolz:

> Ich bin kein Beckenbauer. Feministische Bestseller werden nicht »gemacht«. Der »*Kleine Unterschied*« ist ein Erfolg von unten, den die Männer am liebsten verhindert hätten.

Noch selten ist allerdings ein Bucherfolg so unabhängig von seinem Inhalt »gemacht« worden. Durch einen Publicityrummel ohnegleichen in allen »männerbeherrschten« Medien.

Die Zeit ist reif. Der Feminismus ist auf dem Höhepunkt seines Erfolges. Überall in der Bundesrepublik sind Frauengruppen entstanden: ihre Adressenlisten in den einschlägigen Veröffentlichungen füllen lange Seiten. Die Frauenkongresse, 1973 in München und 1974 in Bochum, finden unter immer größerer Beteiligung der Öffentlichkeit statt. Auf dem Bundeskongreß der Frauengruppen in Bochum wird auch schon über eine zentrale Zeitung gesprochen. Auch darüber, wie mehr Frauenzentren gegründet werden könnten (= Mehrzwecklokale, in denen sich Frauen treffen und verschiedenen Aktivitäten nachgehen können, Mischungen zwischen einem Vereinslokal und einem Haus der offenen Tür – offen für alle: außer Männern). Anderseits stehen die Frauengruppen vor einem Dilemma, nachdem sich die §-218-Aktion teils erübrigt und teils zu einer gewissen Routine abgenutzt hat: Sie haben volle Häuser, wissen aber nicht, in welche Richtung es gehen soll.

In dieser Situation erscheint Alices »*Kleiner Unterschied*«.

Auch diesmal sind es Abschriften von Tonband-Interviews, bei denen, nach der Erika-Runge-Methode, die Fragen (meist) weggeschnitten sind. Im übrigen sind sie weniger stark zu einem einheitlichen Protokoll-Stil vereinheitlicht, was damit zusammenhängt, daß es sich bei den Befragten meistens um Bekannte von Alice Schwarzer handelt, Frauen aus dem Umkreis der Frauenbewegung, die sich gegen eine grobe Veränderung sicher gewehrt hätten. So entsteht diesmal ein recht buntes, breit gefächertes Gesellschaftsgemälde aus sehr unterschiedlichen Lebens- und Liebesläufen.

Vieles kann in einem langen Frauenleben eine Rolle spielen – Krieg, Nachkrieg, Hunger und Elend, Wohlstand und Überfluß, Adenauerzeit, Apo, Kinder und Abtreibung, Krankheit und Tod. Aber diesmal interessiert sich die Interviewerin hauptsächlich für eines. Für die Hauptfrage, gegen die alle anderen Fragen zu Nebenfragen werden, nämlich die Frage: Wie hast Du's mit dem Orgasmus? Vaginal, klitoral oder gar nicht? Vorgetäuscht, manchmal nicht, oder immer? Mit Männern oder mit Frauen oder nur allein? Das ist die Frage, die Frau

Schwarzer beschäftigt. Eine Frage, die seit Oswald Kolle die Menschen bewegt.

Alice, die Wissenschaftlerin:

> Nachdem ich mich *sehr gründlich* (auf je 22 Seiten. Verfasser) mit Problemen wie Abtreibung, Berufsarbeit und Hausarbeit beschäftigt habe, ist mir klar geworden, daß die Sexualität der Angelpunkt der Frauenfrage ist.

Das Bett ist gemacht, Sie brauchen nur hineinzusteigen. Die intime Beichte, das Flüstergespräch beim Kaffeekränzchen wird auf Hallton verstärkt. Eine ganze, verunsicherte Nation hört mit.

Tonbandprotokolle sind keine statistischen Untersuchungen, können keinen repräsentativen Querschnitt ersetzen. Dafür sind sie interessanter zu lesen. Etwas repräsentativ möchten sie dennoch sein. So heißt es dann in der Vorbemerkung:

> Die Skala der Frauenprobleme und Lebenskonstellationen in den Protokollen ist repräsentativ. Bei der Auswahl meiner Gesprächspartnerinnen war ihre »Normalität« mein Hauptkriterium. Ich war weniger an der Darstellung von extremen Fällen interessiert, obwohl es daran nicht mangelt und sie ja auch symptomatisch sind, sondern mehr an der Widerspiegelung des Alltäglichen. Die folgenden Protokolle sind darum nicht Ausnahmen, sondern die Regel.

Prüfen wir, so unvoreingenommen wie möglich, wieweit das stimmt.

Sechzehn Frauen wurden befragt. Wie repräsentativ sind sie?

○ Alter: unter 26 Jahre: vier, bis 36 Jahre: neun, bis 53 Jahre: drei Fälle. (Die Alterspyramide in der Bundesrepublik sieht fast umgekehrt aus.)

○ Beruf: Hausfrauen: fünf, Studentinnen: vier (wenn man eine soeben fertige Soziologin mitzählt), Büroangestellte: vier, Akademikerinnen (Lektorin und Apothekerin): zwei, Prostituierte: eine. (Keine Übereinstimmung mit der Berufsstatistik der Bundesrepublik.)

Faßt man Alter und Beruf zusammen, ist das Mißverhältnis zur Wirklichkeit noch krasser: In der Frauen-Gruppe unter sechsundzwanzig gibt es nur Studentinnen und die Soziologin. Hausfrauen gibt es nur in der mittleren Altersgruppe. Über zweiundvierzig gibt es nur geschiedene Frauen.

Fragt man nach dem sozialen Milieu, fallen die Unterschiede zwischen Akademikerin, Studentin und den meisten Hausfrauen fort: Von sechzehn Frauen stammen dreizehn aus dem Bildungsbürgertum. Nur drei der Frauen – zwei Putzfrauen und eine Prostituierte – nicht.

Da drängt sich dann doch der Gedanke auf, Alice Schwarzer habe einfach Personen aus ihrem Bekanntenkreis, aus Feministengruppen also, rekrutiert und dazu ihre Reinmachefrauen als Renommierproletarierinnen dazugeholt.

Diese Vermutung bestätigt sie selbst in der Vorrede:

> Nicht repräsentativ allerdings ist der atypisch hohe Prozentsatz von Frauen, die bereits bewußt versuchen, ihr Leben in die Hand zu nehmen, denn ich wollte den Akzent nicht nur auf die Beschreibung des Ist-Zustandes, sondern auf die Möglichkeiten zu seiner Veränderung setzen.

Ach so. Es handelt sich also um Frauen, die der Frauenbewegung mindestens nahestehen. Selbst die eine der Proletarierfrauen, Irmgard S., von Alice angestoßen, beginnt sich, nachdem das Buch auf dem Markt ist, zu emanzipieren und ist bei Erscheinen der Taschenbuchausgabe 1977 »Hausmutter« des Berliner Frauenhauses. *Quod erat demonstrandum.* Erst etwas machen und dann darüber schreiben.

Doch diese (gezielt oder nur bequem-schlampige) Willkür bei der Auswahl ist im Grunde harmlos. Die grobe Manipulation beginnt erst dort, wo es drauf ankommt: im Bett nämlich. Im deutschen Schlafzimmer. Und da sieht es nach den sechzehn Protokollen mit den »repräsentativen Lebenskonstellationen« düster aus. *Du, der Du hier eintrittst, laß alle Hoffnung fahren!* Wer nach diesen gebündelten Beichten noch einen Funken ehelicher Lust empfindet oder die Illusion hat, es habe je in seinem Leben Leidenschaft zwischen Mann und Frau gegeben, muß schon eine ganze Menge männliches Selbstbewußtsein haben. Oder er hat sich geirrt. Lassen wir die sechzehn repräsentativen Frauen für sich selber sprechen:

Wir beginnen mit Hildegard, der 35 Jahre alten Hausfrau. Sie schildert ihren ersten Beischlaf:

> »Warum? Ja – ich würde sagen – auf sein Drängen hin . . . Es hat

dann unheimlich weh getan. So, daß ich dachte: Wenn das alles ist . . . Na ja. Die Aussichten waren nicht so rosig. Das ist lange Jahre so geblieben. Hildegard hatte Schmerzen, Scham und Angst.«

Später hat sich die Frau nicht nur emanzipiert, sondern sich auch ihrem Ehemann mal längere Zeit verweigert. Seitdem hat sie auch, wenn sie mit ihrem Mann schläft, zwei bis drei Orgasmen. Doch Alice Schwarzer hat das Gefühl, das kann nicht mit rechten Dingen zugehen. Sie hakt nach:

Ich frage sie sehr genau nach ihren heutigen Sexualpraktiken. Hildegard wird verlegen. Ihr wie mir fehlen die Worte, die Dinge zu benennen. Sie hat es gern, wenn sie »nicht so, wie üblich, zusammen schlafen«. Das heißt, wenn sie nicht koitieren, sondern sich gegenseitig bis zum Orgasmus streicheln, ohne daß er mit seinem Penis in ihre Scheide dringt. Sie hat auch etwas Neues entdeckt: Er liegt auf ihr oder neben ihr, und sie nimmt seinen Penis in die Hand und reibt ihn gegen ihre Klitoris. »Das mag ich am liebsten.«

Eins zu null für die Heterosexualität. Wenn auch mit kleinen Abstrichen. Wenigstens das verdammte Eindringen des Penis in die Scheide haben wir überwunden!

Der nächste Fall ist schon deutlicher: Es ist die Putzfrau, 33 Jahre. Von ihr hatte man der Schwarzer gesagt, daß zu Hause sexuell alles gut klappe. Und Alice wollte ihre »These von der sexuellen Verelendung nicht nur mit allzu glatten Beispielen untermauern«. Aber wie das Schicksal so spielt: »Renate ist seit drei Jahren total ›frigide‹ und fühlt sich leer und tot. Sexualität ist ihr ›lästig‹.« Kein Wunder, denn gleich dieser zweite Fall ist Opfer eines kinderschändenden Vaters, der das Kind ab seinem elften Lebensjahr jahrelang mißbraucht hat:

Der Vater nötigte das kleine Mädchen mit einer Mischung aus Drohungen und Lockungen, mit Schlägen und Geschenken dazu, es sich gefallen zu lassen und zu schweigen.

Bei ihrem ersten Mann empfindet sie dann nichts:

»Auch im Bett lief das überhaupt nicht. Er war wie ein Tier: auf der einen Seite rauf und auf der anderen Seite runter.«

Alice:

Hat Renate zu dieser Zeit überhaupt schon einmal einen Orgasmus gehabt? »Nein. Das heißt, mit einem Mann nicht. Den ersten Orgasmus, den hab' ich mit 14 gehabt, mit einem Mädchen. Bei den Jungens, da hatten wir Angst, daß da was passieren könnte, und da haben wir dann miteinander rumgeschmust. Ich weiß nicht mehr, wie wir darauf gekommen sind, jedenfalls ging das eine Zeit – über ein Jahr. Wir haben uns heimlich geküßt und gestreichelt und fanden das beide sehr schön. Aber das war nichts mit Liebe und so.«

Schon beim zweiten Fall also Fehlanzeige für den Hetero-Sex. Und das mit der »Liebe« interpretiert Alice um:

So sagt Renate, die als Jugendliche ein Jahr lang eine anscheinend subjektiv befriedigende sexuelle Beziehung mit einer Freundin hatte, im nachhinein: »Das war nichts mit Liebe und so . . .« – weil es das ja nicht sein kann. Liebe gibt es, so hämmert die Ideologie ein, nur zwischen den Geschlechtern, aber nicht gleichgeschlechtlich.

Jetzt kommen wir der Sache näher:

Wie oft Frauen vor ihrem endgültigen Sichschicken in die Frauenrolle und die Heterosexualität heimlich ausscheren, zeigen die Protokolle und alle Resultate der Sexualforschung. Laut Kinsey und Giese hat jede fünfte Frau homosexuelle Erfahrungen, jede dritte wünscht oder wünschte sie sich bewußt . . . Die Mehrheit der Frauen aber arrangiert sich dann mit der »Normalität«, das heißt der ausschließlichen Heterosexualität.

Langsam steigert Alice das Tempo. Bisher hatten wir eine Frau, die bei ihrem Mann außer Schmerz nichts empfindet und bei der es nur mit Streicheleinheiten – ohne Koitus – einigermaßen läuft. Und ein bedauernswertes Opfer eines kinderschändenden Vaters, das nur im gleichgeschlechtlichen Verkehr einen Orgasmus gehabt hat.

Fall Nr. 3 fängt so an:

Dorothea haßt ihren Mann, sagt aber gleichzeitig: »Eigentlich kommen wir ganz gut miteinander aus.« Sexuell hat sie noch nie etwas mit ihrem Mann empfunden, der Geschlechtsverkehr ist für sie eine Qual. Alle sexuellen und emotionalen Wünsche von Dorothea richten sich und richteten sich immer auf Frauen. Sie sagt von sich: »Ich bin lesbisch«, hat jedoch noch nie mit einer Frau geschlafen.

Ihr Lesbischsein wurde Dorothea schon früh bewußt, aber sie verdrängt es, weiß auch gar nicht, daß es so etwas gibt, denn sie hat (leider, sollen wir ergänzen) »nie eine Lesbierin getroffen«. Dann liest sie in der Zeitschrift *Twen* einen Artikel über lesbische Liebe. Daraufhin verliebt sie sich in eine Studienrätin und gesteht ihrem Mann alles. Der ist entsetzt, schlägt sie. Sie geht zu einem Therapeuten, der ihr Pillen gibt, zu einem zweiten, der ihr mit der Nervenklinik droht, wenn sie sich »nicht besinnt«. Der dritte Therapeut löst die Sache auf seine Weise, nach Dr. Eisenbart: er schläft mit ihr. »Die Kasse hat übrigens die Behandlung bezahlt.« Wir lernen: Auch Therapeuten sind Männer, also Schweine. Der Ehemann will sich scheiden lassen, aber Dorothea möchte nicht allein bleiben. Der Mann zieht die Scheidung zurück, macht aber, offenbar ahnend, woher die Schwierigkeiten kommen, zur Bedingung, daß Dorothea sich die »ganzen emanzipatorischen Ideen abgewöhnt. ›Denn‹, sagt der Mann, ›da hatte sie immer schon einen Tick: Sie interessierte sich für die *Frauenfrage.*‹«

Wie lebt Dorothea jetzt? Ist sie verzweifelt, zusammengebrochen, kaputt? Keineswegs. Sie hat sich gesagt: »Trotz allem habe ich in der Ehe eine relative Sicherheit«, dreht dem Mann beim Koitus den Rücken zu und denkt sich was Schönes. Im übrigen schreibt sie Kurzgeschichten. Auf die Frage, wie das in den nächsten dreißig Jahren weitergehen soll, antwortet sie: »Genauso.« Eine reizende Lebensgefährtin!

Alice moniert an diesem Lebenslauf aber nicht die parasitäre Verlogenheit der Frau, sondern, daß die herrschenden »Normen« Dorothea einfach nicht erlaubten, ihre Homosexualität auszuleben, weil die Heterosexualität zur einzig »natürlichen« erhoben worden sei. So kann es nur schiefgehen:

> Die Kinder sind verhaltensgestört, der Mann trinkt, sie ist in einer erbarmungswürdigen Angst und Abhängigkeit. Das ist das Resultat des Terrors der Rollen und Normen.

Keine tut es aus Lust ...

Fall 4: Die Verlagslektorin Alexandra, 33 Jahre, jung und »attraktiv«: Ist die vielleicht ausnahmsweise normal oder gar – glücklich? Alice weist derartige Erwartungen von Anfang an zurück:

> Aber auch sie ist nicht entkommen. Hinter sich hat sie lange Phasen der Frigidität, einmal sogar bis zum Vaginismus.

Trotzdem schläft auch diese liebenswerte Mitbürgerin mit ihrem Kerl, denkt aber währenddessen an das,

> »was ich morgen zu erledigen und einzukaufen habe. Im Grunde ist das, was ich mache, ein Sich-zur-Verfügung-Stellen für die Onanie des Mannes«.

Der erste Koitus muß auch hier – es geht schließlich um einen Bestseller – exakt beschrieben werden:

> »Nichts. Wie ein Opfer hab' ich die Beine breitgemacht und dem Mann auch nichts gegeben.«

Dann kommt der nächste Mann: der ist impotent, und

> Alexandra mastubiert während der ganzen Zeit, ohne daß er es weiß, kommt dabei auch zum Orgasmus.

Doch dann lernt sie wieder einen anderen kennen, der »gleichzeitig mit dem Eindringen des Penis die Klitoris berührt«. Später jedoch lebt sie mit einem etwas kaputten linken Schriftsteller: aber diesmal »geht ihr sexuelles Verstummen und Verweigern« (Schwarzer) bis zur körperlichen Abwehr – sie bekommt einen Vaginismus, die Scheide verkrampft sich so, daß das gefürchtete Penetrieren unmöglich ist.

Trotzdem will auch Alexandra nicht auf den Mann verzichten: aus Sozialprestige. Damit die Kollegen nicht gleich sagen: »Die ist frustriert! Die braucht 'nen Mann! Die wird nicht genug gebumst«, und höre und staune:

»Ich selbst bin auch viel gelassener in dem Wissen, einen Mann im Hintergrund zu haben.«

Hier stellt Alice eine »Penetrationswut der Männer« fest. Unbekümmert um alle zu diesem Zeitpunkt veröffentlichten Umfrageergebnisse behauptet sie, diese krankhafte Wut zu penetrieren sei überall vorzufinden:

> Die *meisten* Männer wollen *täglich* mit ihren Frauen oder Freundinnen schlafen . . .

Soll das ein Vorwurf sein?

Ach, arme Alice! Die meisten sexuell aktiven Frauen wollen nicht nur täglich, sondern am liebsten mehrmals täglich hintereinander mit ihren Liebhabern schlafen. Dies bezeugt Dir Deine Geschlechtsgenossin, die auch im *»Kleinen Unterschied«*, wenn es gerade paßt, gern zitierte Mary Jane Sherfey in ihrem Buch über die Potenz der Frau: Schwester Jane hält die Frauen für *unersättlich triebhaft* und behauptet:

> Die Existenz eines . . . Unvermögens der Frau, jemals den Zustand völliger sexueller Sättigung zu erreichen, auch nicht bei der intensivsten, wiederholten orgasmischen Erfahrung, und ohne Rücksicht darauf, in welcher Weise die Stimulation stattfindet. Theoretisch gesehen, könnte eine Frau also auf unbestimmte Zeit ständig einen Orgasmus nach dem anderen erleben, wenn die physische Erschöpfung sie nicht daran hinderte[100].

Zweifellos hat Mary Jane Sherfey die bisher interessanteste Theorie über die Ursachen und die Bedeutung der Ablösung des Matriarchats durch die Männergesellschaft geliefert:

> Der Geschlechtstrieb der primitiven Frau war zu übermächtig, um den disziplinierten Anforderungen eines seßhaften Familienlebens zu genügen. Aus prähistorischen Studien im Nahen Osten können wir entnehmen, daß es wahrscheinlich etwa 5000 Jahre gedauert hat, ehe die Frau unterworfen wurde. Die relevanten Daten aus der Zeit von 12.000 bis 8000 v. Chr. zeigen, daß die vorzivilisierte Frau völlige sexuelle Freiheit genoß und oft nicht in der Lage war, ihren Trieb zu beherrschen. Deshalb stelle ich die These auf, daß einer der Gründe für die lange Verzögerung zwischen den Anfängen der Landwirtschaft (etwa um 12.000 v. Chr.), der Entstehung städtischen Lebens und dem Beginn urkundlich belegten Wissens (etwa

8000 bis 5000 v. Chr.) die ungezügelte zyklische Sexualität der damaligen Frauen gewesen sein muß. Erst als diese Triebkräfte mittels streng durchgeführter sozialer Gesetze nach und nach eingedämmt und unter Kontrolle gebracht werden konnten, wurde das Familienleben zu dem stabilisierenden und kreativen Schmelztiegel, aus dem dann der moderne, zivilisierte Mensch hervorgegangen ist[101].

Und das nicht nur zur Bronzezeit! Auch heute gilt nach Schwester Sherfey:

Bei voller sexueller Erregung können Frauen normalerweise viele aufeinanderfolgende Orgasmen erleben. Durch intravaginalen Koitus können sechs oder mehr erreicht werden[102].

Erbarmung. Wohl dem, der da noch eine unbefangene »Penetrationswut« hat! Leider nimmt die »Penetrationswut« bei den meisten Männern vom dreißigsten Lebensjahr an ab! Junge Paare aber schlafen in der Tat, nach neuesten Untersuchungen ebenso wie nach den ältesten Erfahrungen, nahezu täglich miteinander[103].

Der nächste Fall, Anne H., ist einfach:

Anne ist lesbisch. Sie ist die große Ausnahme unter den ein bis zwei Millionen aktiv homosexuellen Frauen in der Bundesrepublik, denn sie steht offen zu ihrer Homosexualität. Anne ist Mitbegründerin der Münsteraner Lesben-Gruppe.

Anne ist an sich kein besonders spannender Fall. Sie wird normal für ihre Mädchenrolle erzogen, flirtet mit Jungen, hat keine unangenehmen Erfahrungen – kein Kerl, Vater oder böser Onkel rührt sie an. Dann schläft sie mit einem Jungen. Die Sache ist ihr nur unangenehm. Sie denkt, hoffentlich ist es bald zu Ende. Sie hat keinen Orgasmus, da sie aber »viel masturbiert« hat, weiß sie, was ein Orgasmus ist. Sie lehnt alle Jungen aus verschiedensten Gründen nach einiger Zeit ab und wird von einer bisexuellen Frau unter Alkoholeinfluß verführt. Von da an bleibt sie lesbisch. Erst heimlich, später, unter dem Einfluß der Frauenbewegung tritt sie offen auf und sammelt Gleichgesinnte.

Der Fall wäre nicht weiter erwähnenswert, wenn er nicht ein

unschlagbares Gegenbeispiel zu Alice Schwarzers These »Man kommt nicht als Heterosexuelle zur Welt, man wird dazu gemacht« und »Kategorien wie Heterosexualität und Homosexualität sind kultureller Natur und biologisch nicht zu rechtfertigen« wäre.

Wie ist das denn bei Anne?

Hier haben keinerlei Jugenderlebnisse zur Homosexualität geführt. Sie hängt an der Mutter. Der Vater war autoritär und häufig betrunken. Sie mochte ihn aber ganz gern. Sie spielt nur mit Jungens und verliebt sich schon als Schulkind nur in Mädchen. Wo ist nun die »kulturelle«, das heißt erziehungsmäßige Beeinflussung der Sexualität? Müssen wir nicht eher annehmen, daß Anne von vornherein lesbisch veranlagt war? Oder wurde sie zufällig durch den (unerfahrenen) Mann erotisch nicht stimuliert und durch die (erfahrene) Bisexuelle erotisch geweckt (»Zum ersten Mal in meinem Leben hatten Küsse mich erregt«)? Angeboren, anerzogen oder angewöhnt? Das sind so Fragen. Wie immer man sie beantwortet, das künstliche Gebilde *Zwangsheterosexualität* bricht dabei zusammen. Entweder die Art der Sexualität ist angeboren, dann gibt es keinen *Zwang,* normal zu sein (jedenfalls ist er bei den meisten Menschen nicht nötig), oder aber die Tendenz wird erst später in die eine *oder* die andere Richtung festgelegt – durch Zufall, durch die erste Begegnung mit einem *erfahrenen* Sexualpartner –, dann wäre auch niemand geschädigt. Es sei denn, man hielte eine von beiden Möglichkeiten des Geschlechtsverkehrs für falsch, unnatürlich, schädlich. Es scheint, daß Frau Schwarzer die übliche Art der Liebesbeziehungen, die Heterosexualität, für »falsch« hält, die homosexuelle dagegen für die »richtige«. Gegen eine solche Meinung wäre überhaupt nichts einzuwenden. Außer, daß Alice Schwarzer sie an keiner Stelle ausspricht. Daß sie nicht offen auftritt, macht die Auseinandersetzung mit ihr schwierig.

Aber wieder zum »*Kleinen Unterschied*«: Wir sind erst bei Fall 6, Anke, 24: Über sie ist zu sagen: »Sie gehört zu der Sorte Frauen, der die Männer hinterherlaufen.« Schön, denken wir, aber was ist mit Anke schiefgelaufen? Irgendwas muß es ja sein, sonst wäre sie nicht in den »*Kleinen Unterschied*« aufgenommen worden, soviel wissen wir schon. Anke hat zuerst mit einem Jugendfreund nur Petting gemacht und war »dabei immer ganz weg«. Dann aber hält sie mit einemmal einen erigierten

Penis in der Hand, und da hat sie sich erschrocken:

»Ich hab' aufgeschrien und gesagt: Ich kann nicht! Das ist ja ganz entsetzlich! Das ist ja wie eine Schlange . . .«

Später versuchen sie es noch einmal, aber: »Es tat mir weh. Er kam einfach nicht durch.« Das bleibt das Problem für Anke. Zunächst. Eine Verkrampfung, immer wenn es soweit ist. Eine Abwehr. Sie steigert ihre Abwehr bis zum Vaginismus. Schließlich findet sie aber noch einen ganz schüchternen Freund, und mit einmal geht es. Anke hat zum ersten Mal in ihrem Leben einen Orgasmus mit einem Mann.

»Als ich den Penis in mich eindringen spürte, war das für mich ein wahrer Triumph! Ich hatte es endlich geschafft! Ich fand es auch irre schön. Ich glaube, ich bin da jetzt ziemlich penisfixiert. Er hat das auch ganz toll gemacht.«

Man kann förmlich spüren, wie Frau Schwarzer das irritiert hat. Der Fall paßt nicht in ihr Konzept. Aber sie gibt noch nicht auf:

Als ich sie bitte, mir das Gefühl beim Orgasmus genau zu beschreiben, herrscht einen Augenblick lang Verwirrung. Dann stellt sich heraus, daß sie die Sexualität mit Klaus, mit dem sie jetzt seit zwei Jahren schläft, zwar als beglückend empfindet, daß sie aber das, was den Orgasmus ausmacht, negativ findet.

Gerettet. Seit Anke nun auch noch im Frauenzentrum aktiv ist, kann sie sich gut vorstellen, daß das mal zu Ende geht – mit Jürgen und auch mit Klaus. Da ist noch Aussicht für ein gutes Ende:

Sie ist auch konfrontiert mit den homosexuellen Frauen im Zentrum. Früher ist sie vor Berührungen von Mädchen richtig »zurückgezuckt«, heute sagt sie, daß für sie eine sexuelle Beziehung mit einer Frau durchaus vorstellbar sei. Sie ist angstfreier geworden . . .

Kommentar Alice Schwarzers:

Gerade bei Anke wird deutlich, wie aufgesetzt die Norm vom vaginalen Orgasmus ist und welchen Schaden sie anrichten kann.

Ohne Moos nichts los.
Ist die Ehe Prostitution?

Die 53jährige Prostituierte Cornelia ist der 7. Fall. Der Fall ist einfach gelagert:

> Sie hat noch nie in ihrem Leben mit einem Mann einen Orgasmus gehabt. Den kriege ich beim normalen Verkehr überhaupt nicht, sondern nur, wenn ich's mir selber mache.

Sie hat eine Abneigung dagegen, daß Männer sie anfassen und schiebt das darauf, daß sie einmal als dreijähriges Kind von einem Mann unsittlich berührt worden ist. Sie wird von Ehemännern und Zuhältern immer nur ausgenutzt und vertritt hier die eine für Alice Schwarzer sehr gefährliche These, daß Ehefrau und Prostituierte nämlich im Grunde gleich sind: Viele Ehefrauen machten es wie die Huren, sie gäben ihren Männern nur die Illusion. Auf der anderen Seite müßten bei den Ehefrauen auch die Kröten stimmen. Wenn die Ehefrauen am Freitagabend oder am Monatsende kein Geld bekämen und der Ehemann wolle dann mit ihr ins Bett gehen, würden die antworten:

> »Was denkst du, warum ich dich geheiratet habe?! Damit du freitags ohne Geld und besoffen kommst und dann auch noch mit mir ins Bett gehen willst?! Nichts da! So läuft nichts! Schaff erst mal Geld ran.«

Frau Schwarzer ist sich bei der Bearbeitung dieses Interviews wahrscheinlich nicht bewußt gewesen, daß hier fast wörtlich die These ihrer am meisten gehaßten Gegenspielerin Esther Vilar ausgesprochen wird.

Cornelia hat sich deshalb auch ihr weiteres Leben so vorgestellt: Entweder will sie im Lotto gewinnen oder einen »ollen Rentner« heiraten, der sie versorgt. Der Schwarzer-Kommentar zu Cornelia ist bezeichnenderweise der kürzeste im ganzen Buch. Dafür zeigt sie hier echten Zorn:

Männer sind so pervertiert, daß ihnen der Gedanke, sich das Recht auf einen menschlichen Körper kaufen zu können, noch nicht einmal obszön zu sein scheint, sondern selbstverständlich. Die Ärmsten sind so kaputt, daß sie diese fünf Minuten mechanischer Reibung für Sexualität halten . . .

Fall 8: Irmgard, Hausfrau, 42 Jahre alt, spätere Hausmutter im Frauenhaus, eine resolute, etwas mollige Frau. Irmgard macht es Frau Schwarzer nicht leicht. Sie ist zufrieden, obwohl durch viele Kinder überanstrengt, und sagt: »Ich halte nicht viel von Emanzipation, weil ich mich nicht unterdrückt fühle. Ich behaupte mich immer, wenn irgendwas ist.« Auf Fragen über Sexualität spricht sie überhaupt nicht an. Mit dem Mann ist die Sache ziemlich in Ordnung, sie sagt ihm, wie sie's möchte, und er richtet sich danach. Die vielen Kinder, für die sie sich abrakkert, hat sie sich überdies selber als Pflegekinder ins Haus genommen. Alice Schwarzer diagnostiziert: Frau S. leidet am Hausfrauensyndrom. Gibt diese Frau als Fall nichts her, so doch sehr viel als Person. Ihre lebenslange Bereitschaft, zu helfen und für andere nützlich zu sein, bringt sie seit einiger Zeit als Mädchen für alles im Berliner Frauenhaus ein, und da wird aus dem Haufrauensyndrom, aus dem »entwürdigenden Leben für andere«, mit einemmal eine gern akzeptierte Eigenschaft. Denn die ewig diskutierenden Studentinnen aus der Frauenbewegung könnten die vielfältigen sozialen und psychosozialen Aufgaben, die eine Hausmutter in solch einem Haus für geschlagene Frauen hat, sicher nicht bewältigen. Seit ihrer Tätigkeit in einem sie ausfüllenden sinnvollen Beruf kann sich Irmgard mit ihrem Mann noch besser verstehen.

Mit der »Zwangsheterosexualität« ist ihr Alice nicht gekommen, die paßte in diesen Lebenslauf nicht hinein. Irmgard S. ist – in einem anderen Sinne als dem in der »Bewegung« gebräuchlichen – eine »Alibifrau«. Sie ist ein Alibi für dieses Buch und seine nicht offen ausgesprochenen Absichten.

Der nächste Fall (9): Rita ist die Frau eines bekannten linken Schriftstellers, die nach langer Ehe von ihrem Mann verlassen worden ist und sich seitdem nicht mehr richtig gefangen hat. Ein Paradefall für die Frauenbewegung. Das Schwein ist nicht nur Mann, sondern auch noch links. Alice schildert ihn so, daß sie juristisch nicht angreifbar ist, aber dennoch jeder weiß, um wen es sich handelt. Er arbeitet viel fürs Fernsehen. Lieblingsthemen: Revolution, Ausgebeutete und Proletarier. Man verkehrt viel mit Bloch und Adorno. Die Frau aber wird zuerst »ausgenutzt« (sie ist hübsch, bewirtet repräsentativ seine Gäste, begleitet ihn auf Auslandsreisen, richtet gemeinsam die Häuser ein und tippt seine Manuskripte). Dann wird sie betrogen, und als sie krank wird, verlassen. Ihre Krankheit: Schizophrenie. Die Schwarzer-Interpretation: Sie ist in die Krankheit geflüchtet, weil ihr Mann ihr »systematisch (sic!) die Identität geraubt hat«! Er hat das einst muntere Mädchen durch systematische Bevormundung und Benutzung bis zum Wahnsinn getrieben. Belege hierfür werden nicht angeführt. Im Gegenteil. Über den Krankheitsbeginn sagt Rita:

»Nach dem Umzug ist das zum ersten Mal aufgetaucht. Wir zogen damals in eine noch größere, noch schönere Wohnung. Das wurde einfach zuviel für mich. Das hat mich so überwältigt, daß ich's gar nicht mehr fassen konnte. Anschließend fuhren wir nach Amerika, um einen Film zu drehen. Und da bin ich krank geworden.«

Alice ist sich selber darüber im klaren, daß ihre Interpretation im Falle Rita sehr wackelig ist. Hier handelt es sich um eine Krankheit, um wissenschaftlich erfaßbare Krankheitsbilder, da kann man weniger frei assoziieren und phantasieren. An diesem Fall stimmt nichts, aber auch gar nichts. Die Frau ist nach langer Ehe verlassen worden um einer neuen Geliebten willen. Ein Fall, der sich auch umgekehrt im Intellektuellenmilieu dauernd ereignet. Erzeugt Ehebruch Schizophrenie? Das könnte eine Schlagzeile der *Bild*-Zeitung sein: »Frau von linkem Schriftsteller in Wahnsinn getrieben!« So weit mochte auch Alice nicht gehen. Alice Schwarzer ist inzwischen gewieft genug, um abschätzen zu können, was ihr noch abgenommen wird und was nicht. So beschäftigt sie sich in ihrer Einschätzung des Falles lieber mit der Amerikanerin Phyllis Chesler, die viele Beispiele veröffentlicht hat, in denen unangepaßte, zu selbständige, emanzipierte Frauen durch die Psychiatrie diszipliniert werden sollen[104], Beispiele, die auf Rita nicht zutreffen. Ursache und Wirkung des Ehebruchs sind auch nicht falsch interpretierbar:

»Während ich krank wurde, hat er das mit der neuen Frau angefangen. Vorher hatte er nie eine andere Beziehung gehabt.«

Für die Klitoris-Orgasmus-Forschung gibt Rita auch nichts her. »Mit 14 hatte ich lesbische Züge . . . Heute weiß ich, daß das eine vorpubertäre Entwicklung war.« Lassen wir das also. Man kann ja mal fragen.

Fall 10: Karen, eine 34jährige Hausfrau. Karen ist gewissermaßen das Kernstück des »*Kleinen Unterschieds*«. Sie ist zukunftsweisend. Sie zeigt, wo's langgeht. Karen, Mutter von drei Kindern und besonders weiblich anmutend, hat sich nach 13 Ehejahren heftig in eine Frau verliebt und mit ihr eine sexuelle Beziehung angefangen. Sie will sich scheiden lassen.

Wie das gekommen ist?

> »Das war keine bewußt herbeigeführte Sache, sondern eigentlich nur eine ganz logische Entwicklung meiner dreijährigen Arbeit im Frauenforum.«

Frauen erhebt euch, und die Welt erlebt euch! Dieser kleine Satz will zweimal gelesen werden. Man spricht über lesbische Liebe. Man liest Artikel darüber, liest Bücher, und wenig später ist es dann passiert:

> »Es ist dann alles sehr selbstverständlich gelaufen. Gar nicht, wie man sich das so vorstellt, verschämt oder so. Wir sind bei unserer ersten bewußten Verabredung gleich zusammen ins Bett gegangen – und haben das dann 20 Stunden nicht mehr verlassen. Das war eigentlich das Schönste, was ich bisher erlebt habe. So zärtlich und erotisch zugleich.«

So ist sie nun, wie es im Lied heißt, endlich in eine Frau verliebt und will es auch bleiben. Fazit dieses bilderbuchhaft exemplarischen Falles, der unverhüllt zur Nachahmung empfohlen wird:

> Es hat sich überall in den Frauenbewegungen des Aus- und Inlandes gezeigt, daß Frauen, die lernen, Frauen nicht mehr zu verachten, sehr rasch auch fähig sind, sie zu lieben.

Karen ist verheiratet, und Alice fragt wie bei fast jedem Interview: »Warum hast du überhaupt geheiratet?« Weil die Schwester auch verheiratet ist und die alten Schulfreundinnen fortgezogen waren. Weil sie ein Kind erwartete und Angst vor der Abtreibung hatte. Und dieses Kind hat ihr der Kerl doch –

meistens ist das eher umgekehrt – regelrecht unterschoben. Heimtückisch, meint sie später, um sie zur Heirat zu zwingen, hat er's drauf ankommen lassen. Das hat sie ihm »ewig« übelgenommen. Gesagt hat sie ihm das freilich erst jetzt – nachdem sie das neue Frauenbewußtsein hat.

Mit dem Orgasmus hat es bei Karen gleich geklappt. Allerdings hatte das einen besonderen Grund:

> »Ich kannte meinen Körper ja vom Masturbieren. Außerdem bin ich anatomisch günstig gebaut, das heißt, es wird beim Koitus bei mir auch immer die Klitoris mitberührt.«

Und so war auch das erklärt. Obwohl, am Ende war es eben doch nicht genug. Nach einiger Zeit, einem ruhigen Leben im Neubauwohnblock mit den Kindern schien alles öde und leer. War das vielleicht 1972? Fast ein wenig zu glatt sagt Karen ihr Verschen auf, als wenn sie's aus dem *Frauenhandbuch* ablesen würde:

> »Als mir bewußt wurde, daß ich mich in der Ehe prostituierte, daß ich das alles nur noch machte, um den Kindern den festen Rahmen zu erhalten, daß es keine Alternative gab – ja, da bin ich gemütskrank geworden. Depressionen sind eben der einzige Ausweg für eine Frau in meiner Situation. Flucht, nicht Konsequenz.«

Machen wir es kurz. Die Konsequenz war Liebe zu einer Frau. Sie hat zwar immer noch Bedenken, den Mann und die Kinder im Stich zu lassen, aber nach der zweiten Begegnung notiert Alice Schwarzer beruhigt: Jetzt macht sie mit in der Frauengruppe »Scheidung«. Wahrscheinlich ist die Ehe inzwischen aufgelöst. Nach dem alten Scheidungsgesetz. Nach dem *neuen* hätte sie den Mann für alle Zeiten ruiniert, obwohl er im juristischen Sinne schuldlos ist. Die konventionelle Verstellung von Schuld gibt es nicht mehr, wohl aber die konventionelle Zahlungsverpflichtung. Kindergeld, Unterhalt, Güterteilung – ihm bleibt in solch einem Falle nur noch ein Taschengeld für sich übrig. Selbst die Rente ist noch mit der Frau zu teilen, die so, zusammen mit der »innigsten Liebe ihres Lebens«, die sie ja nicht heiraten kann, für alle Zeiten versorgt ist.

Auch bei diesem Fall taucht der Gedanke auf, daß die Ehe eine Art Prostitution ist. Diese Esther-Vilar-Überlegung spielt auch beim nächsten Fall eine Rolle:

Der 11. Fall: Gitta, 32 Jahre, Stenotypistin, drei Kinder. Sie wird so eingeführt: »Die hat die Kurve gekriegt. Die hat sich scheiden lassen und macht jetzt ihre Ausbildung nach!« Der Mann war ein Putzfanatiker, und die Frau hatte weder am Putzen noch an der Sexualität großes Interesse. Daher gab es dauernd Streit. Gitta ist nicht sehr ergiebig. Die üblichen Nachfragen der Schwarzer nach traumatischen Jugenderlebnissen, erster Liebe und Orgasmus scheinen nicht beantwortet worden zu sein, denn die Frau sagt schließlich nur: »Um eine Erfüllung zu finden, dazu brauche ich doch nicht unbedingt einen Mann im Bett – im Gegenteil, da wird man viel zu einseitig: Kochen, Putzen, Waschen, Schlafen, Aufstehen . . .«, assoziiert also Sex offenbar nur mit anderen unangenehmen Verpflichtungen wie Putzen und Waschen. Sie sagt auch, sie wolle nicht mehr heiraten. Mal einen Freund zum Weggehen ja, aber sie hätte zum Beischlafen im Augenblick gar kein Verlangen. Diese Frau ist in dem Buch ein bißchen zu kurz gekommen. Sie hat außer ihrem Stenokursus keine Perspektive. Kein Klitorisorgasmus, kein Softy, keine Frauenliebe. Über Penetrationswut, Vergewaltigung, Scheidenkrampf oder sonstige Horrorszenen weiß sie nichts zu berichten. So macht Alice es kurz, kommentiert diesen Fall kaum und gibt an dieser Stelle nur die angewachsenen Scheidungs-Zahlen bekannt und die Tatsache, daß man sich die Umschulung vom Arbeitsamt bezahlen lassen kann.

Die Scheidungsrate wird wie eine Erfolgsziffer zitiert: 1971, im Jahr der großen Frauenaktionen, wären es 80.000 Scheidungen gewesen – doppelt soviel wie zehn Jahre zuvor, sagt Alice. Also munter voran, sollen wir denken, in den nächsten zehn Jahren muß der Rekord noch einmal überboten werden! (Wir kommen auf diese Kampagne im Zusammenhang mit *Emma*, wo sie eine Art ständiger Rubrik bildet, noch zurück.)

Verweigern, verweigern, verweigern!

Nach dieser etwas schwachen Stelle erwarten wir beim 12. Fall wieder einen gewissen Höhepunkt. Der wird auch geliefert: Der Fall Annegret beginnt lakonisch-schön wie eine Kleist-Novelle:

> Als Annegret vor dem Scheidungsrichter stand und gefragt wurde, wann sie den letzten Verkehr mit ihrem Mann hatte, war ihre Antwort: »Der letzte Verkehr meines Mannes mit mir war am 26. April, mein letzter mit ihm vor neun Jahren.«

Ein Satz, der in den Besprechungen des »*Kleinen Unterschieds*« mit Recht besonders hervorgehoben wird.

Bei ihrem Mann war Annegret ihr Leben lang »frigide«, jetzt lebt sie »polygam«, was Alice Schwarzer atypisch findet. Sie hat, als 52jährige, Beziehungen zu jungen Männern, zu Ausländern. Atypisch war auch ihr Liebesleben, an dem sie Alice freimütig teilnehmen läßt. Schon ihr erstes Erlebnis geht schief:

> »Auf dem Nachhauseweg kamen wir über ein Feld, und da hat er dann den ersten Versuch der Entjungferung gemacht. Ich habe geblutet wie ein Schwein. Er ist nicht annähernd reingekommen, weil sein Penis ja auch viel zu dick für mich war. Wie ich heute weiß, war das der völlig falsch gebaute Mann für mich. Ich bin da auch ein bißchen eng.
> Er hat dann sechs Wochen lang Abend für Abend versucht, da reinzukommen. Ich hatte wahnsinnige Schmerzen . . .«

In diesem Stil geht es weiter:

> Im Urlaub kommt ihr Mann nach Hause, ißt massenhaft Eier zur Potenzsteigerung und »kann dann 17mal an einem Wochenende«.
> Er entwickelt zu ihr eine zunehmend sadistische Beziehung:
> »Am liebsten hat er mich zwei bis drei Stunden seelisch fertiggemacht, und wenn ich dann weinte, dann ist er auf mich und hat sich doppelt schön befriedigen können. Aus der Abwehr heraus muß ich wohl ganz eng gewesen sein, und dieses Verkrampfte muß ihm gut gefallen haben.«

Die Ehe geht schief. Das Schlimmste ist für Annegret immer die Sexualität: »Dieser furchtbar dicke Penis, der gegen meinen Willen in mich eindrang.« Aber auf einem Betriebsfest lernt sie einen anderen Mann kennen und – wie das bei Männern und Frauen öfter vorkommt – mit dem geht es mit einemmal: »Da hatte ich mit 30 Jahren meinen ersten Orgasmus – ich habe gedacht, die Welt geht unter.« – »Schieb das Dings mehr nach links und auf einemmal da ging's«, sagt der Volksmund.

»Eins zu null für die Männer«, denken wir. Aber wir haben uns zu früh gefreut. Die Voraussetzung war nämlich eine kleine Besonderheit:

> Annegret kichert noch in der Erinnerung ganz vergnügt: »Ganz wichtig für mich war, daß er einen ganz kleinen, zarten Penis hatte. – Den Mann hab' ich dann zehn Jahre behalten.«

Nach zehn Jahren hat Annegret dann gewechselt, aber sie war nie die »Verliererin«. Sie nimmt jetzt gerne jüngere Männer oder Ausländer oder Arbeiter und Handwerker ins Bett, weil sie »da nicht die Unterlegene ist«.

Annegret gibt im Gegensatz zu den meisten anderen Frauen so genau Auskunft, daß Oswald Kolle und die *Neue Revue* ihre Freude hätten. Sie mag gern Cunnilingus, aber sie masturbiert auch gern. Dabei berührt sie die Klitoris mit der Hand. Mit der Hand gibt es bis zu sechs Orgasmen, mit Männern nur zwei oder drei. »Trotzdem«, sagt sie, »ein richtiger Koitus gehört schon dazu.« Obwohl, so sinniert sie auf Nachfrage der hartnäckigen Alice: »Warum weiß ich auch nicht.« Und dann gibt es doch noch einen Hoffnungsschimmer. Die Frau, die wir schon für hoffnungslos normal gehalten haben, erinnert sich:

> »Ich habe mein ganzes Leben lang nur mit Männern geschlafen, wenn ich mir aber was Schönes vorstelle, dann denke ich in der Phantasie immer nur an den Körper einer Frau.«

Mehr gibt Annegret nicht her, und Alice muß ziemlich gewaltsam an dem Fall heruminterpretieren, um auch ihn für ihre These zurechtzubiegen. Sie macht das so: In der Jugend hat Annegret einen Freund gehabt, der die gleiche Kapuze trug und gleich groß war und ihr überhaupt ähnlich war. Originalton Schwarzer:

> Liebe ist eben nur unter Gleichen möglich, nicht unter Ungleichen ... Geliebt hat sie nicht den Unterschied, sondern das Ähnliche!

Darin ist die Vorliebe für jüngere Männer zu erklären. Das sei eine Abwehr gegen neue Bindungen und nicht etwa das Schielen nach »Potenz«. Die wäre, meint Alice, »wie wir inzwischen wissen, eher abschreckend«.

Oh, du meine Güte! Die Idee, daß die jungen Männer sich zwar mal ein paar schöne Stunden bei der freizügigen 52jährigen machen, aber wahrscheinlich nie auf die Idee kämen, sich an die alte Dame länger zu binden oder sie zu heiraten, ist ihr nicht gekommen. – Ist denn das so schwer zu begreifen, daß hier schon die Phase *Wo ist der Mann?* erreicht ist? Da halt ich's mit meiner Uralt-Freundin Peggy Parnass, die kürzlich mit unverschämter Offenheit in einer Sex-Postille[105] schrieb: »Man sagt immer, die Männer wollten immer nur das eine – wollten sie es doch bloß!«

Auch Fall 13 ist ein verkorkster Fall. Sonja, 26, Soziologin. Einmal dürfen wir raten, wer daran schuld ist. Sonja ist aktiv in der Frauenbewegung und ganz »frigide«. Sie hat in ihrem Leben nur einmal einen Orgasmus gehabt und das bei einer Streichelbeziehung als 15jährige. Wie das kam, ist eine lange und auch sehr gut für die *Neue Post* geeignete Geschichte.

Die Mutter war offensichtlich nicht frigide, jedenfalls hat die kleine Sonja sie immer »ungeheuerlich stöhnen« gehört. Der Vater schlägt alle Kinder systematisch mit dem Rohrstock. Sie ist Papas Liebling. Erste Liebe mit einem weichen, aber etwas älteren Mann. »Es« tat aber nur weh, und sie hatte Angst. Der Penis war, das hören wir nun zum wiederholten Mal in den Protokollen, viel zu groß. Auch als sie sich wirklich verliebt, empfindet sie nichts »dabei«. Sie hat Angst, nicht normal zu sein, und kriegt Wahnvorstellungen. Einmal denkt sie, ihre Vagina würde zerschnitten. Es ist so schlimm, daß sie sich im Bett vor Schmerzen krümmt.

An sich verstand sie sich gut mit diesem Freund; aber nur in der Sexualität ging es nicht. So faßte sie den Entschluß: Es wird nicht mehr koitiert. Schluß, aus! Sie setzt die Pille ab und schläft nicht mehr bei.

Sonja praktiziert heute das, was sie ihre »Verweigerungsstrategie« nennt, das heißt, sie hat zwar körperliche Beziehungen zu Männern, macht aber die Jagd nach dem Orgasmus nicht mehr mit und lehnt auch den Koitus ab. Nicht, um ihre Partner zu strafen, sondern »weil ich es gelernt habe, nicht mehr etwas zu tun, was ich selbst nicht möchte«.
Sonja hat Konsequenzen gezogen. Sie ist aus der Wohngemeinschaft, in der sie zusammen mit ihrem Freund lebte, aus- und in eine Wohngemeinschaft mit drei Frauen eingezogen. Seit ein paar Monaten hat sie eine zweite Beziehung zu einem Mann, der gleich alt ist und dem sie sich absolut ebenbürtig fühlt. Auch mit ihm hat sie eine Streichelbeziehung, schläft aber nicht mit ihm, das heißt: Sie koitieren nicht und gehen auch in ihren anderen Zärtlichkeiten beide nicht bewußt bis zum Orgasmus. Sonjas heutige sexuelle Praxis ist sicherlich nur eine Etappe und keine definitive Lösung – aber sie ist eine wesentliche Etappe. Nach Jahren der Selbstverleugnung hat sie die Kraft gefunden, sich dem Orgasmusterror zu entziehen. Verweigerung ist für viele Frauen nach der *Verstümmelung* ihrer Bedürfnisse und in der Ohnmacht ihrer heutigen Beziehungen der erste Schritt zur Ehrlichkeit mit sich selbst.

Das war der erste Schritt! Und was wäre der zweite Schritt? Führt er in das »neue, schöne Land«? Noch ist es nicht soweit, und so muß Sonja mit ihrer Verweigerung und ihren atrophischen sexuellen Freuden leben. Aber dadurch, daß sie andere Frauen getroffen hat und sah, daß sie mit ihren Problemen nicht allein war, »blieb ›Frigidität‹ nicht länger peinlich, sondern wurde politisch«. Sie haben richtig gelesen: *Frigidität wurde politisch!*

Die frigide Sonja arbeitet seit einem Jahr in einer Familienberatungsstelle eines Berliner Arbeiterviertels. Sie ist aktiv in der Frauenbewegung tätig. Was sie den Frauen und Mädchen, die in die Beratungsstelle kommen und nach der Sexualität fragen, antwortet, ist uns nicht überliefert. Wir können es nur ahnen. Etwa das, was ein politisch aktiver Blinder seinen Klienten über den Regenbogen erzählen würde?

Irgendwie ist Alice am Ende ihres Buches dann ungeduldig geworden und will die Fallgeschichten schnell mal abschließen. Vielleicht hat sie auch befürchtet, die Geduld ihrer Leser zu sehr zu strapazieren. Jedenfalls werden die letzten drei Fälle in einem einzigen Kapitel dargestellt: Verena, 21, Christa, 25, Barbara, 35 Jahre. Ihre Geschichten lassen sich in einem gemeinsamen Kapitel zusammenfassen. Denn sie haben eine Gemeinsamkeit, und die ist auch der Grund, warum sie am Schluß der Protokolle erscheinen. Sie tun »es« nicht mehr, sie haben das verhaßte Penetrieren, das »Schwanzficken« abgeschafft. Sie haben für sich vorweggenommen, was zwei Jahre später 1977 das Leitmotiv für eine ganze Wohngemeinschaft in Wien werden wird: »Wir vögeln nicht mehr[106].«

Wie die Wiener wollen sie aber auf Schmusen, Streicheln und andere Zärtlichkeiten mit Männern nicht verzichten. Auch andere nicht-penetrierende Sexualpraktiken scheinen ihnen nicht zu genügen. Sie haben statt dessen eine Art Rubbelpraktik entwickelt, bei der der Penis an der Vagina gerieben wird, bis zum Orgasmus. Obendrein hat das den Vorteil, Schwangerschaften zu vermeiden.

In der gestelzten Sprache, in die Alice manchmal verfällt, wenn sie meint, wissenschaftlich reden zu müssen, heißt es, sie habe nur drei Frauen getroffen, die in ihren »Beziehungen zu Männern die angeblich vorrangige Bedeutung und zwangsläufige Notwendigkeit eines Koitus für einen Orgasmus bewußt und aktiv in Frage stellen«.

Hier hat Alice nicht aufgepaßt und schon vergessen, was einige Seiten vorher in ihrem eigenen Buch steht.

Jedenfalls hatte Alice schon im allerersten Protokoll über Hildegard D. über die gleiche seltsame Praxis berichtet: auch Hildegard hat sexuelle Beziehungen ohne das Penetrieren.

Der ideale Mann: streckenweise impotent!

Bei den nun folgenden drei Koitus-Verweigerinnen, deren Verhalten ganz offensichtlich zur Nachahmung empfohlen werden soll, ist das Männerbild bemerkenswert, das sich in ihren Schilderungen herauskristallisiert. Offensichtlich handelt es sich hier nämlich um eine Art Leitbild, ein Vorbild für die Zukunft, einen Entwurf für den »Softy« von morgen. Den es eines Tages zu schaffen gilt, und sei es aus der Retorte! Nach dem Motto: wenn schon Männer, dann *solche.*

In den Schilderungen der drei kessen Verweigerinnen wird das Bild dieses neuen Mannes in Umrissen sichtbar:

»Er ist zart, kurzsichtig und nicht so protzig . . . Er ist streckenweise impotent . . .«
»Ja, hab' ich gesagt, das mit dem Schwanz reinstecken, das klappt bei mir nicht, das mußt Du anders machen. Ich habe entdeckt, daß es mich erregt, wenn ich auf ihm lag und sein Schwanz meine Klitoris berührte.«

Alice fragt, wie der Freund reagiert:

»Er hat sich inzwischen daran gewöhnt. Das heißt, es macht ihm Spaß, aber er scheint manchmal ein bißchen beunruhigt zu sein, daß er's verlernt, daß er nicht mehr normal sein kann . . .«
Inzwischen akzeptiert Christa die Penetration überhaupt nicht mehr. Ihr Freund, sagt sie, »findet es so auch schöner – dadurch, daß er gar nicht erst dran gewöhnt worden ist, hat er auch die Potenzsachen nicht so drauf«.

Später, als Alice die ganze Sache noch einmal zusammenfaßt und auch die letzten störenden Realitätsbezüge aus den Protokollen herausinterpretiert hat, schreibt sie:

Ausnahmslos alle Frauen erleben ihren ersten Orgasmus – sofern sie ihn überhaupt jemals erleben – in einer Situation, in der sich die objektive Dominanz des Mannes durch ihre subjektive Stärke und seine subjektive Schwäche gemildert hat. Diese Männer werden als »sanft«, »unsicher« und »nicht fordernd« beschrieben. Das heißt, alle Männer, mit denen Frauen eine befriedigende Sexualität erleben, sind im positiven Sinne »unmännlich«.

Welchem Ideal kommen wir da näher? Vielleicht dem Typ des versklavten Männchens aus den Matriarchaten, den Mathilde Vaerting in ihrem Buch *Neubegründung der Psychologie von Mann und Weib*[107] beschrieb:

> Die Männer waren kleiner als die Frauen und neigten zu Fettansatz. Sie machten die Hausarbeit und versorgten vom ersten Tag nach der Geburt an die Kinder. Sie waren koketter und ängstlicher und wurden von den Bräuten aggressiv umworben.

Was darf es noch sein? Klein, unsicher, unerfahren, ängstlich, verklemmt, impotent – wird da nicht im Hintergrund das Amazonenideal mit den schon als Knaben verkrüppelten Männchen sichtbar? Denen man die Hand- oder Schultergelenke gebrochen hat? Oder geht der Marsch mehr in die Richtung der Valerie Solanas, wo nach dem endgültigen Sieg der Frauen die überlebenden Männer als

> Drogenabhängige dahinvegetieren, mit Kröten Wiesenluft atmen, entspannt dasitzen, den mächtigen Frauen in voller Aktion zuschauen oder sich zum nächsten *Selbstmordzentrum* zu begeben, wo man sie beruhigt, schnell und schmerzlos vergast[108].

Sie haben richtig gelesen: *vergast*.

Der einzige Mann, der in Zukunft noch von den Feministinnen geduldet werden wird, ist der »Softy«, der Weichmann. Der Schlaffschwanz. Ihn akzeptieren sie als den »menschlichen Mann«. Wie kann man ihn von den anderen unterscheiden? Die französische Feministin Caroline Hennesy gibt darauf eine überraschende Antwort:

> In dem revolutionären Zwischenstadium, in dem wir uns befinden, gibt es nur ein Mittel, die menschlichen Männer von den kleinen Jungen zu unterscheiden, die durch Unterdrückung der Frauen überkompensieren. Die Unterscheidung bemißt sich nach ihrer Schmerztoleranz, wenn man ihnen die Eier umdreht. Wenn er brüllt, laßt ihn gehen, nachdem ihr ihm das Zeug abgerissen und ihm einen Tritt in den Hintern gegeben habt, damit er abhaut. Wenn er das lächelnd erträgt und euch gerade in die Augen sieht,

dann sitzen seine Eier wahrscheinlich so fest, daß er sie nicht mit dem Klebstoff der Unterdrückung und Demütigung der Frauen anheften muß. (Glaubt nicht, daß ihr viele solche finden werdet[109].)

Übertreiben wir, wenn wir die bieder-reformistische Alice mit der radikalen französischen Feministin Hennesy in Verbindung bringen? Nirgendwo bei Alice Schwarzer steht schließlich die Aufforderung zu Mord und Totschlag, Kastration und Vergasung. Dennoch müssen wir auf der Verbindung bestehen, ja, vielleicht ist Alice sogar sehr viel gefährlicher als Valerie Solanas, Caroline Hennesy und Françoise d'Eaubonne zusammen. Denn über Valerie und Caroline geht man kopfschüttelnd zur Tagesordnung über. Jeder lächelt über den Satz des d'Eaubonne: »Auf jeden Fall ist der Mann dazu berufen, demnächst hinweggefegt zu werden[110].«

Aber niemand lächelt über Alice, wenn sie die vielen sichtbaren Beispiele für Ungleichheit, Ungerechtigkeit und täglicher realer Unterdrückung in Ehe und Partnerschaft schildert und dann eine schöne, neue Welt ausmalt, die überdies noch mit ganz friedlichen Mitteln erreicht werden kann – eine Welt, in der die dummen kleinen Unterschiede abgeschafft sind und die »Menschen in erster Linie Menschen wären und in zweiter biologisch weiblich oder männlich« – und wenn sie die Männer beschwört, »daß die langfristig dabei nur zu gewinnen hätten – nämlich ihre Vermenschlichung«. Wie schön, haben da viele gesagt, sie hat Recht, wie ist es bloß möglich, daß wir nicht gleich darauf gekommen sind?!

Aber jedes Ereignis in der Frauenbewegung steht mit jedem anderen in Verbindung. Die einmal angefangene Linie setzt sich an einem anderen Ort und in einem anderen Zusammenhang fort. Und am Horizont öffnet sich immer ein »neues, schönes Land«. Da steht die Scharfrichterin Valerie Solanas und die anderen Rächerinnen mit dem Hackebeilchen. Der »*Kleine Unterschied*« und *Feminismus oder Tod* (aus dem unsere Zitate stammten) sind schließlich nicht zufällig innerhalb eines Jahres in Deutschland erschienen, und der Münchener Verlag »Frauenoffensive« veröffentlicht die Mord- und Ausrottungsphantasien der Hennesy und d'Eaubonne mit dem Klappentext: »Es geht nicht nur um den bloßen Kampf zwischen den Geschlechtern, es geht um mehr, um die Alternative: Überleben oder Vernichtung.« Das ist ein Wort. Und auch

Françoise d'Eaubonne sagt genau, was sie will: »Den Planeten heute der Herrschaft der Männer entreißen – um ihn morgen der Menschheit wiederzugeben!«

Alice Schwarzer dagegen ist vorsichtiger und – erfolgreicher. Wenn wir aber genau hinsehen, können wir die gut verschlüsselte Botschaft leicht entziffern. Sie gebraucht eine Art Sklavensprache, in der die Aussagen in Andeutungen, Fragestellungen oder gar Dementis verpackt sind: »Wir wollen keineswegs den Koitus abschaffen, aber . . .«

Sie sagt einmal ja und zweimal nein. Klar, Brutus ist ein ehrenwerter Mann! Zwar, er ist ein Mörder und Totschläger, ehrlos und egoistisch, aber . . . Warum nicht auch mal mit Männern – wenn's nur kein Zwang ist! Wenn man unbedingt will, auch Heterosexualität, bloß kein »Zwang« zum Heterosexuellen! Koitus? Klar, kann auch mal ganz gut sein! Meistens nicht, aber in Ausnahmefällen; es ist eine der vielen möglichen Formen. Man kann auch mit Männern zusammenleben, begrenzt, natürlich, es geht schon mal, aber eigentlich lebt man besser allein – oder mit einer Frau! Oder in einer Frauenkommune! Vaginaler Orgasmus? Bei dem die Frau »wegbleibt«, »ungeheuer stöhnen« muß, glaubt, »daß sie stirbt«? Das mag manchen so scheinen! Aber nur, weil in diesem Fall die Klitoris gereizt war, vorher gereizt war, nebenher gereizt wurde! Glück mit einem Mann – gibt's denn das? Ja, das gibt es schon mal – obwohl – da war auch wieder etwas: wir machen es ohne das »Eindringen«!

Das ganze Buch von Alice wimmelt von solchen Ja-Abers, von zermürbenden Zwar-Dennochs. Es ist ihre Methode, den zögernden, unsicheren Leserinnen die »Wahrheit« quentchenweise beizubringen wie eine Gattenmörderin (für die später in *Emma* viel Verständnis und Sympathie gezeigt wird) ihrem Mann das Rattengift. Wie die vom spurenweisen Rattengift Gezeichneten fallen auch die Leser immer mehr vom sinnlichen Fleisch, werden von Düsternis und Trauer überschattet.

Keine tut es aus Lust. Das ist fettgedruckt bei Alice. Ein Lot Lust auf ein Meer von Trauer, auf ein Meer von Trauer immer ein Lot. Alle tun es aus Angst. Die Beispiele, die sie selber ausgesucht, und die Protokolle, die sie selber bearbeitet hat, bestätigen ihre Behauptungen. Einen Trieb gibt es offenbar nicht. »Alle« tun »es«, um ihren Mann nicht zu verlieren. Trauer, Trauer ist über uns ausgegossen. Alle fühlen sich benutzt. Tiefgreifendste Lähmung und permanente Schuldgefühle . . . Alle tun es aus Angst! Keine hat einen Orgasmus. Es gibt keinen vaginalen Orgasmus. Das ist auch fettgedruckt. In der Vagina spielt sich nichts ab. Bald fühlen wir uns so mies, daß auch die Zusatzfomulierung: »Die Sonne scheint *nie* mehr, es gibt nur noch Regen« nicht mehr überraschen würde. Ach, die ganze Sexualität:

> Sie wird nicht um ihrer selbst willen analysiert und behandelt, sondern dient als Exerzierplatz zum Einüben weiblichen Verhaltens – wie Selbstlosigkeit, Unterwerfung, Minderwertigkeit –, das dann in anderen Lebensbereichen ertragbringend von der Männergesellschaft eingesetzt werden kann. Hier wird der Geschlechterkampf entschieden . . . Beim Koitus ist die Frau zur Passivität (der Verfasser) verdammt.

Das ganze Buch ist traurig und niederdrückend. Wer noch Spaß an der Liebe hatte, hat sich geirrt. Die sechzehn Protokolle stehen da wie eine Schar stummer Wächter. Sie sind alle bereit zum Eid, daß das ganze Leben mies ist. Es sind so verschiedene Schicksale, die müssen ja typisch sein. Alice ist bereit, uns mit den Protokollen zu erschlagen, wenn wir ihnen nicht Glauben schenken. Was sind die Frauen bloß übel dran! Die Protokolle sprechen für sich:

Da geht der Koitus nur ohne Penis. Da wurde das Kind vom Vater geschändet. Da hat es nur mit Frauen Orgasmus. Da sind alle Wünsche nur auf Frauen gerichtet. Da wird der Orgasmus geheuchelt. Da hat sie einen Scheidenkrampf. Da ist der Beischlaf nur Onanie des Mannes. Da denkt sie beim Beischlaf ans Einkaufen. Da ist sie nur lesbisch. Da hat sie wieder einen Scheidenkrampf. Da wird sie Hure, hat nie einen Orgasmus gekannt. Da wird sie vom Mann in den Irrsinn getrieben. Da wird sie lesbisch nach dreizehn Jahren Ehe. Da hat sie überhaupt nie Lust und ist geschieden. Da schläft sie sich durch die Männergesellschaft, kann aber keine Bindungen eingehen. Da denkt sie beim Beischlaf an Frauen. Da ist sie nur frigide. Da schlafen sie nur noch ohne den Penis bei. Da werden Frauenbeziehungen wichtiger.

In der Mitte steht einsam das Muttchen, das im Frauenhaus saubermacht. Die hat keine Probleme, hat nur ihr Leben lang gearbeitet und ist abgespannt. Die ist untypisch. Aber sie wird gebraucht. Nicht nur zum Putzen. Auch, um das Buch glaubhaft zu machen. Mein Gott, Frauen. Hilft denn keiner, ist das euer Schicksal, daß die Männer aus fröhlichen kleinen Mädchen resignierte Penetrier- und Arbeitsmaschinen zu machen? Weiß *Göttin,* es muß doch einen Ausweg geben!

Es gibt ihn. Das Buch zeigt ihn als einen schmalen dünnen Lichtspalt in einer großen Dunkelheit. Am Horizont ist die Tür! Das ist zuerst der Haß gegen den Mann. Und der Kampf gegen ihn. Und die Absonderung von ihm. Das Leben ohne ihn. Und dann die Entdeckung der Frauensolidarität. Und die Liebe zur anderen Frau.

Das Buch führt uns schrittweise in einem langen Marsch durch die Konventionen. Am Ende steht die Befreiung. Erstens muß man wissen:

> Nicht einzelne versuchen, einer Mehrheit von »zufriedenen« Frauen den Männerhaß einzureden, sondern diese einzelnen gestehen ihn nur ein.

Zweitens:

> Jeder Emanzipationsversuch muß darum früher oder später in einer Sackgasse landen, solange jede Frau einzeln privat dem Mann ausgeliefert ist. Und solange sie keine Alternative hat, kann sie ihre Beziehung nicht freiwillig wählen, sondern ist auf sie angewiesen.

Und wo ist diese Alternative?

> Jede fünfte Frau hat oder hatte (laut Kinsey und Giese) homosexuelle Kontakte, jede dritte eingestandene homosexuelle Wünsche. Eine wirklich befreiende Ethik auf diesem Gebiet muß das Dogma der Vorrangigkeit der Heterosexualität verwerfen.

Also erst mal raus aus der Ehe. Ins Separatzimmer. In die Kommune, in die Frauengruppe, ins Frauenhaus. Denn:

> Nur wenn Frauen Männern privat nicht mehr ausgeliefert sind, nur wenn das Dogma der Vorrangigkeit der Heterosexualität in Frage gestellt wird, haben die Frauen die Chance zu einer eigenständigen, nicht mann-fixierten Entwicklung. Erst dann können sie Beziehungen in Freiheit wählen.

Frauen, erhebt euch, ihr habt nichts mehr zu verlieren als

eure (Perlen-)Ketten! Das geht jede an, jede einzelne. Das geht leider auch gegen den eigenen Mann:

> Jeder Versuch einer Befreiung der Frauen wird sich darum kollektiv und auch individuell direkt gegen männliche Privilegien richten müssen, das heißt, auch gegen den eigenen Mann.

Ein Rassismus anderer Art

Sind sie soweit gefolgt . . .? Alice Schwarzer beruhigt Sie wieder:

Nicht *alle* Frauen sollen bisexuell oder lesbisch werden!

Nein, Alice Schwarzer will niemand ihre Konfession aufzwingen. Sie will keinen Zwang predigen. Niemand soll zur lesbischen Liebe gezwungen werden. Wer den Koitus mag – auch gut. Die Männer sollen nicht ausgerottet werden wie bei Valerie Solanas. Das nicht. Alice will nur Gutes: die Befreiung der Frau, aller Frauen. Darum kämpft sie gegen die Männer. Gegen alle Männer. Für sich selbst will sie nichts, alles für die Menschheit. Hätte sie geschrieben: Ich habe aus persönlichen Gründen eine Abneigung gegen Männer und die übliche Art des Beischlafs. Dabei konnte ich nichts empfinden, ich weiß auch nicht warum. Nun bin ich homosexuell. Und ich möchte alle Frauen bitten, ihre Ehen und Beziehungen mit Männern abzubrechen und statt dessen allein zu leben oder sexuelle Beziehungen zu Frauen aufzunehmen – niemand hätte sie angehört.

Aber Alice sagt, daß Brutus ein ehrenwerter Mann ist. Alices Methode ist Vereinfachung. Das vereinfachte Feindbild und die vereinfachte Lösung. Das Gute, das gegen das Böse zum Kampf angetreten ist.

Für diese Methode gab es in der deutschen Geschichte schon ein Beispiel – Adolf Hitler. Der wollte auch nichts für sich, für sein Volk alles. Hätte er in seinem Buch *Mein Kampf* geschrieben: Ich bin in allen möglichen Berufen gescheitert und hatte nie Erfolg bei Frauen. Darüber habe ich mich sehr geärgert und mache dafür die Juden verantwortlich und werde sie später in Massenvernichtungslagern vergasen lassen – man hätte ihn verlacht oder auf der Straße stehen gelassen.

Aber er schildert die Folgen des verlorenen Krieges und das Elend der Massen, so wie Alice das Elend der Familien in unserer Wohlstandsgesellschaft schildert. Und sie sagt auch,wer an all dem Elend letzten Endes schuld ist: der Mann. Auch Hitler sagt seinen Lesern, wer an ihrem Elend schuld ist: der Jude. Die Juden sind die Ausbeuter und Parasiten, die die Deutschen und alle anderen Völker beherrschen oder vernichten wollen. Als Mittel gegen die Ausbeuter empfiehlt er zunächst die Absonderung. Die Trennung. Die Rassenreinheit. Keine Kompromisse. Hausmaus zu Hausmaus, Feldmaus zu Feldmaus.

Was die von Adolf Hitler und Alice Schwarzer bekämpften Bevölkerungsgruppen gemeinsam haben, ist die Tatsache, daß sie keine Möglichkeit haben, aus ihrer Haut zu schlüpfen. Was immer sie unternehmen, sie bleiben *die Männer* und *die Juden.* Wenn es hart auf hart kommt, wird man sie vernichten müssen. Wir haben ja eben von der Münchener »Frauenoffensive« gehört, daß es um »Überleben oder Vernichtung« geht. Wer würde da nicht lieber leben!

Die eigene Geschlechtsgruppe oder Rasse ist auch ethisch-moralisch die bessere. Damit fängt es schon an. Sie ist selbstloser und opferbereiter, und diese Eigenschaft ist jahrhundertelang vom Gegner ausgenutzt worden. Nach Schwarzer wird die »Selbstaufgabe« und das »Sichaufopfern für andere« und die fatale Bereitschaft zur Nächstenliebe, eine an sich positive Sache, von »Männern ausgebeutet und zur weiblichen Selbstzerstörung umgemünzt«.

Hitler dagegen schrieb:

> Der Arier ist nicht in seinen geistigen Eigenschaften an sich am größten, sondern im Ausmaße der Bereitwilligkeit, alle Fähigkeiten in den Dienst der Gemeinschaft zu stellen . . . Dieser Aufopferungswille zum Einsatz der persönlichen Arbeit und wenn nötig, des eigenen Leben für andere ist am stärksten beim Arier ausgebildet . . . Den gewaltigsten Gegensatz zum Arier bildet der Jude . . . Der Aufopferungswille im jüdischen Volke geht über den nackten Selbsterhaltungstrieb nicht hinaus, (er war immer nur) Parasit im Körper anderer Völker[111].

Es gibt spezifische Werte der Guten. Besondere Eigenschaften des nordischen Menschen sind zum Beispiel: »Ehrlichkeit, Treue, Mut, Sauberkeit.« Andere Rassen haben die nicht. Spezifische weibliche Werte sind nach Alice: »Emotionalität, Sensibilität, Zärtlichkeit und Spontaneität!« Nach Alice gab es vor Jahrtausenden Frauenreiche, in denen die Frauen alle schöpferischen Leistungen vollbrachten, aber es hat einer Gehirnwäsche von Jahrtausenden bedurft, um uns den Glauben an unsere eigene Minderwertigkeit, den Glauben an das »stärkere Geschlecht« und diese tiefen Zweifel in uns selbst zu einzupflanzen.

Bei Hitler ist es ganz ähnlich: Alles, was wir heute auf der Erde bewundern – Wissenschaft und Kunst, Technik und Erfindungen – ist nur das schöpferische Produkt weniger Völker und vielleicht ursprünglich einer Rasse. Lange dauert es, bis sich die Unterdrückten auf sich selber besinnen und gegen den Ausbeuter Front machen. Alice schildert uns, wie jahrtausendelang die Frauen immer wehrlos waren und erst im neunzehnten Jahrhundert sich zu ihrer ersten Revolte erhoben, die von den »männerdominierten Linken« zum Scheitern gebracht wurde, jetzt aber mächtig sich erhoben hat.

Beim »Juden« war das so:

> In Zeiten bitterster Not bricht endlich die Wut gegen ihn aus, und die ausgeplünderten und zugrunde gerichteten Massen greifen zur Selbsthilfe, um sich der Gottesgeißel zu erwehren. Sie haben ihn im Laufe einiger Jahrhunderte kennengelernt und empfinden schon sein bloßes Dasein als gleiche Not wie die Pest . . .[112]

Wenn man bedenkt, wie sehr *er* an der Masse im Laufe der Jahrhunderte gesündigt hatte, wie er sie immer von neuem unbarmherzig auspreßte und aussog, wenn man weiter bedenkt, wie ihn das Volk dafür allmählich hassen lernte, so kann man jetzt auch besser verstehen, was Alice aufdeckt:

> Angst, Abhängigkeit, Mißtrauen und Ohnmacht der Frauen sind groß. Nicht einzelne versuchen, einer Mehrheit von »zufriedenen« Frauen den Männerhaß einzureden, sondern diese einzelnen gestehen ihn nur ein . . . Je näher wir hinschauen, desto tiefer wird die Kluft zwischen den Geschlechtern.

Alles ist juden- und männerbeherrscht. In der Geschichte, in der Gegenwart, stets haben die Juden beziehungsweise die Männer ihre Partner übers Ohr gehauen, sie unterdrückt, beherrscht und verspottet. Die Judenfrage beziehungsweise die Frauenfrage werde von dem meisten Menschen noch nicht klar genug gesehen, die wenigen Rufer in der Wüste verspottet und verlacht.

Die Wissenschaft: judenbeherrscht/männerbeherrscht! Die Literatur: jüdisch verseucht/männlich dominiert! Der Film: in Judenhand/in Männerhand! Die Presse: im Dienste der Juden/der Männer! Die Parteien, die Linken, die Marxisten: in Judenhand, männerbeherrscht, korrupt, verseucht, parteiisch, Handlanger, Speichellecker überall!

Die Presse (bei Hitler):

> Ihre Aufgabe ist es nicht, die Menschen aus dem Sumpfe einer niederen Gesinnung heraus- und auf eine höhere Stufe emporzuführen, sondern ihren niedersten Instinkten entgegenzukommen ... Sie trommelt vor allem auf die Charaktere los, die sich der jüdischen Herrschaftsanmaßung nicht beugen wollen ... Denn um vom Juden gehaßt zu werden, ist es nicht nötig, daß man ihn bekämpft, sondern es genügt schon der Verdacht, daß der andere ... einmal auf den Gedanken der Bekämpfung kommen könnte. Das Mittel aber, mit dem er aufrechte Seelen zu brechen versucht, heißt nicht Kampf, sondern Lüge und Verleumdung[113].

Besonders gegen die Kämpfer an der vordersten Front wie Alice:

> f100Nun war ich zwar nicht länger totzuschweigen, sollte aber mögli rasch durch Lächerlichkeit getötet werden. Denn das ist die traditionell wirksamste Waffe des Patriarchats.

Das ist kein Wunder:

> Ich will nicht jammern. Es stünde mir schlecht zu Gesichte. Denn wer sich, wie wir, die Feministinnen, erkühnt, so Fundamentales in Bewegung zu setzen, der darf sich nicht wundern, wenn diejenigen, die die Macht der Stimme haben, zum Gegenangriff starten. Daß sie es mit den bewährten Waffen tun, versteht sich. Von rechts über liberal bis links – in der Frauenfrage sind Klassenfeinde Kumpel.

In den Zeitschriften und im Fernsehen dasselbe:

> Präsentiert wird uns die selbstgefällige Nabelschau einer hohl klappernden Männergesellschaft, in denen wenige die Macht haben und viele die Ohnmacht.

Die Verschwörung der Männerpresse ist international! Auch in Frankreich wurde Simone de Beauvoir beschimpft und verspottet! Darum:

Andere Länder, dieselben Sitten. Es handelt sich um ein *weltweites Männerkomplott* mit Tradition. Darum wird es Zeit, daß wir lernen, damit umzugehen, daß wir ihnen die eigene Waffe in der Hand umdrehen!

Auch die Juden bleiben, gleichgültig, ob »der eine Teil noch verlogen den Deutschen, Franzosen oder Engländer mimt«, immer Teil einer jüdischen *Weltverschwörung*.

Überrascht es demnach, wenn die Juden beziehungsweise die Männer auch den Marxismus zum Kampf für ihre egoistischen Interessen einsetzen?

Was tut der Jude?

Politisch beginnt er, den Gedanken der Demokratie abzulösen durch den der Diktatur des Proletariats. In der organisierten Masse des Marxismus hat er die Waffe gefunden, die . . . ihm gestattet, die Völker diktatorisch mit brutaler Faust zu unterjochen und zu regieren[114].

Was tut der Mann?

Zynisch, borniert, unmenschlich zogen sie ungeachtet der Erfahrungen, Bedürfnisse, Ängste und Probleme der anwesenden Menschen ihr papierenes Programm durch. Auch Genossen sind Patriarchen, und sie sind es dank der Selbstgefälligkeit ihrer reinen Lehre manchmal mehr noch als die anderen.

Es sind »selbstgerechte Linke mit einer abstrakten Sprache und ihrer feindseligen Fronthaltung« und »linke Patriarchen«. Aber diesmal wird sich die Bewegung nicht wieder ins »linke Fahrwasser« abdrängen lassen wie einst zur Zeit Clara Zetkins:

Die falsche Spaltung der Frauenbewegung in »bürgerlich« und »proletarisch«, die nichts anderes als die schlichte Leugnung der spezifischen Benachteiligung und Betroffenheit aller Frauen bedeutet und das Frauenproblem auf ein Klassenproblem reduzieren will, hat schon bei der ersten Frauenbewegung vorzüglich geklappt. Nicht zuletzt die männerdominierte Linke war schuld an ihrem Scheitern.

Was uns nicht umwirft, macht uns stärker. 1923 wurde die NSDAP im ganzen Reich verboten. Vier Jahre später steht sie wieder »frei vor uns, innerlich fester denn jemals, alle Verfolgungen der Bewegung und ihrer einzelnen Führer, alle Lästerungen und Verleumdungen vermochten ihr nichts anzuhaben«, heißt es am Ende von *Mein Kampf*. Am Ende des »*Kleinen Unterschieds*« steht ein ebenso stolzes Bekenntnis. Lästerungen und Verleumdungen, insbesondere der Führerin, konnten die Bewegung nicht aufhalten. Nachdem Alice mit der *stern*-Aktion das »Signal für den Start einer breiten deutschen Frauenbewegung« gegeben hat, gibt es »heute, vier Jahre danach, mehrere hundert autonomer Gruppen der Frauenbewegung«. Immer die magische Vier. Gebt mir vier Jahre Zeit. Aber man solle den Feminismus nicht nach der Zahl der Frauengruppen messen, meint Alice:

> Feminismus ist keine Partei und keine Organisation, sondern Ausdruck eines Bewußtseins, das heute in alle Lebensbereiche dringt.

Alices »Kleiner Unterschied« – Die Fortsetzung von Oswald Kolle

Das hätten wir gerne etwas genauer gehabt. Was ist nun Feminismus wirklich? Dreierlei kann er sein: Der Kampf um *Gleichberechtigung,* den die erste Frauenbewegung im neunzehnten Jahrhundert und zu Beginn dieses Jahrhunderts kämpfte. Der Kampf um die *Frauenherrschaft* auf der Basis der alten Matriarchate und der Amazonen-Romantik. Oder der Kampf um die *Angleichung* der Geschlechter bis zu einer androgynen (= doppelgeschlechtlichen) Gleichstellung.

Alle drei Tendenzen kommen, mehr oder weniger vermischt, in der neuen Frauenbewegung vor. Folgt man jedoch dem »*Kleinen Unterschied*« von Schwarzer, so wäre Feminismus in erster Linie eine Bewegung von Frauen, die Orgasmusschwierigkeiten haben.

Doch das ist auch Alice nicht genug. Etwas mehr soll es schon sein. Nur *was*, das läßt sich trotz der »langen journalistischen Praxis« so verdammt schlecht beschreiben. Feminismus ist, wenn . . .

Eigentlich ist alles feministisch. Alice möchte niemand aus ihrem Leserkreis ausschließen:

> Feministisch ist die Gewerkschaftsfunktionärin, die für die Verbesserung der *Frauenarbeitsbedingungen* (!) kämpft, oder auch die Hausfrau, der die *Geduld reißt* (!) und die den Teller an die Wand wirft.

Noch einfacher, gewissermaßen konkreter: »Feminismus wird da konkret, wo zwei, drei Frauen zusammen reden und handeln.« Gegen die Männer versteht sich. Und wir fügen hinzu: Wo zwei, drei Frauen zusammensitzen und reden und handeln, da sitzt von nun an auch Alice Schwarzer mit dabei – an der Kasse.

Die Kasse klingelt. Dieses Buch wird ein voller Erfolg. Es wird ein Bestseller. Mehr noch, das Buch ist ein Steadyseller. Fünf Jahre nach seinem Erscheinen wird es immer noch neu aufgelegt – und verkauft. Ende 1979 waren 138.000 Stück der

Hardcover-Ausgabe und dazu noch einmal 75.000 der Taschenbuchausgabe verkauft. Ein runder Erfolg. Alices Softy-Freunde aus den Massenmedien halfen dabei ebenso mit wie die wütenden Angriffe der in ihrem männlichen Selbstgefühl verwundeten Patriarchen. Doch alle konnten, wie auch die mit einem beispiellosen Medienecho begleitete Fernsehdiskussion »Esther Vilar kontra Alice Schwarzer«, die Werbung für das Buch nur *verstärken*.

Die wirkliche Ursache für den Erfolg dieses journalistisch ungeschickt gebauten und in seinem theoretischen Teil hölzern und trocken geschriebenen Buches ist eine andere: Der »*Kleine Unterschied*« entsprach einem Massenbedürfnis der Nachkollezeit. Es ist geradezu eine Fortsetzung der zuerst in Illustrierten erscheinenden Sexual-Aufklärungsbücher des Oswald Kolle. Eine Fortsetzung allerdings, die Oswald Kolle nicht schreiben konnte.

Oswald Kolles Aufklärungsbücher sind ein typisches Produkt einer durch Antibabypille und den Wandel der Sexualmoral geprägten sechziger Jahre. Die Zeit war reif für eine massenweise Diskussion des lange als Tabu geltenden Themas: Sex. Die Sexwelle rollte. Oswald Kolle sprach aus, was Millionen Frauen und Männer nicht einmal zu denken, geschweige denn zu äußern wagten: Daß Sexualität reichhaltiger und vielgestaltiger sein konnte als eine Betätigung nur für den Zweck der Fortpflanzung oder als Triebabfuhr. Millionen lasen zum ersten Mal in ihrem Leben Dinge, die sie für »Schweinereien« oder sogar für abartige »Perversionen« gehalten hatten. Sie erfuhren, daß diese »Schweinereien« in den Phantasien und Wünschen von Millionen Mitmenschen genauso vorkamen wie in ihren eigenen Gedanken. Daß andere sie bereits in die Praxis umsetzten und ihr Leben abwechslungsreicher gestalteten. Lebensqualität bezog sich auch auf diesen Bereich.

Doch dann kam der Rückschlag. Antibabypille und Sexwelle hatten bei einem jahrhundertelang in Prüderie erzogenen Volk wie dem deutschen nicht zur Folge, daß Lust und Liebe nun angstfrei und ohne schlechtes Gewissen genossen wurden und sich wirklich die »Lebensqualität erhöhte«, wie idealistische SPD-Programme es forderten, sondern es trat das Gegenteil ein. Wie der geheiligte Lebensstandard: Wohnung, Elektrogeräte, Auto, Urlaubsreise, Hollywoodschaukel vom Prestigezwang – vom »Kaufen für den Nachbarn« – bestimmt wurde, so wurde das Liebesleben einem erbarmungslosen deutschen Leistungsstreben unterworfen. Zu allen übrigen Zwängen kam jetzt der »Bumszwang« – für Männer *und* Frauen! Für die Männer in Form einer durch immer neue Illustriertenberichte gesteigerten Forderung, dauernd beischlafwillig und potent zu sein, für Frauen in dem ebenfalls ständigen Appell, Sex zu »machen« und dabei zu »kommen« – ein, zwei, möglichst noch mehr Orgasmen zu haben!

»War ich gut?« – »Bist du gekommen?« – »Hast du ordentlich was gespürt?« – »Wie war es?« hießen jetzt die am meisten gestellten Fragen in Deutschlands Ehe- und Partnerbetten. Ein Orgasmusterror, der durch immer ausführlichere, immer intimere Illustriertenstorys und Sexromane, Lebensbeichten, Fotoserien und Filme zu neuen Höhepunkten gesteigert wurde: Höhepunkten nicht so sehr der Erregungskurven, sondern der Umsatzstatistiken der großen Zeitschriften- und Buchverlage.

Als Alice Schwarzer auftrat, war die Sexwelle bereits abgeflacht. Die Millionen Liebes- und Ehepaare hatten sich mit bescheidenen Orgasmuserfolgen begnügen müssen, noch öfter waren solche Erlebnisse, unter dem Einfluß eines wie von Jupiterlampen überbelichteten Bewußtseins und eines hochgesteigerten Erwartungshorizonts ganz ausgeblieben. Berufsstreß, Kindergeschrei, enge Wohnungen und die Abnutzung der gegenseitigen Anziehung in einem monogamen Verhältnis ließen keine sensationellen Erfolgserlebnisse eintreten, wohl aber – in stärkerem Maße als vor der Sexwelle – Frustration und gegenseitige Vorwürfe.

In dieser von Orgasmushoffnungen, Erwartungen, Enttäuschungen, vorgetäuschten oder vermuteten Orgasmen aufgeladenen Atmosphäre in deutschen Schlafzimmern mußte Alices Botschaft »Es gibt keinen vaginalen Orgasmus« und ihr Loblied auf den klitoralen Orgasmus wie eine Bombe einschlagen.

Der wiederholte Hinweis auf die fast allen Frauen bekannte Möglichkeit, ihren Kitzler manuell oder mechanisch zu reizen und so zu einem den meisten vom Onanieren in ihrer Kinder- und Pubertätszeit wohlbekannten Höhepunkt zu gelangen, ja die Aufforderung, dieses angenehme Ziehen und Kribbeln, das man sich als Kind auf der Turnstange bereitet hatte, sogar für die einzig mögliche Art von Orgasmus zu halten – das mußte geradezu befreiend wirken auf Mädchen und Frauen, die sich bisher als kühl, gefühlsarm oder gar frigide empfunden und darunter gelitten hatten.

Ihnen allen wurde im »*Kleinen Unterschied*« die große Tröstung verabreicht – von einer Frau, die aufgrund ihrer eigenen Erfahrungen mit subjektivem Recht annehmen mußte, daß es tatsächlich nur einen Kitzler-Orgasmus gäbe, und die deshalb ihre These mit missionarischem Ernst vertreten konnte.

Die Aufnahmefähigkeit des deutschen Publikums (auch der Männer) für ein solches Buch war nahezu unbegrenzt, denn betroffen waren offenbar Millionen. Wie groß die Anzahl der zu einem, den ganzen Genitalbereich erfassenden, klitoral-vaginalen Orgasmus unfähigen Frauen (sei es aus anatomisch-physischen oder psychischen Gründen, sei es nur mit ihrem gegenwärtigen Partner) in der Bundesrepublik ist, wird sich auch trotz intensiver Feldforschung und repräsentativer Einzelstudien nicht genau ermitteln lassen. Nach allen Veröffentlichungen muß ihre Zahl jedenfalls groß sein.

Die psychoanalytisch orientierte Soziologin Hilde Kronberg behauptet in ihrer Untersuchung *Typologie frigider Frauen*, daß es *die* frigide Frau nicht gäbe:

> Vielmehr hat jede sexualgehemmte Frau eine andere Individualität, einen anderen psychischen Aufbau. Beobachtet man Einzelfälle, so wird man feststellen, daß bei der einen Frau Angst, bei der anderen Scham und bei der dritten Ekel das vorherrschende Gefühl in der Sexualität ist[115].

Hilde Kronberg versucht die Frigidität aus der gesamten Charakterstruktur einer Frau zu verstehen und sich nicht auf die Konkurrenz zweier Körperteile – Klitoris und Vagina – festlegen zu lassen. Sie schätzt, daß etwa zwei Drittel aller Frauen mehr oder weniger unter den Begriff der Frigidität beziehungsweise der sexuellen Gehemmtheit fallen.

Eine neuere Untersuchung aus Amerika, der *Hite-Report*[116], erschienenen 1977, gibt Zahlen an, die dem sehr nahekommen (obwohl die Verhältnisse in den USA nicht voll auf uns übertragbar sind): Nur 30 Prozent der amerikanischen Frauen haben beim Geschlechtsverkehr einen Orgasmus! Rechnet man noch die 19 Prozent der Frauen dazu, die auch beim Geschlechtsverkehr einen Orgasmus haben, aber nur, wenn entweder sie selbst oder ihr Partner gleichzeitig mit der Hand die Klitoris stimulieren, so käme man auf immerhin 49 Prozent.

Nach der größten deutschen Felduntersuchung der letzten Jahre, dem 1978 erschienenen *Ralf-Report*[117], behaupten 69 Prozent der Frauen, die dazu Angaben machten, daß sie beim Geschlechtsverkehr regelmäßig (meistens oder fast immer) einen Orgasmus haben. Danach, ob gelegentlich oder häufiger ein Orgasmus vorgetäuscht wird oder nicht, wurde nicht gefragt. Es wurden aber die Männer um Schätzungen der Orgasmushäufigkeit ihrer Partnerinnen gebeten. Dabei zeigte sich, daß fast 12 Prozent sich den regelmäßigen Orgasmus ihrer Partnerin (ahnungslos oder einverstanden) vortäuschen ließen: 81 Prozent gaben an, ihre Frau oder Partnerin hätte regelmäßig einen Orgasmus.

Zeigt sich bei diesen Zahlen auch besonders deutlich, wie grotesk verzerrt und *nicht*-repräsentativ die Auswahl der sechzehn Interviews im »*Kleinen Unterschied*« ist, ist anderseits die Tatsache nicht zu übersehen, daß es in der Bundesrepublik doch Millionen vaginal anorgastischer Frauen gibt, Frauen also, die beim normalen Koitus unempfindlich sind. Für sie mußte Alice Schwarzers Buch trotz seiner offensichtlichen Übertreibungen und Weglassungen, seiner Mißachtung wissenschaftlicher Forschungsergebnisse und seinem zur Doktrin erhobenen Erfahrungsmangel eine echte Lebenshilfe darstellen.

Diese Lebenshilfe im Illustrierten-Stil hätte allerdings keineswegs des Mediums Frauenbewegung oder Feminismus bedurft, und es bestand auch keinerlei Grund zur Männerfeindschaft – im Gegenteil, das Buch hätte sich ebenso wie der (ebenfalls mit dem Lesbianismus sympathisierende) *Hite-Report* durchaus an die Männer wenden können. Und die zentrale und auch von Alice Schwarzer als Kernstück des Buches angesehene Botschaft vom lustlosen Koitus und der lustvollen Beschäftigung mit dem Kitzler hätte man durchaus auch schon bei Oswald Kolle nachlesen können.

Gibt es ihn überhaupt, den vaginalen Orgasmus?

Die Fakten: Den Millionen anorgastischer Frauen stehen die Millionen Frauen, die beim Koitus einen Orgasmus haben, gegenüber. Somit gibt es ihn also, zum Glück für alle Männer, den vaginalen penetrierenden Orgasmus, sei es nun zu 30 oder zu 69 Prozent! Er ist also nicht nur eine Erfindung der Männer, die mit Hilfe ihres Sexmonopols die Herrschaft über die Frauen verfestigen wollen. Im übrigen war schon längst in der feministischen Literatur darauf Bezug genommen worden: »Klitoris, Labia Minora und das untere Drittel der Vagina funktionieren als eine einzige säuberlich integrierte Einheit«[118]. Auch Germaine Greers: »Es ist Unsinn, wenn man behauptet, eine Frau fühle überhaupt nichts, während ein Mann seinen Penis in ihrer Vagina bewegt. Der Orgasmus ist qualitativ anders«[119], hätte Alice Schwarzer natürlich bekannt gewesen sein müssen. Hatte sie es – verdrängt?

Aber wenigstens die deutliche Absage ihrer geliebten Lehrerin und ihres Vorbildes Simone de Beauvoir an die verbissene Klitoris-Romantik hätte Alice in ihrem Buch, in dem sie im übrigen reichlich Simone de Beauvoir zitiert, nicht unterschlagen dürfen. Die gleiche Autorin macht übrigens auch auf einen Umstand aufmerksam, der von Alice ebenfalls geflissentlich ausgeklammert werden mußte, damit ihre Theorie stimmen konnte (»schlimm für die Tatsachen«): auf die verbreitete Praxis weiblicher »vaginaler« Onanie mit Hilfe eines Dildos oder anderer Gegenstände:

> In seinem Buch *Le Sexe de la femme* beschreibt Gérard Zwang mit äußerster Präzision die Voraussetzungen und den Mechanismus des vaginalen Lustgewinns. Er erinnert daran, daß die Fälle vaginaler Masturbation sehr zahlreich sind. Der Gebrauch, den die Andenbewohner vom »Guesquel« machen, oder die Art, wie die Polynesier und viele andere Volksstämme das männliche Glied umkleiden, hätten im Fall einer Unempfindlichkeit der Vagina keinerlei Sinn[120]

Und wo bliebe da auch die Theorie vom Sex-Monopol der Männer? Wird die Liebe von Frau zu Frau nicht auch mit dem »penetrierenden« Dildo oder mit dem fünfzig Orgasmen bereitenden Massagestab praktiziert, ganz ohne Männer?

Man sieht also, daß Alice die Leserinnen mit ihrem »Keine tut es aus Lust« ganz schön reingelegt hat. Auch wenn wir anerkennen, daß selektive Wahrnehmung Lebenshilfe sein kann, können wir den Satz, daß Scheuklappen die beste Sehhilfe sind, nicht einfach so stehen lassen und sollten der Wahrheit die Ehre geben: daß es außer den munteren kleinen Kitzlerfreuden noch ein anderes, den ganzen Menschen oder besser das ganze Paar erfassende Gefühl, eben jene »sinnliche Kettenreaktion« gibt, einen Orgasmus von ungleich stärkerer Intensität, gegen den niemand anatomisch blockiert ist, auch die Leserinnen von Alice nicht, und den sie nie aufhören sollten zu suchen, notfalls mit einem neuen Partner. Selbst im »*Kleinen Unterschied*« lesen wir ja, daß das möglich ist. (S. 80 und 98.) *Wenn ihr's nicht fühlt, ihr könnt es noch erjagen!* Oder wenigstens zur Kenntnis nehmen, daß es etwas gibt, was der amerikanische Schriftsteller Norman Mailer *(Die Nackten und die Toten)* in einem Buch gegen die amerikanischen Feministinnen so beschreibt:

> Ja, es gibt Frauen, die kommen so, als hätte ein Blitz ihren Körper quer durch den Raum geschleudert, aber es gibt auch Frauen, die kommen schon nach dem allerzärtlichsten Streicheln ihrer innersten Vagina; es gibt Frauen, die kommen auf alle nur möglichen Arten, und es gibt sogar welche, die anscheinend niemals kommen und doch behaupten, sie täten es, und sie leiden offensichtlich gar nicht darunter! Ja, und es gibt Frauen, die schnurren, wenn sie kommen, und Frauen, die schreien – es gibt Frauen, die kommen, als hätte sie ein zärtlicher Finger eine kilometerlange Straße entlanggekitzelt, und solche, die am Ziel mit einem festen, offenen Gruß anlangen, wie der Händedruck eines Gentleman; ja – Frauen kommen auf alle nur möglichen Arten, man kann nicht vierzig Jahre alt werden – oder sagen wir lieber gleich achtundvierzig –, ohne auf diesem Gebiet wenigstens etwas gelernt zu haben, selbst die bescheidensten, schüchternsten Männer sind da nicht ausgeschlossen! Wie soll man also die Behauptung auffassen, daß der Vagina-Orgasmus ein Märchen sei und daß der Schriftsteller bis jetzt so dahingezottelt war und versucht hatte, eine Balance zu halten zwischen der feststehenden Behauptung, daß der beste Orgasmus für die Frau vaginal sei, und seiner eigenen Erfahrung, die eher auf eine Welle ganz ver-

schiedener Orgasmen hindeutete, die sich gar nicht so leicht definieren lassen. Orgasmen, die hin- und herliefen und einander die Hand reichten, Orgasmen, die von Gott weiß woher kamen (unausgesprochen war natürlich immer die Hoffnung, daß sie der Himmel schickt)[121].

Klitoris-Verstümmelung: Barbarei im 20. Jahrhundert

Aber der Kampf um die Klitoris – das kommt tatsächlich von weit her, das hat ernstere Dimensionen als Alice Schwarzers »*Kleiner Unterschied*«. Das hat die Größenordnung einer antiken Tragödie, und seine furchtbaren Auswirkungen reichen bis in unsere Zeit. Aber das hat weniger mit der Unterdrückung der Frau durch den Mann zu tun, sondern mit der besonderen der Spezies Mensch, des kompliziertesten Primaten. Wenn Mary Jane Sherfey recht hat, war die Eindämmung einer ins Unendliche verlängerten Brunstzeit des Menschenweibchens, ihres »aggressiven Geschlechtstriebs« und einer »unersättlichen Paarungsbereitschaft« die Voraussetzung, die »conditio sine qua non für das Erwachen jeder modernen Zivilisation, ja beinahe jeder Kultur«[122]. Daß die Menschenfrauen, wie schon die anderen Primatenweibchen, so »unersättlich geil« sind, ist eine Laune der Natur, die in diesem Fall ein besonders ausgeprägtes »klitoridales System« und ein »außergewöhnliches Maß an sexueller Damm-Ödematisierung« (= Anschwellung durch Flüssigkeit) als geeignetes Mittel für die Fortpflanzung herausgezüchtet hat. Ja dieser Zustand der sexuellen Unersättlichkeit soll sogar zu der schnellen Ausbreitung der Primaten zu immer komplizierteren Formen, wie der des Menschen geführt haben. Großfamilien, bei der Einführung der Landwirtschaft Voraussetzung seßhafter Arbeits- und Lebensverbände, wurden die Regel und gaben sich einen besitz- und sippenrechtlichen Status, der in das vaterrechtliche System überging.

Das hatten wir so auch schon von Bachofen, nach ihm von Engels gehört. Neu bei Sherfey ist die Behauptung, daß erst die Eindämmung der ungewöhnlichen sexuellen Ansprüche der Frauen zugunsten einer nun verstärkt notwendigen Kinderaufzucht die Grundlage für das Entstehen der Kultur gewesen sei. Zur Durchsetzung dieser sozusagen ersten Moralgesetze wurde das Patriarchat erfunden, beziehungsweise es bildete sich als einengende Kontrollinstanz gegenüber einer freien Sexualität und Promiskuität heraus.

Sherfey ist von allen Wissenschaftlerinnen aus dem Spektrum des Feminismus sicherlich die originellste, aber auch eine der ernsthaftesten und überzeugendsten. Ihr Buch endet mit einer düsteren Vision: Da die Frauen von dieser unersättlichen Leidenschaft immer noch nicht lassen können (im Gegenteil), sind die Tage der sexuellen Freizügigkeit wahrscheinlich gezählt:

> Wenn der sexuelle Trieb der Frauen nicht nachgelassen hat und sie ihn nicht mehr zügeln können und dadurch ihr Familienleben und das Leben der Kinder in Gefahr bringen, wird ein rückläufiger Trend zu der strengen und mit Gewalt aufrechterhaltenen Unterdrückung unausbleiblich und zwangsläufig sein. Anderenfalls würde dies das Ende der biologischen Familie bedeuten, und welche anderen Arten von Säuglingspflege und Erwachsenenbeziehungen dann an die Stelle der Familie treten würden, läßt sich heute noch nicht ahnen[123].

Wie auch immer wir die Mary-Jane-Sherfey-Hypothesen über die ferne vorgeschichtliche Vergangenheit beurteilen und wie viele einleuchtende Beweise dafür noch vorgebracht werden sollten, es gibt unübersehbare Belege dafür, daß die Männergesellschaft die weibliche Sexualität zu unterdrücken suchte. Eine der grausamsten Auswirkungen oder Auswüchse der patriarchalischen Sexualunterdrückung hat die Frauenbewegung schon früh zu einer romantischen Identifikations-Tragödie hochstilisiert und gepflegt: die heute noch in vielen Gegenden Afrikas übliche Klitoris-Beschneidung, eine der schlimmsten Barbareien nach der Abschaffung des Menschenopfers und des rituellen Kannibalismus.

Es fällt schwer, die sogenannte Klitorisektomie (= eigentlich nicht Beschneidung, sondern Entfernung der Klitoris) nicht im Zusammenhang mit patriarchalischen Herrschaftsabsichten zu sehen. Das heißt als einen Versuch, die Frau für die Lustausübung unbrauchbar zu machen und sie als passives unkontrollierbares Lust-Objekt des männlichen Besitzers zuzurichten. Schon das Wort Klitoris-»Beschneidung« und die Tatsache, daß dieser Brauch meist in Verbindung mit der Beschneidung der Männer vorkommt, verleiten zu falschen Vorstellungen über den wirklichen Charakter der Klitorisektomie.

Handelt es sich doch bei der Beschneidung der Knaben um eine unbedeutende physische Veränderung, hinter deren ritueller Begründung sich möglicherweise ursprünglich magische, vielleicht aber auch hygienische Absichten verbergen. Auf jeden Fall wird aber die Persönlichkeit und die Liebesfähigkeit des Betroffenen keineswegs eingeschränkt. Im Gegenteil. Da, wo die Beschneidung, wie in den meisten Teilen Afrikas, als Mannbarkeitsritus an dem heranwachsenden Jungen geübt wird, soll gerade der Einstieg in sein erfülltes, selbstbewußtmännliches Dasein durch die Beschneidung signalisiert werden.

Diesem Initiationsritus entspräche als Vorbereitung des jungen Mädchens auf den Geschlechtsverkehr die rituelle Entjungferung, die, wie wir auf Seite 26 gesehen haben, ebenfalls während des Übergangs vom Matriarchat zum Patriarchat als Rest der »beschränkten Freizügigkeit« der Frau entstanden war und als Jus primae noctis und ähnliches weiterlebte. Bei einigen Zigeunerstämmen Spaniens ist ein offensichtlich noch aus matriarchalischer Zeit stammender Hochzeitsbrauch üblich, nach dem die Entjungferung der jungen Braut unter ebenfalls barbarischen Umständen mit Hilfe ritueller Gegenstände von den ältesten Frauen der Sippe durchgeführt wird. Hier haben wir es zwar auch mit einem aus ungeklärten alten Motiven durchgeführten Initiationsritus zu tun, aber mit einem, der sichtlich die Ausübung der Lust erleichtern, aber nicht – wie die Klitorisektomie – das Lustzentrum zerstören soll[124]. Dieses Verfahren ist ein tiefer Eingriff in die persönliche Integrität und in seinen *psychischen* Auswirkungen nur mit *Kastration* vergleichbar, die ebenfalls – aus verschiedenen Gründen – in einigen Ländern Afrikas bekannt war.

Die Klitoris-»Beschneidung«, die heute noch in weiten Teilen Afrikas üblich ist, wird in verschiedenen Varianten vorgenommen, ist aber in jedem Falle eine Amputation, eine Zerstörung des Lustzentrums. Sie wird zwar, wie die Beschneidung der Jungen, als Initiationsritus bei Erlangung der körperlichen Reife vorgenommen (es gibt auch Kinder-Beschneidungen), dient aber ganz offensichtlich der Vorbereitung und Einstimmung der jungen Frau auf die alleinige Aufgabe, der Lust des Mannes zu dienen, Dienerin, Gebär-Mutter und Kindererzieherin zu werden.

Erst nachdem sich, im Zuge der Frauenbewegung, ein größerer Personenkreis in Europa und Amerika mit dem Problem beschäftigte, kam die volle Wahrheit über die barbarische Praxis und ihre weite Verbreitung ans Tageslicht.

Klitorisektomie wird heute in Ägypten, Äthiopien, Ghana, Kenia, Kongo, Mali, Mocambique, Nigeria, Obervolta, Senegal, Sierra Leone, Somaliland, Sudan und in der Zentralafrikanischen Republik praktiziert. Alle Bemühungen, eine Untersuchungskommission der Weltgesundheits-Organisation einzusetzen, waren bisher vergeblich; sie scheiterten am Widerstand der betroffenen Regierungen.

Es gibt mehrere Varianten des Beschneidungs-Ritus. Am weitesten verbreitet ist die Entfernung der Klitorisspitze, während eine viel brutalere Verstümmelung in der totalen Entfernung, der Ausschälung der ganzen Klitoris besteht. Zusätzlich können dabei auch noch die direkt daran anschließenden kleinen Teile der Schamlippen entfernt werden. Bei der grausamsten und extremsten Form der »Beschneidung« werden nicht nur die ganze Klitoris, die kleinen Schamlippen, sondern auch zwei Drittel der großen Schamlippen weggeschnitten. Anschließend werden die Seiten der Vulva zusammengeheftet, so daß durch Verwachsung eine winzige Öffnung entsteht. Diesen mondo-cane-artigen Extremfall aus dem Inneren Afrikas beschrieb der Franzose Jacques Lantier in seinem Buch *La Cité Magique en Afrique Noire.* Es wurde inzwischen von allen westlichen Feministen-Gruppen übersetzt und verbreitet:

> Die Beschneidung wird von der Mutter und deren weiblichen Verwandten vorgenommen. Der Vater des jungen Mädchens muß draußen als symbolischer Wächter vor der Tür stehen bleiben. Das junge Mädchen sitzt auf einem kaum gereinigten Stuhl, und mehrere Frauen halten es fest. Dann blättert eine der alten Frauen die Schamlippen auseinander und befestigt sie seitlich mit Dornen, um die Klitoris völlig freizulegen. Mit einem Küchenmesser schneidet sie das Haupt der Klitoris ab und beginnt sie dann herauszuschneiden. Während eine der Frauen das Blut fortwährend wegwischt, gräbt die Mutter mit dem Finger unter die eingeschnittene Klitoris, um das Organ herauszulösen. Das Mädchen schreit entsetzlich, ohne daß ihren Schmerzen geringste Aufmerksamkeit geschenkt wird. Wenn die Mutter die Klitoris herausgerissen hat, geht sie daran, die Reste bis zum Knochen wegzuschneiden und die umliegenden Teile der Schamlippen zu entfernen. Dann wühlt sie mit dem Finger in der blutenden Wunde. Die anderen Teilnehmerinnen der Operation befühlen ebenfalls das blutende Loch, um festzustellen, daß alles Gewebe entfernt und nichts übriggeblieben ist. Da das kleine Mädchen wild zappelt vor Schmerzen, wird bei der Opera-

tion öfters das Rektum verletzt oder auch die Harnröhre angeschnitten.

Nun folgt der zweite Teil der Tortur, bei dem die Mutter die inneren Schamlippen total wegschneidet und Fleisch und Haut von den Großen Schamlippen wegkratzt. Bis zu diesem Zeitpunkt ist das Mädchen schon mehrere Male ohnmächtig geworden und wird mit einem Pulver wiederbelebt. Die Nachbarinnen begutachten sorgfältig die Arbeit der Mutter und spornen sie an.

Manchmal beißt sich das Mädchen in rasenden Schmerzen die Zunge ab. Deswegen beobachtet eine Frau sorgfältig die Mundpartie des Kindes. Wenn die Zunge herauskommt, streut sie Pfeffer darauf, was ein sofortiges Zurückziehen der Zunge bewirkt.

Wenn die Operation vorbei ist, heftet die Mutter die beiden Seiten der Vulva zusammen, wozu sie Akaziendornen verwendet. Ihr Hauptziel ist es, eine so winzige Öffnung herzustellen, daß gerade der Austritt von Urin und Menstruationsfluß möglich ist. Je kleiner das künstliche Loch ist, desto größer der Wert der Frau[125].

Penisneid und Kastrationsangst – Freud und die Feministinnen

Solche Schilderungen konnten natürlich auch gemäßigte Feministinnen auf die Straße treiben. Wie in allen emotional gestimmten Bewegungen bot sich hier die romantische Identifikation mit den Märtyrerinnen an (so wie es eine Identifikation mit den Heldenahnen der Bewegung, den Ur-Müttern und Amazonen gab). Später fand die Frauenbewegung einen weiteren Märtyrerkreis, der aus geschichtlicher Zeit stammte: die Hexen. An ihnen konnten sie die Ideale von Kreativität und weiblicher Aktivität ebenso festmachen wie sich selbst als gefolterte und gemordete Opfer der Männerwelt darstellen.

Die grausame Klitoris-Kastration wurde in der feministischen Propaganda vielfach mit der psychoanalytischen Methode Sigmund Freuds in Verbindung gebracht, den die meisten èministinnen ebenso hassen, wie die Nazis es ehedem taten. »Gegen die seelenzerstörerische Überschätzung des Geschlechtslebens – für den Adel der menschlichen Seele übergebe ich die Werke Sigmund Freuds dem Feuer!« hieß der Flammenspruch bei der Bücherverbrennung der Berliner Studenten von 1934.

Freud wird, verkürzt gesagt, beschuldigt, die grausame Verstümmelung der Klitoris-Amputation im zwanzigsten Jahrhundert auf subtile, aber nicht minder wirksame Weise durch seine Theorie von der weiblichen Sexualität fortgesetzt zu haben.

Freud sah die ausschließliche Klitoris-Sexualität als eine infantile Vorstufe der voll entfalteten Sexualität an und erst die Fähigkeiten zum vaginalen Orgasmus als den Nachweis der gesunden, ausgereiften Sexualität. Wir können hier seine Theorie, die die Grundlage zu seinen Heilungsversuchen durch psychoanalytische Behandlung wurde, nur in groben Zügen wiedergeben: Freud sah als eine der Ursachen für die weibliche Frigidität das Festhalten der Frau an unterbewußten Wünschen, einen Penis zu besitzen, an, nachdem das kleine Mädchen die Tatsache seiner Penislosigkeit im Gegensatz zum kleinen Jungen als Enttäuschung empfunden hat (»Penisneid«).

Mit diesen »phallischen Wünschen« richtet das kleine Mädchen in der präödipalen Phase seine erotischen Wünsche auf die Mutter als Liebesobjekt. Ist später keine Umkehr zur reifen vaginalen Sexualität möglich, bleibt die Sexualität auf dieser frühen klitoralen Stufe stehen. Patientinnen, deren Sexualität ausschließlich klitoral war, die also keinen vaginalen Orgasmus oder auch nur Andeutungen dazu hatten, wurden analytisch wegen Frigidität behandelt.

Diesen Ansatz sahen Frauenrechtlerinnen – in Deutschland Marie-Louise Jannsen-Jurreit, die mit dem Buch *Sexismus* ein Jahr nach Erscheinen des »*Kleinen Unterschieds*« den Bestsellererfolg der Schwarzer zu wiederholen sucht – als eine Fortsetzung der Klitoris-Beschneidung mit anderen Mitteln an:

> Mehr als ein halbes Jahrhundert lang wurden Patientinnen im Namen einer befreienden Therapie damit gequält, ihre Klitoris-Empfindungen verdrängen zu müssen, um so ihre angeblichen Männlichkeitswünsche loszuwerden[126].

Nachdem Masters und Johnson in einer sicher nicht gerade stimulierenden Laboratmosphäre – mit Apparaten, Mikrophonen, Kameras, Meßdrähten, an die die »Versuchspersonen« angeschlossen waren – frigide Paare nach allen möglichen Methoden behandelt und zu manuellen, oralen, onanistischen und koitalen Orgasmen veranlaßt hatten (einige Frauen brachten es mit Hilfe des elektrischen Massagestabs auf die stolze Zahl von fünfzig Orgasmen!), stand für die Forscher fest, daß der Sitz der den Orgasmus auslösenden Nerven die weibliche Klitoris war:

> Sie dient allein zur Rezeption und Transformation sensibler Reize. Die Frau besitzt damit ein Organ, das in seiner physiologischen Funktion vollkommen auf die Auslösung oder Erhöhung der sexuellen Erregung eingestellt ist. Ein derartiges Organ kommt beim Mann nicht vor[127].

Diese Untersuchungen schienen zunächst die These Freuds von der »vaginalen Reife« zu widerlegen. Wir haben jedoch gesehen, daß die Lokalisierung der Nerven in der Klitoris nicht gegen eine Beteiligung des ganzen weiblichen Genitalbereichs *einschließlich* der Klitoris spricht und daß dieses nach der ursprünglichen biologischen Aufgabe des Sexualakts: der Fortpflanzung wohl auch am zweckmäßigsten war.

Die feministischen Autorinnen in den USA (mit Ausnahme der Propagandistinnen der ausschließlich lesbischen Liebe) haben denn aus Masters' und Johnsons Forschungen auch nie den Schluß gezogen, daß es beim Koitus überhaupt keinen vaginalen Orgasmus gibt. Ihre eigenen, persönlichen Erfahrungen sprachen möglicherweise dagegen. Einige dieser Feministinnen kommen als Wissenschaftlerinnen von Freud her. Selbst die »Chefideologin« der sexuellen Revolution, Shulamith Firestone, hütet sich, Freud in Bausch und Bogen zu verdammen, denn »die Lehre Freuds ist trotz aller Einwände unmöglich zu widerlegen, weil er einen Angelpunkt unserer Welt erfaßt hat: die Sexualität«[128]. In einem ähnlichen Sinn äußert sich Mary Jane Sherfey. Auch Kate Millet tut sich schwer mit einer Verdammung Freuds, und die Ziehmutter des Feminismus, Simone de Beauvoir, möchte Freud auch »nicht in Bausch und Bogen verdammen«[129], während Juliet Mitchell, nach einem vergeblichen Versuch, Feminismus und Marxismus zu einer Theorie zu verknüpfen, wieder zur Psychoanalyse zurückgekehrt ist. Natürlich in kritischer Distanz, wie es ein halbes Jahrhundert nach Freud gar nicht anders sein kann, erkennt sie die bleibende Bedeutung Freuds für die Weiterentwicklung der Psychologie an und kommt der Wahrheit wohl am nächsten, wenn sie erklärt, daß die Psychoanalyse keine Verklärung des Patriarchats, sondern seine Analyse sei.

Die Diskussion hält zur Stunde noch an. Freudkritik und Freudverteidigung finden auf einem hohen wissenschaftlichen Niveau statt. Wer will,, kann sich darüber gut in dem Suhrkamp-Taschenbuch *Zur Psychoanalyse der weiblichen Sexualität*[130] informieren. Es ist schon 1974, also vor dem *»Kleinen Unterschied«* erschienen. Leichtfertige oder vorschnelle Pauschalurteile sind dort nicht anzutreffen; auch nicht das starre Schema »hie Klitoris – hie Vagina«. Erfahrungen *und* Untersuchungen, Einzelanalysen *und* Statistiken sprachen eine zu differenzierte Sprache.

Aber unsere erfahrene Journalistin Alice Schwarzer kümmert das wenig. Sie hat sich ja »gründlich mit den Fragen der weiblichen Sexualität beschäftigt«, und sie erklärt uns nun wie eine unumstößliche Formel: »Es gibt keinen vaginalen Orgasmus.« Punkt. Sie läßt im gleichen Buch drucken, daß auch alle übrigen Autoren ihrer Ansicht sind: »(Es) . . . weiß die Wissenschaft seit einer Generation, daß es diesen vaginalen Orgasmus nicht gibt«, was, wie wir gesehen haben, nicht stimmt. Vielleicht kam es Frau Schwarzer bei ihrem Buch auch gar nicht so sehr auf die Wahrheit an, als vielmehr auf einen gewissen Effekt: den »Schwarzer-Effekt«. So nennt ihn Deutschlands oberster Softy, der die Feministinnen bis zur Selbstentblößung verehrende Volker Elis Pilgrim, der sich Millionen Fernsehzuschauern dadurch einprägte, daß er in der live gesendeten Talk-Show sein Strickzeug hervorzog und demonstrativ und betulich der Nation vorstrickte. Pilgrim, der sich sowohl unter Männern als unter Frauen erotisch umsah, predigt in seinem Buch *Der selbstbefriedigte Mensch* gewissermaßen eine Sexualität der dritten Art, die Onanie. Seine Worte über Alice Schwarzer markieren die äußerste Grenze männlicher Unterwürfigkeit und zugleich die Wirkung von Alice Schwarzers »*Kleinem Unterschied*«:

> Alice Schwarzer trifft, weil sie nicht gegen das Patriarchat als ganzes, sondern gegen jeden einzelnen Mann zielt. Seit Erscheinen ihres Buches ereignen sich in der Praxis die Fälle wie folgt zuhauf: Ein Paar von Mann und Frau jüngeren Alters lebt so dahin, er arbeitet, ist somit nach Hegel durch seinen Beruf vom Manne zum Menschen erwachsen. Die Frau beschäftigt sich mit den Kindern, Haushalt oder (und) jobt noch nebenbei in untergeordneten Positionen. Sie liest Schwarzers »*Kleinen Unterschied*« und sagt zu ihrem Mann: »So, jetzt hab' ich's, ich habe soundso oft keinen Orgasmus, du aber jedesmal, hau ab mit deinem Schwanz!« Es ist das bundesweite »Hau ab!«, das den Mann erschüttert[131].

Dieses bundesweite »Hau ab!«: eine tiefe Verunsicherung aller partnerschaftlichen Verhältnisse bis hinunter in die Schichten des kleinen Bürgertums, eine Unzahl von Trennungen und Ehescheidungen mit neuer Begründung war und ist vorläufig das einzige Ergebnis des »*Kleinen Unterschieds*« und der Frauenbewegung, die in dem Jahr 1975, als Alice Schwarzers Bestseller erschien, ihre entscheidende Schlacht verlor:

Am 25. Februar 1975 erklärte das Bundesverfassungsgericht auf Antrag der CDU/CSU das 1974 im Bundestag angenommene Gesetz zur Legalisierung der Abtreibung innerhalb der ersten drei Monate (Fristenregelung) für verfassungswidrig. Gegen eine Minderheit von zwei Verfassungsrichtern beschlossen die übrigen fünf Richter, das Gesetz mit der Begründung: »Der Staat muß grundsätzlich von einer Pflicht zur Austragung der Schwangerschaft ausgehen, ihren Abbruch also grundsätzlich als Unrecht ansehen« zu annullieren.

Nichts also mit dem Recht auf den eigenen Körper, zu der die Frauen die Leibesfrucht rechnen wollten, solange sie an der Nabelschnur hing. Der Bundestag beschloß am 5. Mai 1975 eine Abmilderung des Abtreibungsparagraphen. Gemäß dieser Abmilderung ist Abtreibung aus medizinischen, erbgesundheitlichen, kriminologischen (Inzest, Vergewaltigung), aber auch aus sozialen Gründen erlaubt. Neu an diesem Gesetz, das am 21. Juli 1976 in Kraft trat, ist ein gegenüber früher wesentlich erweiterter Spielraum für den Arzt, auf soziale Indikation zu erkennen. In der Praxis, insbesondere in Großstädten und vorwiegend evangelischen Bundesländern, ist eine Abtreibung in den ersten drei Monaten im allgemeinen möglich, wenn auch mit Schwierigkeiten verbunden. Wichtiger ist, daß diese Praxis die Angstschwelle bei der schon früher geübten ärztlichen Abtreibung sehr herabgesetzt hat, das heißt kein Arzt muß mehr eine Verurteilung nach dem § 218 befürchten. Tatsächlich ist auch bis heute keine Verurteilung bekannt geworden.

Der eigentliche Grundsatzstreit, ob die Leibesfrucht schon ein neuer Mensch ist oder ein Teil des Mutterkörpers, eine Art Knospung, über die die Frau selber bestimmen könne (»Mein Bauch gehört mir«), war zugunsten der Frauenbewegung entschieden worden. Fortan beschränkte sich diese im wesentlichen darauf, betroffenen Frauen durch Beratung und Hilfe bei der vollen Anwendung beziehungsweise Umgehung des neuen Gesetzes zu unterstützen.

Der große Schwung war dahin, und eine gewisse Ernüchterung machte sich breit. In diese Ernüchterung und Tendenz zur Resignation stieß nun Alice Schwarzer mit einem neuen, Millionen Frauen interessierenden Thema: Die Orgasmus-Frage.

Das war gut für Alices Bankkonto, genügte aber nicht, der Frauenbewegung neue Impulse zu geben. Die brauchte neue Inhalte, ein neues »revolutionäres Objekt«, ein neues Volk von Unterdrückten und Gedemütigten, die es aufzuklären und zu befreien galt. Man suchte und fand auch ein solch neues Objekt, nicht ohne die Hilfe eines großen, alten – Mannes. Des Mannes, der auch der antiautoritären Bewegung die Impulse gegeben hatte: Herbert Marcuse.

Marcuse entdeckt eine neue Klasse: Die Frauen

Marcuse hatte den Studenten ein neues revolutionäres Objekt (= eine zu agitierende und revolutionierende Gruppe) zugewiesen: Randgruppen, Asoziale, Arbeitslose, Obdachlose, Slumbewohner, Kriminelle, Prostituierte. Er hatte die oppositionelle Jugend auch, anstelle der durch »Wohlstandsangebote« eingeschläferten Arbeiterklasse, zu einem »revolutionären Subjekt« ernannt:

> Diese Opposition ist ideologiefrei oder von tiefem Mißtrauen gegenüber aller Ideologie (auch der sozialistischen) durchdrungen; sie ist sexuelle, moralische, intellektuelle und politische Rebellion in einem. In diesem Sinne ist sie total gegen das System als Ganzes gerichtet: Sie ist der Ekel vor der Gesellschaft im Überfluß, das vitale Bedürfnis, die Spielregeln eines betrügerischen und blutigen Spiels zu verletzen – nicht mehr mitzumachen. Wenn diese Jugend das bestehende System der Bedürfnisse und seine stetig sich mehrenden Warenmassen verabscheut, so deshalb, weil sie beobachtet und weiß, wieviel Opfer, wieviel Grausamkeit und Dummheit täglich in die Reproduktion des Systems eingehen. Nur im Bündnis mit einem inneren Proletariat und den Kräften, die dem System von außen widerstehen, kann eine solche Opposition zu einer neuen Avantgarde werden[132].

Diese Sätze Marcuses erschienen 1968, auf dem Höhepunkt der Studentenbewegung. Fünf Jahre später entdeckte Marcuse ein neues »revolutionäres Subjekt«: die Frauen. Ihnen wird, als mächtigster »Randgruppe« der Gesellschaft, die Aufgabe zugewiesen, im Kampf gegen die kapitalistisch-patriarchalische Gesellschaft eine neue »weibliche« Gesellschaft zu schaffen:

> Ich glaube, daß die Frauenbewegung derzeit die vielleicht wichtigste und potentiell radikalste politische Bewegung ist, die wir haben, auch wenn das Bewußtsein dieser Tatsache die Bewegung als Ganze noch nicht durchdrungen hat[133].

Die weiblichen Eigenschaften selbst stehen dem kapitalistisch-patriarchalischen System entgegen:

Rezeptivität, Gewaltlosigkeit, Zärtlichkeit usw., diese Merkmale erscheinen in der Tat als der Herrschaft und Ausbeutung entgegengesetzt[134].

Gleichberechtigung ist die Voraussetzung für den siegreichen Frauenkampf:

> Um die Gleichberechtigung zu erreichen, die eine absolute Voraussetzung für die Befreiung ist, muß auch die Frauenbewegung aggressiv sein. Aber Gleichberechtigung ist noch keine Freiheit. Als ein gleichberechtigtes, ökonomisches und politisches Subjekt kann die Frau als Frau eine führende Rolle in einer radikalen Rekonstruktion der Gesellschaft übernehmen[135].

Diese Gesellschaft bezeichnet Marcuse als »weiblichen Sozialismus«, einen Sozialismus, in dem wir die »antiautoritäre« gegen das Leistungs- und Wachstumsprinzip stehende Utopie Marcuses unschwer wiedererkennen:

> Sozialismus als eine qualitativ andere Art zu leben würde die Produktivkräfte nicht nur zum Abbau entfremdeter Arbeit und zur Reduzierung der Arbeitszeit gebrauchen, sondern auch, um das Leben zum Zweck an sich selbst zu machen, zur Entwicklung der Sinne und des Intellekts, zur Befriedung der Aggressivität, der Freude am Sein, zur Emanzipation der Sinne und des Intellekts von der »Nationality of Domination«: kreative Rezeptivität gegen repressive Produktivität. In diesem Kontext würde die Befreiung der Frau in der Tat als die Antithese zum Leistungsprinzip auftreten, als die revolutionäre Funktion des Weiblichen in der Rekonstruktion der Gesellschaft[136].

Diese Thesen Marcuses haben den intellektuellen Teil der feministischen Bewegung tief beeinflußt. Ein Einfluß, der sicher von den Frauen noch mehr hervorgehoben werden würde, wenn Marcuse selber nicht unglückseligerweise ein – Mann wäre: keine Black-Panther-Bewegung ließe sich ihr zentrales Manifest gerne von einem Weißen schreiben!

Die Grundprinzipien eines autonomen Feminismus sind nun auch von einer unbestrittenen intellektuellen Autorität abgesegnet: Die strenge Separation von den Männern und die autonome Organisation. Das biologisch-rassistische Selbstbewußtsein, der »bessere« Teil der Menschheit und die »Avantgarde«

zukünftiger Entwicklung zu sein. Die Notwendigkeit eines *aggressiven* Kampfs um die *Macht.*

Ausgerüstet mit solchen Ermutigungen findet die Frauenbewegung nun neue Formen und Inhalte ihrer Weiterentwicklung, findet auch neue Ansprechpartner, findet Randgruppen, für die sie eine Stellvertreter-Revolution machen kann:

Wir hatten gesehen, daß auch im Kampf gegen den § 218 die Hauptbetroffenen nicht die Unterschriften sammelnden Studentinnen waren, sondern die am wenigsten aufgeklärten und sozial rückständigen Frauen: kinderreiche Frauen aus ärmeren Volksschichten, Frauen mit unehelichen Kindern, Frauen aus asozialem Milieu. Von hier aus führte der Weg zu einer neuen Etappe des Frauenkampfes: des Einsatzes für die direktesten Opfer männlicher Gewalt, vergewaltigte Frauen und geschlagene Frauen, Frauen, die oft jahrelang von ihrem Ehemann gedemütigt, auf vielfältige Weise gequält, geschlagen und oft auch vergewaltigt werden. Dazu kommt eine Schicht von Mädchen und Frauen, deren Schicksal ähnlich verläuft: die Prostituierten.

Nach dem Vorbild der Engländerin Erin Pizzey, die 1971 im Londoner Stadtteil Chiswick ein Haus für geschlagene Frauen gründete und 1974 in einem Buch *Schrei leise, es könnte dich jemand hören* darüber berichtete, bilden sich, zunächst in West-Berlin, Fraueninitiativen, um solche Frauenhäuser auch bei uns einzurichten.

Inzwischen gibt es in mehreren Großstädten solche Frauenhäuser, die auch von Behörden unterstützt werden. In West-Berlin mußte im Sommer 1979 sogar ein zweites Frauenhaus eingerichtet werden – wegen ständiger Überfüllung des ersten Frauenhauses.

Eine besondere Beachtung fand auch das ähnlich gelagerte Problem der Vergewaltigung. Es wird zu einem Schwerpunkt-Thema, sowohl in der praktischen Arbeit (man bietet Büros, Telefondienste, Rechtsberatung, medizinische Betreuung und andere praktische Hilfe an) als auch in gemeinschaftsbildenden Zusammenkünften und Kongressen.

Im März 1976 findet in Brüssel ein von den Medien – wegen seines Horror-und-Crime-Appeals – vielbeachtetes internationales Tribunal »Gewalt gegen Frauen« statt. Weitere Anti-Gewalt-Kongresse finden im März 1977 in München, im März 1978 in Frankfurt und ein (konkurrierender) im April

1978 in Köln statt. Auch die deutschen »Gewalt-Kongresse« finden starke Beachtung – der Kölner Kongreß sogar in der *Tagesschau.* Freilich gilt für diese von den »Männermedien« wohlwollend und mit einem süffisanten Schmunzeln gewährte Publicity, was die amerikanische Feministin Juliet Mitchel in ihrem Bereich feststellt:

> Die Massenmedien geben der Frauenbewegung nicht nur Publicity; hinsichtlich der Konzeption und Organisation ist die Frauenbewegung die öffentlichste revolutionäre Bewegung, die jemals existiert hat. Gleichzeitig auch in der Lage, die revolutionärsten Erklärungen in der Öffentlichkeit abzugeben, ohne daß auch nur irgend jemand davon berührt zu sein scheint[137].

Doch ganz so schlimm war es in der Bundesrepublik nicht. Ähnlich wie die Forderung nach Streichung des Abtreibungsparagraphen immerhin eine Lockerung der gesetzlichen Praxis nach sich gezogen hatte, wurden auf den Gewalt-Kongressen Öffentlichkeit und Behörden für die Einrichtung oder doch finanzielle Unterstützung von Frauenhäusern, Kontaktbüros, Beratungsstellen motiviert.

Die Bewegung trat in diesem Jahr 1975 erst einmal auf der Stelle. Sie war groß genug geworden, um sich jetzt zu konsolidieren, zu organisieren und – in verschiedene Richtungen und Interessengebiete zu zerfallen.

Die an vielen Orten im Zusammenhang mit der §-218-Aktion entstandenen Gruppen suchten neue Betätigungsfelder. Man hatte es satt, immer nur Flugblätter zu verteilen oder Veranstaltungen zu organisieren. Man will jetzt Frauen helfen. Bei der Suche nach einer Abtreibungsklinik zum Beispiel. Man stellt Adressenlisten zusammen und verbreitet sie.

Für die Fahrt zur Abtreibung nach Holland oder England organisiert man nach Art von Reisebüros Gruppenfahrten. Einige Gruppen nehmen auch Selbstabtreibungen nach der Absaugmethode vor. Man gründet die ersten Frauenwohngemeinschaften, Frauenkommunen. Für die anderen Frauen gibt es, wenigstens am Tag, Frauentreffpunkte. Man mietet Wohnungen, Büros, verlassene Läden oder Kneipen. Man gründet Frauenbüros, Selbsthilfestellen, Telefonberatungen, Treffpunkte zum lockeren Kontakt für »Quatschgruppen«, moderne Varianten der einstigen Kaffeekränzchen. Inzwischen gibt es auch in fast jeder größeren Stadt der Provinz eine solche Adresse, wo »Frau«, wenn Frau ein Problem hat oder einfach nur keine Männer sehen will, unter Gleichen sein will, hingehen kann: ein »Frauenzentrum«.

Ham' Se schon gehört, es gibt ein Zentrum
Ham' Se schon gehört, jetzt geht es los[138].

In diesen Zentren werden neue Projekte diskutiert, eigene Flugblätter und Informationsbroschüren hergestellt, Adressen weitergegeben, Aktionen besprochen. Vor allem aber werden hier zwei Neuerungen aus den USA getestet, die dort schon seit einigen Jahren praktiziert werden. Sie heißen: *Selbsthilfe* und *Selbsterfahrung*.

Doktorspielchen für »rasende Höllenweiber«

Selbsthilfegruppen und Selbsterfahrungsgruppen gibt es inzwischen überall. Keine gute Feministin, die da nicht schon einmal mitgemacht hätte. Den ausgeschlossenen Männern dagegen waren bis vor kurzem beide Begriffe böhmische Dörfer. Beginnen wir mit dem einfachsten Begriff: Selbsterfahrung (Consciousness-Raising).

Bereits auf der ersten »Frauenbefreiungs-Konferenz« 1968 in Chicago legten die Feministinnen neben dem bereits angeführten *Mythos vom vaginalen Orgasmus* von Anne Koedt ein weiteres Grundsatzpapier vor, das *Program for Feminist »Consciousness-Raising«* von Kathie Sara Child. Bei diesem Text, der sich etwas versponnen anhört, wie das Dahingerede eines durch Haschisch in Euphorie versetzten Jugendlichen, geht es darum, die »spezifisch weiblichen« Tugenden, die wir schon von Marcuse her kennen – also Emotionalität, Spontaneität und Sensibilität –, die in der Vergangenheit mißbraucht und unterdrückt worden seien, zu erkennen und zu kultivieren:

> Laßt uns in unseren Gruppen unsere Gefühle *teilen* und sie *einsetzen*. Laßt uns wir selbst sein und sehen, wohin uns unsere Gefühle treiben. Unsere Gefühle führen uns erst zu Ideen und dann zu Aktionen . . .[139]

Im weiteren Verlauf des Child-Papers aber wird es dann ganz konkret. Die deutschen Selbsterfahrungsgruppen bekamen hier eine ziemlich klare Gebrauchsanweisung, nach der sie in den folgenden Jahren auch handelten. Das fängt ganz klein an mit: Gruppen bilden. Methoden: Persönliche Bekenntnisse. Herumgehen im Raum. Schlüsselfragen zu Schlüsselthemen. Plötzlich von eigenen Erfahrungen sprechen. Kreuzverhöre durch die anderen. Relativieren und Verallgemeinern persönlicher Erkenntnisse. Dann Vorbereitung auf Schwierigkeiten:

> Mechanismen, der schrecklichen Wahrheit nicht ins Gesicht zu sehen. Gegen Frauen sein. Glorifizierung des Unterdrückers. Ent-

schuldigung des Unterdrückers (er tut einem leid). Identifikation mit dem Unterdrücker. Vermeiden von Identifikation mit der eigenen unterdrückten Gruppe. Romantische Phantasien, utopisches Denken und andere Bewußtseinsformen, über die man die Realität durch eine Wunsch-Realität zu ersetzen versucht. Denken, man hätte in der traditionellen Rolle Macht, »zu bekommen, was man will«, man könne mittelbar Macht ausüben. Glauben, man habe selbst eine adäquate persönliche Lösung gefunden, meinen, es sei möglich, eine zu finden, ohne große soziale Änderungen. Kultivierung des eigenen Ichs, starker Individualismus. Sich selbst die Schuld geben[140].

Der Ausweg:

Illusionen überwinden. Klarsehen. Gründe dafür, daß man sein eigenes Bewußtsein unterdrückt. Analysieren, welche Ängste begründet und welche unbegründet sind[141].

Wissen Sie nun, was eine Selbsterfahrungsgruppe ist? Ich weiß es auch nicht. Schließlich sind wir als Männer nicht zugelassen. Ist es einfach nur eine »Quatschgruppe«?

Nun, wir sind in der Lage, ein bißchen mehr über die heute in jeder größeren Stadt der Bundesrepublik bestehenden Selbsterfahrungsgruppen zu erfahren, die unsere Frauen und Freundinnen an den langen Abenden alleine besuchen. Eine gewisse Angelika Wagner hat eine kleine Broschüre verfaßt, die uns die Sache plastischer darstellt. Sie folgt im wesentlichen dem amerikanischen Schema, gibt aber praktische Anleitungen für die Selbsterfahrungsgruppen:

1. Die Gruppe besteht nur aus Frauen (die Männer würden sonst wie üblich die Diskussion beherrschen). 2. Die günstigste Größe liegt bei fünf bis sieben Frauen. 3. Nach den ersten Sitzungen sollten keine Neuen mehr hinzukommen. 4. Die Gruppe trifft sich einmal in der Woche. 5. Alle müssen nicht unbedingt an allen Gesprächen teilnehmen. 6. Es gibt keine Gruppenleiterin. 7. Zu Beginn einigt sich die Gruppe auf ein Thema. Zu diesem Thema erzählt jede Frau ihre persönlichen Erfahrungen. 8. Jede Frau entscheidet selbst darüber, was sie erzählen möchte und was nicht. 9. Bei diesem Bericht darf sie nicht unterbrochen werden. 10. Auf diesen Erfahrungsbericht gehen die anderen dann ein, indem sie versuchen, das Gesagte zu verstehen und Anteilnahme und Verständnis auszudrücken. (Dies kann in der Form des »aktiven Zuhörens« geschehen: »Du

hast dich darüber geärgert, daß . . . ist es so, daß Du meinst, eigentlich sollte . . .«) Es können aber auch Fragen sein, die den anderen helfen, das Gesagte besser zu verstehen oder spontane Reaktionen (»Mein Gott, da hast Du aber viel durchgemacht!«). 11. Die Erfahrungsberichte dürfen nicht kritisiert werden, außer wenn jemand darum bittet. (Eisiges Schweigen oder aggressives Stöhnen oder Ähnliches sind nicht erwünscht.) 12. Keine Ratschläge geben, außer wenn jemand ausdrücklich darum bittet. 13. Nicht »man«, sondern »ich« sagen. (Also nicht »man fühlt sich unsicher, wenn«, sondern »ich fühlte mich unsicher, als . . .«) 14. Nachdem jede Frau reihum berichtet und die Gruppe jeweils anteilnehmend zugehört hat und darauf eingegangen ist, sollte die Gruppe eine halbe Stunde über diese Sitzung insgesamt sprechen . . .
Und nun noch ein paar Hinweise: Am Anfang nicht zu viel Zeit darauf verwenden, ein Thema zu suchen. Und nicht gleich mit dem schwersten Thema anfangen (zum Beispiel Sexualität). Noch eins: Nach fünf bis zehn Sitzungen tritt oft ein Tiefpunkt ein[142].

Eine Themenliste gibt es auch: Frauen der Frauengruppe Heidelberg haben sie veröffentlicht:

○ Wie haben sich unsere Eltern uns Mädchen gegenüber verhalten? Was für Gefühle hat das damals in uns wachgerufen?
○ Wie wurde die Entscheidung für unsere Schulbildung und für den Beruf getroffen? Wie haben wir uns dabei gefühlt?
○ Was waren unsere ersten Erfahrungen mit sexuellen Phantasien? Mit sexuellem Geschehen? Haben wir Angst, nicht geliebt zu werden, nicht liebenswert zu sein?
○ Wie ist unser Verhältnis zu unserem Körper?
○ Was denken wir über Macht und Erfolg?
○ Was erhoffen wir von der Zukunft? Was möchten wir erreichen, bevor wir sterben?
○ *Wie ist unser Verhältnis zu anderen Frauen*[143]*?*

Dieses Thema, hier das letzte auf der Liste, für die in jeder Frauengruppe aktiven Lesben aber das Thema Nummer 1, kann man dann in einer *Selbsthilfegruppe* vertiefen. Die tagt entweder im Frauenzentrum gleich nebenan, oder sie ist direkt aus einer CR-Gruppe hervorgegangen.

Zum Kennenlernen der Frauenseele kommt nun das Kennenlernen der eigenen Geschlechtsteile, um ein »neues Körperbewußtsein« zu bekommen. Hier verläßt die Frauenbewegung mit energischen Schritten die Neuzeit und nähert sich dem

Mittelalter: Die Selbsthilfe soll nämlich nichts Geringeres als die »männerbeherrschte Medizin« möglichst weitgehend in die eigene (Frauen-)Hand nehmen. Um Irrtümer zu vermeiden: es geht hier nicht um weibliche Ärzte, sondern darum, den *Körper* der Frauen der (männerbeherrschten) *Medizin* zu entziehen.

Auch diese Neuerung kommt, wie fast aller modischer Unsinn, aus den USA. 1970 fand in New York der erste Women's Health Course statt, bei dem noch Ärzte und Krankenschwestern dominierten. 1972 tagte der erste Women's Body Course, bei dem Frauen in öffentlicher Demonstration ihre Geschlechtsteile untersuchten. Dabei stellte sich heraus, daß – wie eine amerikanische Teilnehmerin schrieb[144] – die meisten Frauen ihre Klitoris noch nie gesehen hatten, und es wurde der Vorschlag gemacht, Kurse einzurichten, in denen Frauen das Onanieren lernen könnten.

Mit der üblichen Verzögerung erreichte auch diese neue »Bewegung« die Bundesrepublik. Die erste öffentliche »Selbstuntersuchung« veranstaltete, wie stets allen anderen Feministinnen um einige epochemachende Schritte voraus, das Westberliner Frauenzentrum. Diese Veranstaltung und ergänzende Broschüren, die in den nächsten Monaten erschienen, hatten zur Folge, daß in kurzer Zeit ca. 20 Selbsthilfegruppen entstanden. Besonders anregend war die Schrift *Hexengeflüster*, die von den »rasenden Höllenweibern« im Frauenzentrum herausgebracht wurde[145].

Eine besondere Rolle spielt dabei die Selbstuntersuchung der Geschlechtsorgane, die am günstigsten zu zweit durchzuführen sei. Sie dient zur Schwangerschaftsuntersuchung und zur Feststellung von Geschlechtskrankheiten. Vor allem aber zum Kennenlernen des weiblichen Körpers und der »Schönheit der Gebärmutter«. Dann muß ein bestimmtes Instrument benutzt werden, das in der Frauenheilkunde übliche Spekulum. Dann kann man im *Hexengeflüster* auch die Anleitung finden, wie man eine Selbsthilfelampe baut, um das Plastikspekulum zu beleuchten und sich und seiner Partnerin den richtigen Einblick in die Vagina zu verschaffen:

> Beim Einführen schließen wir die Spekulum-Spitzen mit Daumen und Zeigefinger, und mit der anderen Hand entfalten wir die Venuslippen und schieben dann das Spekulum in die Vagina . . . Nach der Untersuchung müssen wir beim Herausziehen unbedingt darauf

achten, daß das Spekulum geöffnet bleibt, da wir sonst die Schleimhautfalten einklemmen, was sehr weh tut[146].

Um dieses Doktor-Spielchen abzurunden und für beide angenehm zu gestalten, folgt noch eine »Tastuntersuchung«:

Bevor wir mit der Tastuntersuchung beginnen, sollten die beiden beteiligten Frauen vereinbaren, sich gegenseitig während der Tastuntersuchung mitzuteilen, was sie fühlen ... Um die Gebärmutter zu tasten, legen wir die äußere Hand auf den Unterbauch, drücken mit der ganzen Fläche der Fingerinnenseiten den Bauch weich ein und versuchen gleichzeitig mit der inneren Hand die Gebärmutter vom hinteren Vaginagewölbe aus anzuheben und zwischen beide Hände zu bekommen ...[147]

Wem das doch ein bißchen merkwürdig erscheint, hat wahrscheinlich männliches Herrschaftsdenken verinnerlicht und das hohe Ziel der Selbsthilfe noch nicht begriffen. Mit der Gebärmutter-Schau allein ist es aber nicht getan. Nun beginnt – das Buch heißt schließlich *Hexengeflüster* – das richtige, schöne Mittelalter, und zwar ganz ohne jede Ironie. Die Frauenbewegung nähert sich der Zeit der Kräuterweiblein und Naturheilkundigen, die Gürtelrose und Warzen bei Vollmond und flakkerndem Feuer heilen. Man rät den Leserinnen, gegen Infektion der Geschlechtsorgane (man betreut schließlich die »Randgruppe« der Prostituierten) nicht etwa chemische Mittel zu benutzen – die seien allesamt krebserzeugend. Statt dessen raten die »rasenden Höllenweiber« zu Behandlungsmethoden, wie sie schon die weisen Frauen anwandten: gegen Entzündungen am Gebärmutterhals wird Honig empfohlen, die bei allen Partnerwechslern gefürchteten Trichomonaden sind mit Knoblauch abzutöten[148], eine ausgebliebene Blutung kann mit Petersilienwurzeln oder Petersiliensamen ausgelöst werden:

Eine Frau, die Petersilie nur über Nacht ... drin ließ, hatte am nächsten Morgen Bauchzwicken, am Abend Hitzewallungen, und kurz darauf kam die Blutung. Eine Frau, die zweieinhalb Päckchen Petersiliensamen an zwei Tagen aß, bekam am dritten Tag die Blutung. Bei Petersiliensamen sollte die Frau mit der Menge vorsichtig sein, wir wissen noch nicht, ob er in größeren Mengen Nebenwirkungen hat[149].

Die Abtreibung selber möchten die modernen Hexen allerdings doch lieber mit der Absaugmethode ausführen, die ausführlich beschrieben und allen Frauen zur Selbsthilfe empfohlen wird. Gemeint ist die Absaugung durch eine von dem Laienbastler Harvey Karman entwickelte Vakuum-Absaugpumpe, die mit der Hand bedient wird. Obwohl die Autorinnen wissen, daß über die Folgen dieser Methode noch nichts bekannt ist, wird die Karman-Kanüle den Leserinnen nicht nur zur Abtreibung, sondern auch zur Verkürzung der lästigen Menstruation empfohlen, zur »menstruellen Extraktion«. Das einmalige Absaugen des Menstruationsblutes soll die Periode auf zehn Minuten verkürzen und zugleich eine vorbeugende Verhütung bewirken, besser als Pille und Spirale:

> Die Extraktion verhindert gewöhnlich die Entwicklung eines befruchteten Eies[150].

Freilich mögen auch die »rasenden Höllenweiber« nicht ganz auf Hygiene verzichten:

> Die Extraktion soll nur in fortgeschrittenen Selbsthilfegruppen ausgeführt werden, die sich mit sterilen Arbeitsmethoden auskennen und die sich mit den Funktionen und dem Beschaffensein ihrer Geschlechtsorgane vertraut gemacht haben[151]!

Erst recht wird Sauberkeit beim verpönten Geschlechtsverkehr mit Männern, verächtlich »Schwanzficken« genannt, vorgeschrieben. In Worten, die dazu angetan sind, jedermann so recht Appetit auf diese rasenden Hexen zu machen. Ganz im Stil der Heeresdienstverordnung heißt es da:

> Der Mann hat seinen Penis täglich und vor dem Schwanzficken zu waschen; unter seiner Vorhaut sammeln sich Keime, die zu Gebärmutterhalskrebs führen können. Überhaupt ist Vorhautbeschneidung zu empfehlen, da Gebärmutterhalskrebs bei Frauen, die mit beschnittenen Männern schwanzficken, viel seltener auftritt[152].

Also hin mit Ehemännern und anderen Schwanzfickern zum Beschneiden. Sollen sie doch froh sein, daß es nur so ein kleiner Eingriff ist und nicht gleich eine Vasektomie (= Unfruchtbarmachung des Mannes durch Unterbrechung der Samenleiter, wärmstens empfohlen im ersten Heft von *Emma*. Folge ist häufig Impotenz – aus psychischen Gründen) oder gar die Kastration, die von ganz fanatischen Feministinnen empfohlen wird. Auf diesen, den offen faschistischen Zweig des Feminismus werden wir noch zurückkommen.

Die »Bewegung« und ihre Führerin

Während ein Teil der Bewegung mit solcher Selbstverwirklichung beschäftigt ist, treiben andere Frauen die Separation vom Mann in alle möglichen Richtungen voran. Je nach Begabung und Neigung baut man mit an einer »Gegenkultur«. War man bisher Buchhändlerin, macht man jetzt einen Frauenbuchladen, gründet einen Frauenverlag. Es entstehen Frauenläden, Frauenschallplatten, Frauen-Rockgruppen. Eine bäuerliche Kommune wird zum Frauenhof, eine Wohngemeinschaft zur Frauenkommune. Schriftstellerinnen oder solche, die es werden wollten, aber »jahrelang von Männermedien boykottiert wurden«, treten jetzt als feministische Schriftstellerinnen auf, die schon bald regelmäßige Treffen abhalten. Filmemacherinnen lassen sich gerne Feministinnen nennen und machen nun den spezifischen »Frauenfilm«, mit einer Zeitschrift gleichen Namens – auch sie halten Treffen und separaten Erfahrungsaustausch für notwendig. Malerinnen veranstalten Frauenkunstausstellungen, und die Frauengruppe Schneewittchen singt auf allen Frauenfeten das beliebte Lied mit dem Kehrreim zum Mitsingen:

Der Mann, der ist ein Lustobjekt
und sonst nicht zu gebrauchen . . .

Schneewittchen ist eine lustig-naive Gruppe, die viel Stimmung und Sound von Biermann abgehört hat und es auch gern mal heterosexuell treibt. Schärfer ins Zeug legen sich schon die Flying Lesbians, die mit so einfachen Versen Stimmung machen:

Wir sind die Schlauen,
die homosexuellen Frauen!
Zwar sind wir schön und klug,
doch das ist uns noch nicht genug!
Wir wollen die Macht,
daß es kracht
noch heute nacht!

Seit 1977 gibt es auch einen Tag der Aufmärsche, die Walpurgisnachtdemonstrationen am 30. April. Da strömen die wilden Weiber aus der ganzen Stadt zusammen. Sie haben sich grell geschminkt und möglichst verrückt gekleidet, haben auch Besen und andere Hexenutensilien mitgebracht, ziehen johlend und kreischend durch die Straßen und machen Ernst mit der »Kommandoaktion gegen Männerinstitutionen« (Susan Sontag). So ziehen sie etwa in Hamburg durch St. Pauli oder in Köln zu den Sex-Shops, demolieren ein Geschäft, bemalen ein anderes, verkloppen auch mal einen bösen alten Rentner, der sich ihnen »chauvihaft« entgegenstellt[153].

Nach getaner Schulungs- oder Missionsarbeit oder nach der Walpurgisnachtsdemo geht es in die Frauenkneipe, die es schon in allen größeren Städten gibt. An deren Tür steht, analog zum Nazi-Spruch »Juden nicht erwünscht« ein Schild, auf dem zwei Männer zu sehen sind mit der Unterschrift »Wir müssen draußen bleiben«, ein Spruch, den man gewöhnlich vor Schlachterläden findet, der Hunden den Eintritt verbietet. Schwieriger ist es in der Hamburger Frauenkneipe, wo die Frau auch ihre Kinder nicht mehr mitbringen darf, wenn es Knaben über acht Jahre sind – dann nämlich gelten sie als »Jungficker«. Die Atmosphäre in diesem gastlichen Haus schildert kritisch-solidarisch eine schreibende Schwester folgendermaßen:

> Die alten Möbel dämmern vor sich hin wie Schwerhörige, einige Frauen auch. Sie sitzen da, wie nicht abgeholt. Ich werde aufgenommen von dem satten Idealismus organisierter Gemütlichkeit, aber ich werde nicht angenommen. In abgestumpfter Kleidung, mit angezogenen Blicken hocken viele der Frauen in ihrer stilechten Revolution. Sie haben ihre Ideologie, aber ich spüre keine Ideen ... Ich lächle ein paar Frauen zu. Sie sehen mich an wie Platzanweiserinnen[154].

Die Erzählerin versucht einen Dialog mit der »Kneipenfrau«:

> »Wir wollen ja eigentlich auch was anderes«, sagt die. »Weg vom bloßen Saufkonsum. Wir haben ein vielseitiges Programm. Jeden Montag ist hier Seniorinnenstammtisch. Wir veranstalten Filmabende, Fotoausstellungen, auch Autorinnen-Lesungen. Bei uns im Keller findest du Musikinstrumente. Frauen, die Lust haben, können bei uns selber musizieren. Du kannst hier mit deiner Toch-

ter Tischtennis spielen.« – »Mit meinem Sohn aber nicht, er ist schon 9.« – »Ich finde das selber scheiße[155].«

Etwa 1976 hat sich die Szene voll entfaltet. Der Feminismus hat sich etabliert. Er hat jetzt alles, was eine Bewegung braucht: ein nationales Zusammengehörigkeitsgefühl, ein rassistisches Wertbewußtsein und eine romantische Identifikation mit seiner Geschichte. Er hat Märtyrerinnen. Er hat ein breit gefächertes soziales Kampffeld, eine ausgebildete Ideologie und ein »revolutionäres Objekt«, vor allem aber ein klares und einleuchtendes Feindbild und eine schöne, wenn auch etwas verschwommene Zukunftsvision. Die Bewegung ist organisiert, hat überall örtliche Gliederungen und einen, wenn auch noch umstrittenen Führer.

Es ist etwa der Stand jener anderen deutschen Bewegung um 1926. Aber diesmal handelt es sich nicht um die deutsche Nation, die nordische Rasse und die Helden der deutschen Vorzeit. Die Agitation gilt nicht den Arbeitslosen und deklassierten Kleinbürgern der Weimarer Zeit. Die Märtyrer sind nicht die im Volkstumskampf erschossenen Deutschen und die Gefallenen des 9. November, und der Feind ist nicht »der Jude«. Das Ziel ist nicht ein Europa beherrschendes Großdeutschland, und der Führer heißt nicht Adolf Hitler.

Frau heißt die Nation und die Rasse, die angeboren ist. Die man nicht wechseln kann. Und kein Weg führt über den Graben zum Urfeind *Mann*. Die geschichtliche Identifikation liefern die Ur-Mütter des Matriarchats und deren Avantgarde im Kampf mit der Männergesellschaft: die Amazonen. Märtyrer sind die vielen gefallenen und ermordeten Opfer des Patriarchats, allen voran die tausend und aber tausend Frauen, die als Hexen verbrannt wurden, in Wirklichkeit aber nur unangepaßt und der Männerwelt ungehorsam waren. Die Unterdrückung der Frauen aller Schichten bildet das soziale Spannungsfeld, in dem die geschlagenen und ausgebeuteten Frauen der Unterschicht und der Asozialen das neue revolutionäre Objekt darstellen. Die Zukunft gehört einer neuen, »weiblichen« Welt, in der die Männerherrschaft beseitigt oder sogar die Endlösung der Männerfrage in Angriff genommen ist. Die Führerin heißt Alice Schwarzer.

Sie läßt ab 1977 auch keinen Zweifel mehr daran. Im Nachwort zur Taschenbuchausgabe des »*Kleinen Unterschieds*« beklagt sie zwar, daß sie »in die Rolle der ›Führungsfigur‹ gedrängt werden konnte, gegen die ich mich, weiß Göttin, immer energisch *verwehrt* habe«. (Eine Mischung aus gewehrt und verwahrt. Ein Alicesches Neuwort. Oder nur einfach Sprachschluderei?) Dann aber fügt sie selbstbewußt hinzu:

> Andererseits ist es kein Zufall, daß Männerrage sich an mir erhitzt hat. Ich habe in den letzten Jahren versucht, den dritten Weg zu gehen . . . Genau das hat Frauen millionenfach eine Identifikation ermöglicht: Da war eine, die redete wie sie, fühlte wie sie, war zwar gewandter, weil professionell, aber erreichbar.

Das ist das Kennzeichen aller großen Führer, daß sie so fühlen und denken wie das Volk und ihm nahe bleiben:

> Das, was an ihm am größten war:
> daß er noch groß im Kleinsten war,
> daß seine Seele an die Sterne strich
> und er doch Mensch blieb – so wie du und ich[156].

Drei Hauptrichtungen sind erkennbar, in die der Feminismus marschiert:
○ *Separation* (»rassische« Autonomie, Absonderung auf allen Gebieten: fraueneigenes Wohnen, Arbeiten, Frauenkultur; Frauenfeste, Frauenkneipen, Frauen-Selbsthilfe).
○ *Caritas* (Hilfsdienste aller Art, Frauenhäuser, Abtreibungsberatung, Rechtsberatung bei Vergewaltigung, Scheidung).
○ *Aggression* (gewalttätige Demonstrationen oder »Kommandoaktionen« nach Art der Susan Sontag gegen »chauvinistische« Einrichtungen, zum Beispiel Sex-Shops, Rechtsanwälte, Zeitschriften).

In allen genannten Gruppen ist lesbische Missionsarbeit erfolgreich am Werk, und mit immer größerer Eindringlichkeit erklären sich die Lesbierinnen als Avantgarde des Feminismus, weil sie dessen Hauptforderung, die weibliche Absonderung und Autonomie, konsequent weiterführen bis in die intimsten Beziehungen. Seit dem Bestehen feministischer Gruppen waren Lesbierinnen mit diesem Anspruch aufgetreten und versuchten so, neue Anhänger für ihre Vorliebe zu gewinnen. Selbst die Prophetin des klitoralen Orgasmus, Anne Koedt, wandte sich 1971 gegen die Behauptung »Du liebst Frauen nicht, wenn du nicht mit ihnen schläfst«, mit denen die Lesbierinnen die anderen Feministinnen erpressen wollten oder deren Argumente ablehnten, nur, weil sie noch Beziehungen zu Männern hätten. Diese Frauen hatten in ihrem Manifest »Women-Identified-Women« den absoluten Herrschaftsanspruch angemeldet, nach dem auch später die »lila« Schwestern in der deutschen Frauenbewegung vorgingen:

> Lesbianismus ist mehr, als Geschlechtsbeziehungen mit Frauen zu haben; es ist ein ganzer Lebensstil, ein Sich-Verschreiben an Frauen. Bisexualität ist ein Indiz dafür, daß man nicht fähig ist, Männer zu verlassen und frei zu sein. Wir sind Frauen – nicht männeridentifizierte Frauen[157].

In Deutschland gehen heute die Studienrätin Ute Wex und die Graphikerin Ulrike Büchel sogar noch weiter: »Lesbischsein, (ist) unser unbewußter politischer Widerstand«, erklären sie und wundern sich, daß in der Frauenbewegung noch immer Lesbischsein als emotionale, sexuelle und persönliche Angelegenheit angesehen wird. Sie aber begreifen Lesbischsein als

> psychische Antwort auf Männermacht und Gewalt: Lesbischsein als politische Widerstandsform bewußt begreifen, leben und verbreiten. Es ist ein gewaltloses Mittel des Widerstandes. Wir können uns den Männern entziehen. Wir können mit Frauen leben. Wir können uns ganz auf Frauen beziehen, und das heißt auch endlich auf uns selbst. Lesbische Frauen entziehen den Männern ihre Kraft und Liebe, beides geben sie Frauen. Damit stärken sie Frauen und sich selbst. Sie entziehen ihren Unterdrückern ihre Unterstützung[158].

So kann die Bewegung wirklich autonom sein. Sie ist Ende 1976 in allen Großstädten mit einem Zentrum vertreten, und in vielen Mittel- und Kleinstädten bilden sich Frauengruppen oder -initiativen. Um sich über die ganze Bundesrepublik zu verbreiten und organisieren zu können, braucht die Bewegung noch ein Band, das die verschiedenen Teile der Bewegung zusammenhält. Ein Medium, das Lenin einmal einen »kollektiven Organisator« genannt hat: eine Zeitung!

»Wir Frauen« machen einen Kalender

Zwei Jahre nach dem »*Kleinen Unterschied*« wird eine Zeitung gegründet. Wieder heißt die, die die Frauenbewegung ein Stück weiter vorantreibt, Alice Schwarzer. Am 27. Januar 1977 erscheint an allen bundesdeutschen Kiosken *Emma*, die *Zeitschrift für Frauen von Frauen.* Herausgeberin: Alice Schwarzer. Leitartiklerin, Chefredakteurin: Alice Schwarzer. Preis: DM 3,–; 64 Seiten Magazinformat. Auf der Titelseite, farbig, mit grauem Rand: Alice Schwarzer. Flankiert von *Emma*-Mitarbeiterin Christiane Ensslin und Freundin Angelika Wittlich. Auflage: 200.000.

Werden die *Emma*-Frauen es schaffen? Die Erwartung ist groß. Die *Bunte Illustrierte,* Deutschlands zweitgrößtes Bilderblatt nach dem *stern,* ist allzu schnell bereit, Alice-*Emma* auf die Out-Liste zu setzen und schreibt:

> Von der großen Emanzipationswelle blieb nur der berühmte Sturm im Wasserglas übrig, und die darin umrührt, ist wohl die einzige geblieben, die das nicht wahrhaben will. Es kann Alice Schwarzer passieren, daß (bis auf ganz treue Fans) ihr als einziger Stammleser (für *Emma*) nur Alice Schwarzer bleibt[159].

Doch die *Bunte* irrt. Wieder wird eine beispiellose Werbung in den Massenmedien für Alice Schwarzer gemacht. Wieder profitiert sie von dem »Schwarzer-Effekt«, einer Mischung aus schlechtem Gewissen und belustigtem Wohlwollen der Männerwelt. Werbung überall. Allen voran der *stern*. Keine Tageszeitung oder Wochenzeitschrift, die sich das Ereignis entgehen läßt. Ironisch-wohlwollend berichten die einen, ernsthaft-aufmunternd die anderen – *Emma* hat schon vor ihrem Erscheinen Werbung in Millionenauflage. Am Tage des Erscheinens berichtet allein der Hamburger NDR dreimal ausführlich über *Emma*, und in anderen Sendeanstalten wird es ähnlich gewesen sein. Der dem *stern*-Verleger Jahr gehörende Pressevertrieb IPV leistet ganze Arbeit. Es gelingt ihm, die erste *Emma* in einer hohen Auflage bis in das kleinste Dorf der Bundesrepublik zu bringen.

Die Erwartung ist groß – Männer und Frauen wollen einmal

sehen, wie das Ding, dieses Frauenblatt da, aussieht. Die Auflage von 200.000 Stück ist nach kurzer Zeit an vielen Orten ausverkauft. Es wird nachgedruckt, nach Angaben der *Emma*-Redaktion 100.000 Stück. Das ist ein außerordentlich guter Start für ein neues Zeitschriftenobjekt, denn das sichert auch den nachfolgenden Ausgaben eine gleich hohe Streuung und dadurch die Chance, weiter so gut zu verkaufen. Alice ist es – wieder mit Hilfe derer, die sie pausenlos angreift – mit einem Schlag gelungen, wovon die Bewegung seit fünf Jahren träumt: ein massenhaft verbreitetes Frauenblatt zu schaffen.

Der Plan zu einer Zeitung hatte schon 1972 bestanden. Ansätze zu Zeitungsgründungen und kleine Frauenzeitungen folgten. Seit 1973 gaben die Frauen der »Sozialistisch-Feministischen Aktion« die Zeitschrift *e-f-a* heraus. Im Februar 1973 fand die vorletzte, schon sehr chaotische Konferenz aller Frauengruppen der Bundesrepublik in München statt. Die noch sozialistisch orientierten Frauengruppen, die Minderheit, wollen *e-f-a* zum Zentralorgan machen. Die anderen, radikal-feministischen Gruppen wollen eine eigene Zeitung gründen: die *Frauenzeitung*. Der Streitpunkt ist wieder einmal die Frage: Patriarchat oder Kapitalismus – Hauptwiderspruch oder Nebenwiderspruch? Es kommt zur Abspaltung der wenigen sozialistischen Gruppen, die bis heute fortbesteht.

Im Jahre 1974 findet das letzte bundesweite Treffen statt, in Bochum. Auch dort ist die *Frauenzeitung* das Thema. Diesmal wird man konkreter:

> Die Frauen kamen zusammen, um den Inhalt der *Frauenzeitung* genauer zu bestimmen. (Die *Frauenzeitung* wird abwechselnd von je einer Frauengruppe zu einem bestimmten Thema gemacht . . .[160])

Wir dürfen vermuten, daß Alice Schwarzer zu diesem Zeitpunkt klar war, daß aus diesem Projekt – mit kollektiver Verantwortung und wechselnden Redaktionen – nichts werden könne. Sie selber hatte schon lange die Absicht, eine solche Zeitung für Frauen zu machen. Jedenfalls bezeugt sie in der ersten Nummer von *Emma*: »Fünf Jahre habe ich auf diesen Zeitpunkt gewartet.« Das wäre seit 1972. Noch fühlt sich Alice aber nicht stark genug, das Projekt einfach an sich zu reißen und in eigener Regie durchzuführen. Es ist ein Jahr vor Erscheinen des »*Kleinen Unterschieds*«. Weder ist ein finanzieller

Polster da, noch ist ihr Ansehen in der Frauenbewegung groß genug, um als selbsternannte Herausgeberin eines »Zentralorgans« auftreten zu können. Statt dessen arbeitet sie, zusammen mit vier anderen »Bewegungsfrauen«, an einem anderen Produkt. Das ist wesentlich leichter herzustellen als eine Zeitschrift und verspricht, wenn man es geschickt anstellt, einen schnellen Profit. Es ist der *Frauenkalender '75*.

Alice stellt es geschickt an. Der *Frauenkalender* ist ein kleines, schmalformatiges lila Büchlein. Lila ist so etwas wie die inoffizielle Farbe der Frauenbewegung. Neben der Tageseinteilung, mit Geburtstagsdaten großer Frauen der Weltgeschichte, darunter auch die von Alice Schwarzer (mit Babyfoto!), sind kleine Beiträge abgedruckt. Geschichten über die Frauenbewegung und von Frauen geschriebene Geschichten, die man bei den Frauengruppen in der Bundesrepublik angefordert hat. Der Kalender wird über das 1975 schon weitverzweigte Netz linker Buchläden und Frauenbuchhandlungen an die Frau gebracht. Der Kalender kostet DM 6,80. Frauengruppen können ihn mit 30 Prozent Rabatt, Buchhandlungen mit den dort üblichen 40 Prozent erwerben. Die Herstellung hat nicht viel gekostet. Der Kalender wird, wie auch die der folgenden Jahre, ein finanzieller Erfolg.

Für Alice ist er eine Art Test für ihr Zeitschriftenprojekt. Hier werden auch Methoden ihres Umgangs mit der Frauenbewegung erprobt, die sich später bei *Emma* voll ausgebildet finden.

Das Verhältnis Alice zum Feminismus tritt in seine entscheidende Phase. Genauer gesagt: Alice beginnt die Frauenbewegung mehr und mehr mit ihrer Person zu identifizieren. Immer häufiger sieht sie sich als eine wichtige »Führungsfigur«, mit der sich die anderen Frauen identifizieren und sich Mut machen können. Immer häufiger sagt sie *unsere,* wenn sie *ihre* Projekte meint.

Kaum ist der Kalender erschienen, ist auch schon der Krach da. Die konkurrierenden Frauen des Frankfurter *Frauenjahrbuchs* fragen in einem offenen Brief: »Hat die Frauenbewegung diesen Kalender verdient?«[161], greifen Alice und ihre Mitarbeiterinnen scharf an und erklären den Kalender für fehlerhaft, unpraktisch und politisch falsch. Vor allem aber werfen sie den Alice-Frauen übertriebenen Narzißmus und Selbstdarstellungssucht vor:

Lächelndes Verständnis erheischt auch das Vergnügen, die fünf Herausgeberinnen im Steckkissen bewundern zu dürfen, obwohl hier frau schon geneigt sein könnte zu fragen, warum nur diese fünf Geburtstage im Kalender aller Frauen zu Ehren kommen? Aber es war ja lustig gemeint, und doch stellt frau plötzlich fest, welch roter Faden den lila Kalender durchläuft.
1. Seite die fünf Namen der »einzigen« (?) Herausgeberinnen.
2. Seite Abbildung aller fünf Frauen.
3. Wir dürfen die Geburtstage zur Kenntnis nehmen, mitsamt der Fünf-Bilder-Schau.
4. Entlarvt sich im Index die ernsthafte Logik des Ganzen, dort nämlich sind die fünf Geburtstagsfrauen noch einmal aufgeführt! Wir finden das nun ein bißchen viel und fragen, was fünf Frauen dazu treiben mag, sich als Herausgeberinnen aufzuspielen, nachdem nicht wenige Frauengruppen aus deutschen Landen gebeten worden sind, Material über ihre Arbeit zu schicken und dies wohl auch getan haben.

Die Antwort an die Frankfurter Frauen unterschreiben nur noch drei der ursprünglich fünf Herausgeberinnen. Zwei von ihnen: Hilke Schlaeger und Sabine Zurmühl sind schon ausgeschieden. Wegen schwerwiegender politischer Differenzen. Die übrigen drei weisen in ihrer Antwort selbstbewußt die Vorwürfe zurück. Warum nicht ein bißchen Personenkult statt Kollektivität? meinen sie und begründen das feministisch:

Verdammt noch mal, *wir* Frauen sind jahrtausendelang gehindert worden, existent zu sein . . . *Wir* müssen beginnen zu leben, zu existieren! Das heißt aber auch, daß wir uns nicht wieder hinter ein neues Über-Ich flüchten – statt dem *Mann* jetzt die Bewegung.

An dieser Antwort können wir gut die Entstehung einer Methode beobachten, mit der Alice bis heute auf alle Vorwürfe reagiert: Kritik an ihrer Selbstdarstellung, Profitmacherei, Intrigenwirtschaft und Vermarktung der Frauenbewegung kontert sie auch später immer so: »Wenn wir Frauen schon mal . . . dann werden wir auch noch angegriffen . . .« Also fragt sie, was daran

so verdammungswürdig ist. Etwa dies, daß Frauen es wagen, ihre eigenen Geburtstage und ihre Babyfotos in den Kalender einzutragen? Wir fanden es lustig, und Spaß hat es auch noch gemacht. Was ist daran so gefährlich?

Viel gefährlicher ist – so meinen wir –, dahinter gleich wieder eine überzogene, krankhafte Selbstliebe zu vermuten, in einer Situation, in der Frauen allererst beginnen, sich selbst zur Kenntnis zu nehmen, sich auf den Weg machen, selbst – und nicht nur über Männer – etwas zu sein.

Für die Ansprüche, den Kalender als kollektive Leistung der Bewegung darzustellen, haben die drei verbliebenen Herausgeberinnen nur blanken Hohn:

Ihr werdet lachen: da kam nicht nachts klammheimlich die berüchtigte Bewegung und hat uns – wie weiland die Heinzelmännchen – den Kalender hergezaubert, sondern wir fünf haben ihn gemacht, mit Informationen und Ratschlägen einzelner Frauen. So war's.

Den Krach mit den beiden anderen Herausgeberinnen können sich Alice und ihre Getreuen kaum erklären: »Wie diese Probleme im einzelnen ausgesehen haben, läßt sich gar nicht einmal so genau beschreiben . . .« Höchstens vermuten sie, was dahintersteckt: »Machtgerangel, Rivalität und Konkurrenzdenken unter Frauen«.

So wird es wohl gewesen sein.

Doch die Ausgeschiedenen sehen das anders:

Diese Schwierigkeiten lassen sich auch – anders als Alice, Renate und Ursula meinen – durchaus beschreiben. Nämlich so: Am Ende lief es fast immer auf politische Konflikte hinaus. Wir zwei sind uns nicht so sicher, ob man immer, wenn es sich anbietet, den *Sozialismus denunzieren* darf; wir finden zum Beispiel, daß die *sozialistische* Frauenbewegung im Kalender teils zu kurz gekommen, teils ungerecht beurteilt ist.

Konflikte seien dann immer von den drei übrigen mit Mehrheit entschieden worden, »was konkret bedeutete, daß die tendenziell sozialistischen Argumentationen eben herausfielen«.

Schließlich wenden sich die Rebellinnen offen gegen den bereits beginnenden Personenkult um Alice:

Schließlich gibt es inzwischen Schwierigkeiten, weil – auch das sollten wir doch offen zugeben – nicht *eine* Frau in der Kalendergruppe oder in der Frauenbewegung behaupten kann, sie allein vertrete öffentlich Fraueninteressen.

Genau das aber behauptet Alice schon lange.

Die *Emma*-Mischung: Horror, Crime und menschliche Rührung

Nach dem Bestsellererfolg des »*Kleinen Unterschieds*« ist das Startkapital endlich da[162]. *Emma* wird geboren. Alleininhaberin Alice Schwarzer gibt ihrem ersten Leitartikel die einprägsame Überschrift: »Unsere Zeitung!«

Unsere Zeitung. Dabei bleibt es. *Wir* Frauen. Wenn Alice später einmal angegriffen wird, jemanden angreift, eine Werbeaktion startet, eine Konkurrenz beschimpft, jemanden verklagt oder einen Prozeß verliert, immer sind es »*wir* Frauen« oder »*unsere* Zeitung«, die betroffen sind. (»Jetzt verklagt der *stern uns* Frauen!«, Juli 1979.) Der Führer steht für die Bewegung und die Bewegung für den Führer. So erscheint Alices Bild in der ersten *Emma* gleich siebenmal. »Unsere Zeitung wird kollektiv gemacht«, versichert Alice gleichwohl in dieser ersten Ausgabe, in der von dem früheren Kalender-Kollektiv nur noch Renate Bookhagen dabei ist.

> Es gibt keine »Chefin«, die über die Köpfe der anderen hinweg entscheidet. Wir arbeiten auch auf den kollektiven Besitz des Blattes hin.

Sie arbeitet darauf hin. Doch im Gegensatz zu vielen anderen war diese Arbeit Alices nicht von Erfolg gekrönt. Sie ist Alleininhaberin geblieben.

Und das war auch gut so. Für sie. Drei Jahre später ist das »Kollektiv« einige Male ausgewechselt worden. »Einen ziemlichen Verschleiß von Personal« muß sich Alice 1979 in der Fernsehsendung *Monitor*[163] (beim Prozeß gegen die Bratpfanne »Emma«) vorwerfen lassen.

Der Erfolg der ersten Ausgabe ist nicht nur ein Überraschungs- und Neugiereffekt. Der Erfolg ist berechtigt. *Emma* ist bei allem laienhaften Charme, den sie in vieler Hinsicht ausstrahlt, eine durchaus profihafte Zeitschrift. Erfahrene Frauenzeitungsmacher aus Hamburg, wie der *Constanze-, Brigitte-* und *Petra*-Gründer Hans Huffszky und sein Cheflayouter Bodo Scheurich, erklärten, Salonlinke und Softys hätten beim Entstehen des Blattes Pate gestanden. Genaueres weiß man nicht. Jedenfalls wurden Gespräche mit Huffsky geführt, und einige Eigenarten der Layouter deuten auf Scheurich hin. Auch der Inhalt ist perfekt gewichtet:

Es gibt ein Editorial, Personalien, einen großen Gerichtsbericht (»Frauen vor Gericht«), eine Fotoreportage (»Unsere älteste Leserin«), ein Berufsportrait (»Ich bin Verkäuferin«), das große Star-Interview Alice Schwarzers mit Romy Schneider (»Wir zwei haben viel gemeinsam – wir sind die beiden meistbeschimpften Frauen Deutschlands«), die Sozial-Reportage (»Mein Mann ist arbeitslos«), eine Reportage über neue Lebensformen (»Der Frauenhof«), einen Bericht über Saisonarbeiterinnen auf dem Lande, ein Prominenten-Interview mit Margarete Mitscherlich (»Ich bin Feministin«); es folgen Vasektomie (das Thema Verhütung aus feministischer Sicht mit dem Vorschlag, den Mann zu sterilisieren), ein Auslandsbericht über »moderne Amazonen«, die weiblichen Soldaten in Vietnam, dann die historische Serie »Unsere Schwestern von gestern« (»Louise Peters und die literaturhistorische Entsprechung: Virginia Woolf«), Buchbesprechungen, Filme, Witze, ernstgemeinte Satire und – unfreiwillige Satire: die Serie »Selbst ist die Frau« mit Anweisungen zum Reparieren eines Abflußrohrs.

Auffällig: Von den Themen, die zurzeit die feministische Szene beherrschen und die – etwa im *Frauenhandbuch '76* und '77 – die Schwerpunktthemen sind: Frauenkultur, Separation, lesbische Liebe, Selbsterfahrung und Selbsthilfe, Feminismus und Psychoanalyse, feministische Therapie, findet sich nichts im ersten Heft von *Emma*. Das ist sicher kein Zufall oder Unachtsamkeit. Alice kennt ihre Szene sehr genau. Es ist Absicht: Die *Emma*-Mischung ist zugeschnitten auf Frauen, die noch keine Feministen sind, bei denen sich aber die feministische Propaganda ganz besonders lohnt. Bei den Stillen im Lande, den Nicht-Akademikern, Hausfrauen, bei denen mit den »vierstelligen Postleitzahlen«.

Alice hat als erste erkannt – und insofern ist sie zwar keine »erfahrene Journalistin« mit »12 Jahren Professionalität« (Alice Schwarzer), aber eine mit sicherem Publikumsinstinkt gesegnete Blattmacherin –, daß der Kreis der fünf- bis zehntausend Radikal-Feministinnen niemals ausreichen kann, um eine Auflage von 200.000 an die Frau zu bringen. Sie visiert eine ganz andere Zielgruppe an: »Frauen außerhalb der Bewegung ... sehr viele vierstellige Postleitzahlen. Sehr viele alte Frauen. Sehr viele sogenannte Basisfrauen (die wir bisher nur in Sternstunden erreicht haben)«, so Alice über die Leserinnen des Kalenders. Auch im etwa zur selben Zeit erschienenen Nachwort zum »*Kleinen Unterschied*« schwärmt Alice von diesem anderen Publikum: der kleinen Frau auf der Straße, die sie besser versteht als die Intellektuellen:

> Die Frauen nämlich, die wir angeblich nicht erreichen – Doppelbelastete, Hausfrauen, Ältere, die sogenannte »normale« Frau –, solidarisierten sich sehr selbstverständlich und spontan. Intellektuelle Frauen hingegen, Studentinnen und Frauen im Karriereberufen, verdrängten am heftigsten ihr Betroffensein und übernahmen in zwanghafter Anpassung Männerargumente.
> So sind die meisten Briefe, die ich bekomme, von nicht-intellektuellen, nicht-privilegierten Frauen.

Hatte man ein linientreues feministisches Zentralorgan erwartet, mußte man enttäuscht sein. *Emma* erwies sich als streng nach profi-journalistischen Regeln gemachtes Blatt für eine bestimmte Zielgruppe: frustrierte Frauen (Ehefrauen, Geschiedene, Ledige) mittleren Alters aus der mittleren bis unteren Bildungsschicht. Nicht unerheblicher Zusatzleserstamm, der auch bei allen typischen Frauenzeitungen (wie *Constanze*) gemäß der Leseranalyse eine große Rolle spielt: »die über die Schulter« mitlesenden Ehemänner und Partner, die sich, wie auch im Falle des »*Kleinen Unterschieds*«, brennend dafür interessieren, was mit ihnen und ihrer Frau eigentlich los ist.

Journalistische Erzeugnisse dieser Art, ob *stern, Neue Revue* oder *Praline* haben eine Faustregel, nach der sie Leser gewinnen, Leser zu *ständigen* Konsumenten des Blattes machen, »anbinden«, sogenannte »Leser-Blatt-Bindung« erzeugen. Es sind immer wieder dieselben inhaltlichen Kategorien: Sex, Crime, Horror, Showgeschäft, Humor, History, Human Touch (= etwa: menschliches Rühren), Lebenshilfe.

Alle genannten Kategorien, die dem Leser wie ein »Hammer ins Unterbewußtsein« (interner Slogan unter Werbeleuten) gehen sollen, finden sich in der ersten Nummer von *Emma* und in allen weiteren Heften gut abgewogen nebeneinander.

Allenfalls könnten wir bei der ersten Nummer feststellen,

daß der bei den anderen Zeitschriften dominierende Bereich: Sex zu kurz gekommen sei. Aber auch hier geht man geschickt vor. Der Bereich wird als Lesben-Sex erst in den folgenden Heften ausgebaut. Für das erste Heft wäre es taktisch ungeschickt gewesen, Minderheiten-Werbung zu betreiben. Dafür lassen sich alle anderen Bereiche gut besetzen: Crime (mit einem Schuß Sex): Gerichtsreportage über Frauen. Die Opfer des Frauenmörders Honka. Kindesmörderin aus Verzweiflung. Mord aus verbotener lesbischer Liebe. Hinzu kommen später, mit intimsten Fotos: Klitoris-Beschneidung, Verstümmelung. Vergewaltigung ist ebenso ein Dauerthema wie Gewalt in der Ehe, geschlagene Frauen. Das »Tabu Inzest« gehört ebenfalls hierher, ebenso »Emanzipiert Terror?« Kindesmord in der Literatur, im Leben. Giftmörderin aus Verzweiflung, Rockerinnen, Mordanschlag auf Feministinnen, Männerhaß, Kinderprostitution (letzteres fällt aber wie Kinderstars, *Pretty Baby,* Kinderpornos auch in den Bereich Sex). Hinzu kommt Abtreibung unter lebensgefährlichen Umständen, die an Kindestötung grenzt. Verbrechen am Körper der Frau (durch Männermedizin). Auch die Hexenverbrennungen der Inquisition gehören dazu sowie die Knebelung der Frau im alten China durch Füße-Einbinden. Dieser Bereich grenzt schon an einen anderen Bezirk: den Horror.

Horror-Appeal hat im ersten Heft nur das Thema der Verstümmelung des Mannes, die Vasektomie. Besonders wegen der damit verbundenen unterschwelligen Kastrationsphantasien, die nicht geleugnet werden. Aber auch das Thema Klitoris-Amputation gehört in diesen Bereich. Dazu kommen später die Themen Krebsoperation (Leben ohne Brust), Unterleibs-Totaloperation. Und seelische Schreckensbilder, so nach dem Erscheinen des Buches von Phyllis Chesler *Frauen, das verrückte Geschlecht*: Frauen in Irrenhäusern, in Psychiatrischen Kliniken (mir Vorliebe unter dem Aspekt: Vergewaltigung durch den Arzt oder Psychiater). Selbst die ungewollte Schwangerschaft läßt sich unter Horror-Aspekten darstellen. Folterungen aller Art gehören hierher, über die auch die Linke und die Liberalen ständig berichten. In *Emma* wird dann der Aspekt Folter an Frauen besonders hervorgehoben. Das heißt, die sexuell-sadistische Komponente bei Folterungen, in Chile, Persien oder im Nazi-KZ Maidanek. Zum Bereich Horror gehören auch Retortenbabys und ähnliche Themen.

Es folgt der in allen Frauenzeitungen große Anteil der Abteilung Human Touch. Hier finden wir die Tabakpflückerinnen vom Lande, die Frau mit dem arbeitslosen Mann, die älteste Leserin, die Verkäuferin. Später treten hier die vielen unterdrückten, ausgebeuteten und gequälten Frauen, die Häßlichen und Dicken massiert auf. Vor allem auch die Alten und Alternden (»Angst vor dem Altern«). Typisch für diesen Bereich sind die Reinemachefrauen, die Männerklos saubermachen (im zweiten Heft von *Emma).* Im Human-Touch-Bereich läßt Alice kein Klischee der rührseligsten Heftchen-Romantik aus, wie wir sie sonst nur aus Billig-Illustrierten kennen. Da fehlt die tapfere alte Frau, die ihr Leben lang für andere gelitten hat, ebensowenig wie die brustoperierte, von ihrem Mann verstoßene Frau, die noch anderen Frauen hilft. Für alle diese Themen wird in Anspruch genommen, daß nur Frauen sie darstellen könnten,

> denn Männer stecken nun mal nicht in Frauenhaut. Aber die sensibelsten und mitfühlendsten – und die sind leider rar – wissen nicht, was es heißt, auf der Straße angequatscht zu werden, seine Periode mit Verspätung zu kriegen, zwischen Kind und Beruf mit schlechtem Gewissen hin und her zu hetzen.

Können nur Arbeiter Arbeiter beschreiben? Daß auch für die Herausgeberin alle geschilderten Erfahrungsmängel zutreffen, haben wahrscheinlich die wenigsten Leserinnen bemerkt. Sicher nicht die, auf die es ankommt, die mit den vierstelligen Postleitzahlen. Die schreiben gerade auf die Artikel der Human-Touch-Gruppe gerührte und begeisterte Leserbriefe, die sich in ihrer »Sie haben mir aus der Seele gesprochen!«-Mentalität in nichts von den Leserbriefen in *Praline* oder *Frau mit Herz* unterscheiden: Endlich! Das mußte mal einer sagen! Zum Human-Touch-Bereich gehört es auch, von Zeit zu Zeit Verständnis und Gerechtigkeit für inhaftierte oder tote Terroristen zu fordern – sofern sie Frauen sind.

Ein weiterer todsicherer »Leser-Zieher« ist der Sektor Show-Geschäft. Hierin unterscheidet sich Alices Produkt von allen anderen feministischen Schriften oder Zeitschriften am meisten: Da ist sie mit dem Romy-Schneider-Interview gleich voll eingestiegen. Selbst die größte Frauenillustrierte oder der *stern* wären zu dieser Zeit dankbar für ein so ausführliches, intimes Romy-Gespräch gewesen. Diese Linie wird in allen bisher vorliegenden *Emma*-Heften konsequent durchgehalten. Die Wichtigkeit dieses Show-Business mit »personality«-Touch ist Alice schon bei ihrer ersten *stern*-Aktion überdeutlich geworden. Die durch den *stern* ermöglichten Kontakte mit der großen Anzahl weiblicher Stars, vom Muttchen der Nation Inge Meysel bis zur zart verspielten Sabine Sinjen werden von Alice gut gepflegt und in der Folgezeit noch erweitert. Bei späteren Werbe-Aktionen wie bei der Show-Klage gegen den *stern,* bei Eingaben beim Presserat sowie auch bei sogenannten humanitären (in Wirklichkeit PR-) Aktionen wie bei der Aktion »Laßt Astrid Proll frei« werden die Publikumslieblinge gezielt für die Interessen Alices eingesetzt.

Besondere Vorlieben – für lesbische und Drogen-Liebe etwa (Nina Hagen) oder für jüngere Männer (Simone Signoret) – geben dem ganzen Show-Interview einen Anschein gesellschaftlicher Verruchtheit und Notwendigkeit.

Die im gesamten Zeitschriftenbereich beliebte History, das heißt Spekulation auf die nostalgisch-schwärmerischen Gefühle gegenüber den »alten Zeiten« von Anno dazumal, meist auch großen Zeiten (besonderer Renner in der Illustriertenbranche: Kaiser, Krieg und Nazi-Zeit) wird bei Alice konsequent umgemünzt zu einer »Herstory« (so eine amerikanische Feministenbezeichnung), der Schilderung vergangener, schlimmer, aber auch großer Zeiten der Frau. Da die Amazonenstaaten nur in sehr vagen Umrissen zu beschreiben sind, gehört die ganze Liebe feministischer Redakteure den verfolgten und gefolterten Vorfahrinnen, den Hexen, den wundertätigen Frauen, den gegen eine ganze Gesellschaft sich emanzipierenden Schriftstellerinnen oder Dichtergattinnen, später auch den Märtyrerinnen der ersten Frauenbewegung, den Suffragetten. Besonders beliebt sind hier die tragischen, im Stil der kitschigsten Heftchenromane geschilderten Geschichten von verhinderten Karrieren, geknechteten Dichterfrauen, die selber viel bedeutender waren als ihre Männer, daher (!) oft in Depressionen fielen oder im Irrenhaus oder als Selbstmörderinnen endeten. Hier wird die Schwarzweißmalerei mit dem Feindbild Mann so dick aufgetragen wie sonst nur in Streichers *Stürmer.* Das einzige was hier zu den Greuelmärchen der Antisemiten à la Ritualmord usw. noch fehlt, ist eine Männergesellschaft, die heimlich Jungfrauen schlachtet und sie zu schmackhaftem Gulasch verarbeitet. »Herstory« bei Alice ist eine einzige weinerlich-sentimentale Spekulation auf die Tränendrüsen einer halbgebildeten Hausfrauenschicht, bei der man sich fragt, ob die Herstellerinnen beim Schreiben und Produzieren solcher Serien nicht oft in schallendes Gelächter ausbrechen, wie andere Schnulzenredakteure beim Fabrizieren einer besonders rührseligen Story.

Doch gerade mit dem Lachen ist es eine Sache bei Alice und ihren Gefährtinnen. Ständig betont sie, vom *»Kleinen Unterschied«* bis zu jener Bratpfannen-Sendung in *Monitor,* daß sie keineswegs verbittert und verbiestert, sondern lustig und aufgekratzt ist. Aber der *Humor* ist in *Emma* so eine Art Schwerpunkt, freilich im Sinne des DDR-Sprachgebrauchs, der mit Schwerpunkt eine Sache bezeichnet, die schwer zu bewerkstelligen ist.

Es gibt Witzseiten, Comics, eingestreute Bilder und Kinderseiten für Mädchen. Für Kinder männlichen Geschlechts, das heißt auch bei Feministinnen wohl die Hälfte aller Kinder, gibt es in diesem menschenfreundlichen Blatt keine Seite. Die Witze bestehen zu 95 Prozent in einer einfachen Umkehr von Männer- und Frauenrollen, indem eine Frau jemand auf der Straße anquatscht, Mädchen einer männlichen Anziehpuppe Kleider anziehen oder Jungen Mädchenrollen übernehmen. Im ganzen Heft geistert überdies ein satirisches Zeichenmaskottchen namens Emma herum, das als eine Mischung zwischen Kräuterweiblein und langnasiger Hexe auftritt und über die Haartracht eine entfernte Ähnlichkeit mit Alice anzudeuten scheint. Emma sagt in jedem Heft etwas besonders Lustiges, wie zum Beispiel (eine Eistüte in der Hand): »Na, bloß zwei Bällchen weniger« (als Kommentar zur Preiserhöhung von *Emma* um 50 Pfennig). Oder schon etwas anzüglicher (Emmamund tut Wahrheit kund?), »humorvoll« auf die Kastrationsdrohung zu Beginn der Frauenbewegung anspielend eine große Schere schwingend: »Den linken Eminenzen zum Zehnjährigen!«

»Lebenshilfe«, ein wichtiger Bestandteil aller Illustrierten, ist auch bei *Emma* entsprechend großgeschrieben und reicht von Bastelanleitungen (»Selbst ist die Frau«, bald wegen Lächerlichkeit aufgegeben) und Tips für den Alltag (wo kann man zusätzliche Unterstützung für Gruppen, Projekte, Häuser usw. bei Behörden beantragen, wo kriegt man Ausbildungsbeihilfe, eine neue Ausbildung finanziert) bis zu schon zur Standardausrüstung einer Frauenzeitung gehörenden Abtreibungsadressen und testartigen Einschätzungen von Kliniken und Ärzten. Neben diesen nützlichen Tips, Adressen und Terminen findet sich vor allem eine ganz besondere Lebenshilfe, auf die sich alle anderen Lebenshilfen reduzieren lassen, beziehungsweise sie überflüssig werden lassen: Hilfe bei der Scheidung! Die Scheidungshilfe in juristischer, aber auch in seelischer, gesellschaftlicher, gruppentherapeutischer Hinsicht ist nicht nur wegen der Massenhaftigkeit ihres Vorkommens ein Schwerpunkt-Thema für *Emma.* Hier geht die Hilfe über jeden Ratschlag hinaus: Sie wird zur Mission.

Intimer Sex-Klatsch im Stil der *Neuen Revue*

Etwas schwerer tut sich *Emma* mit dem Reizthema Sex, mit der bei anderen Zeitschriften reichhaltig vertretenen und beliebtesten Abteilung. Heterosexuellen Sex will Alice in *Emma* nicht empfehlen. Die Gründe hat sie im »*Kleinen Unterschied*« dargelegt. Ein offenes Bekenntnis zum Lesbianismus wiederum würde die Basis der Leserschaft einschränken. Man will ja gerade die »Heterofrauen« ansprechen, die die große Mehrheit der potentiellen Leser darstellen. So dauert es ein ganzes Jahr, bis *Emma* im März 1978 das Thema »Frauenliebe – Lesbierinnen über sich« auf die Titelseite bringt. Aber das Interesse der Leserinnen für Sex, und das heißt für die meisten: »heterosexuellen Sex« ist groß. Alice wäre keine gute Blattmacherin, wenn sie das nicht sehen und für den Verkauf nutzen würde. Also werden alle übrigen Themenbereiche mit sexuellen Bezügen und Anspielungen durchsetzt, wie das auch bei anderen Illustrierten üblich ist.

Worüber man auch immer schreibt, man landet beim Thema Nummer 1. Alice hat es ja in ihrem »*Kleinen Unterschied*« sehr deutlich ausgesprochen, daß alle Frauenprobleme etwas mit Sex zu tun haben. So wird jetzt auch bei *Emma* verfahren. »Laß uns doch offen über alles reden!« Nach diesem Motto kommt man immer wieder in die gewünschte Ecke. Eine Methode, die auch unter allen möglichen Verkleidungen bei Frauenzeitschriften und Wochenblättern angewandt wird. Da gibt es die wöchentliche Vergewaltigung, das sexuelle Verbrechen, den Mord aus Leidenschaft. Da ist auch die medizinische Beratung, die Frageecke mit der Psychologin oder »Sexualwissenschaftlerin« (auch in großen Frauenzeitschriften verbirgt sich hinter »unserem Tiefenpsychologen Dr. XY« selten mehr als eine Redaktionsassistentin, die die Leserpost sortiert, aus einigen Lexika und Handbüchern etwas herausschreibt und nur in Ausnahmefällen auch einen der Redaktion bekannten Arzt oder Psychologen anruft und dessen Antwort abtippt). Da sind Rechtsberatungsecken, Auslandsreportagen, intime Interviews oder Scheidungsklatsch: in jeder dieser Spalten läßt sich Sex unterbringen.

Genauso geschieht es jetzt in *Emma* – nur kommt noch eine besonders aufdringliche Indiskretion hinzu, wie sie auch die Sitzungen und Gruppenabende, Kneipengespräche und Selbsterfahrungsgruppen der Bewegung kennzeichnet: eine leicht unappetitliche Art, »intim« über alles zu sprechen, oft genug vulgär und wenn möglich mit Farbe und Geruch. Man hat ja keine Geheimnisse voreinander – wir sind ja alles Frauen! –, man ist nur jahrelang von der Männergesellschaft in Schüchternheit und Zurückhaltung erzogen worden. Also wird jetzt besonders ausführlich über Tampons, Pille, Pessar und Kondom, Monatsbinden, Menstruationsblut, Scheide, Scheidenausfluß, Klitoris, Onanie, Cunnilingus, Schweißgeruch, Dickleibigkeit, Prostitution und ähnliche Dinge gesprochen. Wir wollen uns das an einer einzigen Ausgabe von *Emma*, dem Aprilheft 1977, näher ansehen. Die Zitate würden auch in jeder anderen Illustrierten als Sex-Anteil vorkommen, allerdings nicht so gehäuft:

Es beginnt mit einem Leitartikel über »Penetration«. Er wiederholt noch einmal für alle Zeitschriftenleser Alices Behauptungen über den klitoralen Orgasmus und kommt zu dem überraschenden Schluß, daß die Verweigerung des Koitus auch gleichzeitig alle Verhütungsprobleme lösen würde:

> Was bedeutet, daß wir uns die ganze Verhütungs-Debatte sparen könnten. Nicht, indem wir Enthaltsamkeit üben, sondern indem wir uns auf andere Liebespraktiken besinnen. Frauen und Männer, die keine Kinder haben wollen, müssen nicht koitieren. Es gibt da keinen »natürlichen« Zwang.
>
> Man stelle sich vor: das ganze Grauen der ungewollten Schwangerschaften und Abtreibungen, die Nebenwirkungen der Pille und die Entzündung durch die Pessare – alles wäre mit einem Schlag überflüssig!

Aus dem gleichen Leitartikel folgende Stilblüte:

> Eine Erschütterung der zentralen Bedeutung des Koitus wüchse zur Lawine, die vieles, was für die Männergesellschaft heute bequem ist, mit sich reißen würde. Darum ist das so tabu.

Beim Interview mit Pola Kinski ist, außer hübschen Farbfotos, nicht viel drin mit Sex. Auf die Frage »Wie hältst du's mit der Liebe zu Frauen?« antwortet sie abweisend. Sie hält nichts davon. Darauf folgt das »Berufsporträt«. Eigentlich kein Sex-Thema, würde man meinen. Das erste Beispiel hieß »Ich bin Verkäuferin«. Aber diesmal handelt es sich um einen anderen Beruf: »Ich bin Animierdame«. Auch das ist eine irreführende Bezeichnung. Die Dame ist ganz einfach Dirne. Regine hat bei den *Emma*-Frauen ausgepackt:

> Man sitzt mit dem Gast an der Theke, wird hier betatscht und da befühlt, denn die Herren kaufen ja keine Katze im Sack (haha), und wird zwischendurch auch einmal gefragt, ob man gut ficken kann, und ob es einem auch Spaß macht. Wenn man dann allen Ekel unterdrückt hat, geht's zur Sache, denn man muß ja schließlich was tun für sein Geld. Dann wird man erst mal fleißig durchgebumst, in allen Stellungen, versteht sich.

Und so fort. Sehr erwünscht muß den *Emma*-Frauen die Schlußfolgerung geklungen haben: »Es gibt sehr viele verschiedene Arten von Männern, die in einer Bar verkehren. Schweine sind sie allerdings fast alle.«

Gleich eine Seite weiter steht eine Reportage über die »Mädchen auf Trebe«: das sind Fürsorgezöglinge, die ausreißen und sich herumtreiben, meist als – Dirnen. Diese Sache wird aber nicht weiter ausgeschmückt. Sie ergänzt sozusagen das Nutten-Porträt.

Dann folgt die prominente Margarethe Mitscherlich mit einem Artikel über Frigidität. Lebenshilfe für eingefrorene Lustgefühle. Sex auch auf der Kinderseite: »Emmas Blatt für Mädchen«. »Ich fühl' mich wohl in meiner Haut«, sagt ein kleines Strich-Mädchen und erläutert auch, warum: »Ich find' kitzeln toll und streicheln – und küssen –, auf dem Raspensprenger sitzen ist ganz toll« und, mit Bild: »Ich spiele gern mit meiner Klitoris.« Was zu beweisen war.

Auf Seite 58 haben wir dann noch einige Vergewaltigungen, zum Beispiel: »Vom Chef vergewaltigt« . . . »Sie verlor ihren Arbeitsplatz, weil ihr Chef meinte, sie sei selbst an der Vergewaltigung schuld . . .« Oder: »Sie hatte Kopf- und Halsverletzungen, ihre Hosen waren heruntergerissen, der Unterkörper entblößt . . .« Ein Bauarbeiter vergewaltigt eine schwerkranke Frau: »Der Angeklagte hat möglicherweise ihren Widerstand für Ziererei gehalten!« Dergleichen ausführliche Ausmalungen von Sexualdelikten nennt man bei der *Bild*-Zeitung oder beim *stern* Entrüstungs-Sex. Die Redaktion berichtet entrüstet und – anschaulich über abstoßende Sex-Themen: Grauenhaft. Immer mehr Schulmädchen auf dem Strich! Usw.

Über das, was die *Emma-Frauen* (die übrigens jedes Jahr wechseln, nur die Chefin bleibt[164]) selber unter Sex verstehen würden, redet man kaum oder nur in Umschreibungen. Erst im fünften Heft kommt man langsam zur Sache.

Eingeleitet wird das von einem Leitartikel Alices über Partnerschaft, der mit dem rhetorischen Trick aus dem »*Kleinen Unterschied*« arbeitet: »Auch wir wollen Partnerschaft ... Nur müssen wir einsehen, daß wir diese Partnerschaft kaum haben, auch zwischen den Geschlechtern nicht ...« Wirkliche Partnerschaft kann höchstens »eines Tages« möglich sein. Dann kommt das Thema Frauenfreundschaft als eine ganz harmlose kleine Geschichte daher, die zu schreiben sich Alice selber vorbehalten hat: »Meine beste Freundin«. Teenager erzählen von sich. Von ihrer Mädchenfreundschaft, von Frauen, die dummerweise später »systematisch getrennt und auf Männer fixiert werden«, wo die »Mädchen abrupt aus ihrer Welt herausgerissen und zu Anhängseln der Männerwelt werden«. Die Jungen, mit denen die Mädchen es treiben, sind eigentlich ziemlich dumm. So richtig verstehen sie die Mädchen gar nicht. Viel besser kann man seiner Freundin erzählen, so ganz offen und anschaulich, wie es ist, wenn man Ausfluß hat:

> Ja, und als Ina mir erzählt hat, daß sie auch Ausfluß hat, da war ich ganz erleichtert. Auch über Selbstbefriedigung haben wir geredet. Ich wußte nicht, daß das, was ich fühlte, ein Orgasmus ist, und daß der so ausgelöst wird oder daß sich da und da meine Klitoris befindet. Ich wußte nur, wenn ich mich da irgendwie anfasse, dann ist das schön. Ina und ich, wir haben darüber geredet, daß sie sich auch selbst befriedigt, daß das nicht unnormal ist und daß man da nicht allein damit steht.

Onanie-Pilze und Klitoris-Fotos gegen das »Sommerloch«

Doch der ersten Euphorie folgt eine Ernüchterung. Die verkaufte Auflage von *Emma* sackt ab, rapide. Nach dem Überraschungserfolg der ersten Nummer war auch die zweite Ausgabe noch gut nachgekauft worden. Dann bröckeln die Zufalls- und Neugierkäufer ab. Der *Emma*-Kauf einmal im Monat wird zur Routine. Aber nicht für viele. Was übrig bleibt, ist ein fester Stamm von Dauerlesern (die jedes Heft kaufen) und einige tausend Zufallsleser, die jedes zweite oder dritte Heft kaufen.

Schlimmer noch: Im Mai, Alice kann das nicht wissen, gehen die Verkaufszahlen fast aller Bilderblätter plötzlich herunter. Diese scheinbar rätselhafte Erscheinung nennen die Zeitungs-Grossisten das sogenannte »Sommerloch«. Mit allerlei Gags und Tricks, Preisausschreiben und Leseraktionen versucht man es zu stopfen. Meist vergeblich. Aber schon vor Ende der Urlaubszeit stellt sich die Leserschaft wieder ein, die bei Beginn des milden Wetters einen kurzen Versuch unternommen hat, aus der Surrogatwelt der Bilderblätter auszubrechen und in Feld, Wald und Au oder auch auf den belebten Boulevards der Städte das wirkliche Leben zu entdecken. Die Leser kehren reumütig an den Kiosk zurück.

Das Sommerloch beginnt Anfang Mai. In dieses Loch fällt auch die Auflage von *Emma.*

Drei Monate nach der Gründung muß die gedruckte Auflage erheblich reduziert werden. Die Tendenz zeigt weiter nach unten. Alice muß etwas unternehmen. Und sie unternimmt genau das, was alle Illustrierten-Macher während des »Sommerlochs« tun, sogar der *Spiegel:* sie zieht die »Sex-Bremse«.

Im Mai geht das los: Hexen-Sex. Großaufnahmen von aufgeklappten weiblichen Geschlechtsteilen bei der »Selbstuntersuchung« mit Spiegel und Lämpchen. Sex bei den Chinesen, bei alten und neuen. Konkubinat, Jungfrauentest, Liebespraktiken. Zum Beispiel diese:

> Die Frauen, da sie zumeist ohne den Mann lebten, haben eine sehr verfeinerte erotische Kunst entwickelt, um sich gegenseitig Ver-

gnügen zu bereiten. Es war übrigens auch selten, daß der Mann allein mit einer Frau im Schlafzimmer war. Oft half die Schwiegermutter oder eine junge Dienerin bei einer bestimmten Position.

Onanie-Pilze

Die Frauen hatten zum Beispiel eine Art Pilz, einen sehr weichen Pilz, der sich an einem sehr warmen Ort vergrößerte. Sie konnten ihn an ihren Fußknöcheln befestigen und damit masturbieren, oder eine Frau half ihnen. Es gab eine Menge solcher Erfindungen.

Im Juni wird es noch ärger. Wieder Großaufnahmen von geöffneten Geschlechtsteilen: Klitorisbeschneidung. Dann das Hauptthema: Banden-Vergewaltigung (»Sie vergewaltigten Claudia Caputi in Rom«):

Sie warfen sie ins Schilf und bogen ihr das Kreuz durch. Sie rissen ihr die Kleider vom Leib und die Beine auseinander. Sie öffneten mit Gewalt ihre Scheide. Sie bohrten und stießen mit Schwänzen wie mit Messern in ihren Leib.

Und so weiter, mit vielen Einzelheiten, empört und – anschaulich. Genau so anschaulich, wie auch die *Neue Revue* über solche Dinge berichtet. Weiter: Sex im Nonnenkloster (»Schwangere Nonne bringt ihr Baby um«). Ein Thema, um das jede Wochenzeitung Alice beneiden würde:

Trotz Zölibat wird inzwischen vieles, was früher unmöglich war, akzeptiert. Einige Nonnen leben heute allein in Appartements und haben Liebesbeziehungen . . . Der Polizist bemerkte dunkle Fußabdrücke und folgte ihnen bis ins Gemeinschaftsbad. »Das ganze Badezimmer war voller Blut. Um die Toilette herum, auf dem Fußboden lauter Blutlachen. Und an der Wand ein paar blutige Handabdrücke. Einige blutige Handtücher waren im Wäschekorb, andere auf dem Fußboden. Ich dachte: diese Frau hat selbst abgetrieben.«

Und so wird in diesem Heft die nächste *Emma* angepriesen: »Eine Nation für Lesben?« – »Autostrich auf St. Pauli«. Und vieles andere. Nächstes Heft: »Die sexuellen Phantasien der Frauen«. Der Bestseller der Amerikanerin Nancy Friday wird ein Dauerseller auch in *Emma.* Es eignet sich so sehr als Sex-Reißer, daß er von mehreren Herrenmagazinen ausgiebig nachgedruckt wird. Es sind teilweise die gleichen Textstellen wie in *Emma.* Aber was in *DASDA* oder in *Lui* Frauenvermarktung ist, gilt in *Emma* als emanzipatorisch: »Diese Dokumentation über Sexualphantasien hat uns in der Redaktion wochenlang beschäftigt (!) . . . Schon darum finden wir es wichtig, daß wir (!) Frauen das Schweigen endlich brechen.« Also bitte:

> Annabel: »Meine Phantasie ist fast immer die gleiche: ich werde nicht von einem, aber von drei oder vier Männern vergewaltigt. Die seltsame Sache ist, jeder nächste Mann hat einen größeren Penis. Manche sind in meiner Phantasie 15 bis 30 Zentimeter lang. Weil ich meine Beine weit öffnen muß, um sie aufzunehmen, komme ich meist zu den tollsten Orgasmen. Das Vergnügen ist dabei so intensiv, daß auch mein Mann ein gesteigertes Vergnügen hat, weil er denkt, er allein macht mir diese Lust.«
> Sally, Anfang 20, ledig: »Während ich Liebe mache, stelle ich mir vor, daß ich mit einem Mann oder mit mehreren Männern daliege, und während wir miteinander schlafen, spreche ich am Telefon mit meiner Mutter. Ist das nicht seltsam?«
> Heather, ledig: »Ich phantasiere manchmal, wenn ich Schwierigkeiten habe, zum Orgasmus zu kommen. Ich tue so, als würde ich gedemütigt. Oder als würde ich von einem Mann, wie von einem Sklavenhalter, vor seinen Freunden zur Schau gestellt. Wenn ich intensiv genug daran denke, habe ich einen phantastischen Orgasmus. Meine erste sexuelle Phantasie hatte ich bald nach der Pubertät. Ich war elf oder zwölf. Ich lag nachts im Bett und stellte mir vor, ein fremder Mann folge mir, greife mich und schlage mich. Jede Nacht variierte ich dieses Thema: der Mann überwältigte mich und zwang mich, Sachen gegen meinen Willen zu tun.«
> Anne, 22, verheiratet: »Wenn mein Mann und ich Liebe machen oder wenn ich masturbiere, stelle ich mir vor, daß mein Mann mit einer anderen Frau schläft, während ich mit einem anderen Mann schlafe. Wir sind alle im selben Raum oder in zwei Doppelbetten, und ich kann in einem großen Spiegel sehen, was er tut. Es erregt mich sehr. Ich weiß nicht, wann das anfing und was es auslöste, aber ich habe sehr selten einen Orgasmus, ohne daran zu denken.«

In diesem Heft werden auch zum ersten Mal Kontaktanzeigen gefordert: Auf der Lesebriefseite und in der Intern-Spalte »Emma über Emma«. Bald werden die ersten erscheinen und über das Publikum und seine Wünsche und Sehnsüchte mehr Auskunft geben als manche Leseranalyse: »Lebensfrohe Enddreißigerin sucht sinnlich-zärtliche Freundin, Dauerbeziehung nicht ausgeschlossen. Wo finde ich sie?« Ja, wo? Ab 1978 in *Emma*. Hier eine beliebige Auswahl (aus Nummer 6/1979):

Raum Wi/Mz/Ffm.: Ich (40 J.) suche Kontakt zu lesb. Frau(en). Sind Sie 50 J. o. älter (unbegrenzt), wandern Sie gern und sind »vielseitig interessiert«? Bitte schreiben Sie mir. Chiffre 740.
Schweiz: Ich, 24, 160 cm, suche liebe, evtl. lesb. Freundin. Nach einer gescheiterten Liebe stehe ich psychisch vor dem Nichts. Suche Verständnis und Zärtlichkeit. Wohnort egal. Chiffre 753.
Raum Kleve: Ich, 26, lesbisch, des Alleinseins müde, suche liebe Partnerin mit eigener Wohnung. Bildzuschriften zurück. Chiffre 750.
Raum Nürnberg: Akademikerin, 43, sehr zurückgezogen lebend, sucht zuverlässige, naturverbundene, sehr zärtliche Lebensgefährtin. Ausführl. Zuschriften bitte unter Chiffre 741.
Krefeld: 38, 168, ICH bin ICH und SIE sind SIE, doch wo sind SIE?! Ich mag nicht mehr alleine leben! Leben heißt für mich: reden, Gemütlichkeit, Musik, lachen, essen, trinken, rauchen, zärtlich sein, trösten, ernst sein. Ich suche eine Partnerin, mit der ich etwas Schönes und Gemeinsames aufbauen kann. Chiffre 742.
Frau: Ende 50, sucht lesb. Partnerin, auch jünger, Chiffre 743.
Düsseldorf: Aktive, fröhliche Fünfzigerin sucht lesb. Freundin für gemeinsame Unternehmungen. Wandern, schwimmen, reisen, Musik, Literatur. Chiffre 744.
Raum Köln/Bonn: 40j., vielseitig interessiert, kfm. Angestellte, sucht unabhängige, liebevolle Partnerin, 29–36 J. Bildzuschrift unter Chiffre 745.
Hilfe! Brauche Liebe, Wärme, Geborgenheit. [88] Mitte 40, vielseitig interessiert, aufgeschlossen, bietet dauerhafte Freundschaft, Zärtlichkeit, Niveau. Alter unwesentlich. Bitte schreibe! Schweiz o. Umgebung. Amarcord. Chiffre 746.
Raum Köln: Bin 27, lesb., vollschlank, langhaarig, suche liebe Freundin mit vielseitigen Interessen zwecks dauerhafter Freundschaft. Chiffre 747.
Raum Aachen: 19j. sucht liebevolle Freundin für dauerhafte Beziehung. Chiffre 730.
Raum LS-Ha-Do: Ich, ruhiger Typ, 22 J., lesb., suche tierliebende, verständnisvolle Sie zum Aufbau einer zärtlichen Beziehung. Bildzuschriften unter Chiffre 731.
Suche liebe intelligente lesb. Frau, die aus dem pädagogischen Fachbereich kommt. Ich habe einen Reiterhof für Kinder und suche die richtige Partnerin, um alles gemeinsam machen zu können. Mindestalter 25 J. Bildzuschriften unter Chiffre 732.

Raum Bodensee: Suche sensible, liebevolle und lebensfrohe Freundin um 30 zum Zusammen-Gutfühlen, Lachen und Weinen, Reden und Reisen, eventuell Zusammen-Wohnen und -Leben, kurz: zum Zusammen-Sein. Bildzuschriften unter Chiffre 733.
Berlinerin, 37 J., wünscht dauerhafte lesb. Freundschaft. Die Partnerin soll ledig und ohne Kind sein, im Alter passend. Chiffre 738.
Raum Innerschweiz/Zürich: Suche feinfühlende, liebe Partnerin für Dauerbeziehung (Alter ca. 27–35). Bin 30, lesb., vielseitig interessiert, möchte mit dir Freud und Leid teilen. Chiffre 739.

Das restliche Jahr 1977 wird zwischen viel Gewalt- und Entrüstungs-Sex hingebracht . . . Gewalt in der Ehe. Immer wieder: Klitoris-Beschneidung, Vergewaltigung und sexuelle Phantasien (über Vergewaltigung). Offensichtlich zum Gefallen der Leserinnen. *Emma* kommt über die erste Runde. Eine Auflage von ca. 100.000 gedruckten Exemplaren pendelt sich ein. Dabei muß, wegen der niedrigen Auflage und der hohen Streuung (bis in den kleinsten *Spar*-Laden), eine hohe Remission in Kauf genommen werden. Doch dies spielt weiter keine Rolle, da die Kosten gering sind, insbesondere die Personalkosten.

Alices PR-Aktionen: Der Presserat als Werbehelfer

Alice hat es geschafft, das erste halbe Jahr zu überstehen. Daran hat nicht nur der Horror-, Sex- und Crime-Bereich seinen Anteil und nicht nur die gut gezielte Ansprache älterer und geschiedener Frauen, die gute Leser-Blatt-Arbeit. Das alles hätte nicht genügt, die Zeitung über die schwierige Anfangsphase zu bringen. Alice hat rechtzeitig zu einem Mittel gegriffen, das ihr aus ihrer ganzen bisherigen Karriere vertraut ist und auf das sie vertraut: Sie hat eine PR-Aktion gestartet, die das Blatt ins Gerede und in die Massenmedien bringen soll und die, sofern sich Tagespresse, Funk und Fernsehen daran beteiligen, eine Anzeigenwerbung, die Millionen kosten würde, ersetzen kann. (Unter normalen Umständen – um ein ganz neues Objekt auf dem Zeitschriftenmarkt zu starten und zu stabilisieren – ist eine solche Werbung notwendig. Kosten für eine Einschaltung in einer Illustrierten wie dem *stern:* ca. DM 40.000,–; für eine Einschaltung im *Spiegel:* ca. DM 27.000,–; $^3/_4$ Minute Einschaltzeit im Fernsehen: ca. DM 18.000,–. Die PR-Werbung hingegen ist eine Aktion, die keine oder nur geringe Kosten verursacht, an Wirksamkeit aber einem Werbeaufwand in Millionenhöhe gleichkommt.)

Die Bereitschaft der Massenmedien, für jemand kostenlose PR-Werbung zu machen, hängt von mancherlei unwägbaren Faktoren ab. Der (meist festangestellte) PR-Mann braucht sehr viel Fingerspitzengefühl (feeling) den richtigen Zeitpunkt (timing) und sehr viel persönliche Beziehungen (connections). Ist aber im PR-Geschäft erst einmal die Initialzündung gelungen, läuft die weitere Aktion fast automatisch ab. Jetzt ist die Sache eine Nachricht, an der die übrigen Massenmedien (auch die, zu denen keine guten »connections« bestanden, die die Sache lieber totgeschwiegen hätten) nicht vorübergehen können.

Beispiele für solche kostenlosen Werbeaktionen kennen wir aus Alices Lebensweg genügend: Die §-218-Aktion, die abgesetzte *Panoramm*-Sendung, das Fernseh-Streitgespräch mit Esther Vilar usw.

Besonders wirksam sind PR-Aktionen mit Wiederholungseffekt. Also Umfragen, auf die Monate später die Ergebnisse eintreffen, dann die Auswertung, dann womöglich die Vorlage beim Bundestag usw. Besonders beliebt sind auch Klagen, sowohl Zivilklagen (jederzeit möglich) als auch die (nicht immer erfolgreichen) Strafanträge an die Staatsanwaltschaft, die aber kostenlos sind. Strafantrag, Begründung, Verfolgung der Sache, endlich Gerichtsverhandlungen und Urteilsverkündung ergeben mehrere Presseberichte in einer Sache. Mit einigem Glück schließt sich noch ein Fernsehinterview oder Gespräch in dieser Sache an.

Alice ist die erfolgreichste PR-Frau der Bundesrepublik. Das Geheimnis ihres Erfolges: ihre guten »connections« zur Presse. Fast an jeder Schaltstelle sitzt ein verunsicherter, liberaler, oft genug vom schlechten Gewissen geplagter – Mann. Noch mehr als einst die neuen Linken der Apo genießt Alice den »Wohlwollens-Bonus« des Unterdrückten: »Ich als Frau«. Ihre Einschaltquoten, die Anzahl ihrer Klippings (= Presseerwähnungen, die ausgeschnitten, aus»geklippt« werden) und ihr Bekanntheitsgrad liegen nur geringfügig unter dem Ulrike Meinhofs. Sie pflegt diese PR-Werbung konsequent durch ständig wiederholte Werbefeldzüge.

Ihre erste Aktion, beim Auflagenrückgang im Mai 1977, ist eine quasi gerichtliche, eine Aktion im Zwischenbereich zwischen Strafgesetz und Standesordnung: Eine Beschwerde beim Deutschen Presserat über ein *Spiegel*-Titelbild. Das Pikante an dieser Beschwerde: Zur selben Zeit, in der *Emma*-Alice selbst die »Sex-Bremse« betätigt, klagt sie ein anderes Blatt an, das ebenfalls unter dem Vorzeichen der Entrüstung (»Kinder auf dem Sex-Markt – Die verkauften Lolitas«) ein Heft mit Sex verkauft.

Natürlich geht die Aktion durch die ganze Presse. Am 27. Mai 1977 geht folgende Beschwerde an den Presserat:

> Sehr geehrte Damen und Herren,
> der Titel des *Spiegel* vom 23. Mai 1977 zeigt ein 12jähriges Mädchen, nackt und mit allen Attributen ausgestattet, die üblicherweise Frauen zum Sexualobjekt degradieren. Uns scheint dieses Titelbild der vorläufige Höhepunkt einer durchgängig Frauen herabwürdigenden Berichterstattung. Besonders gravierend ist hier, daß es sich außerdem um ein Kind handelt. Wir sind der Ansicht, daß der *Spiegel* damit eine grobe Menschenverachtung manifestiert und die Grenzen der Pressefreiheit überschreitet.

Nun folgt eine Beschreibung des Entrüstungs-Sex', die haargenau auch auf *Emma* passen würde:

> Der sich moralisch entrüstet gebende Text im Innern des Heftes scheint uns keine Milderung zu sein, sondern eher eine Verschärfung. Denn so wird plump auf Auflagensteigerung spekulierende Pornografie als kritische Berichterstattung über ein gesellschaftlich beunruhigendes Phänomen verbrämt. Mit einem solchen Vorwand mißbraucht der *Spiegel* seine demokratischen Freiheiten als Nachrichtenmagazin. Er zögert nicht, mit einem grob sexistischen und Kinder mißbrauchenden Titel an den Kiosken zu hängen. Was in einer pornografischen Publikation direkt dargeboten würde, wird hier wie zum Hohn auch noch moralisch kaschiert. All dies scheint uns ein gravierender Verstoß gegen ein Minimum von journalistischem Anstand. Wir protestieren darum als Journalistinnen und als Frauen gegen diesen *Spiegel*-Titel und bitten den Presserat, dem *Spiegel* entsprechend unserer standesrechtlichen Richtlinien eine Rüge zu erteilen, damit solche Methoden nicht Schule machen.

Das Wunder – ein für Alice schon gewohnter Vorgang – geschieht. Obwohl die *Bunte,* die schon über den schnellen Tod von *Emma* falsche Prophezeiungen abgab, der Beschwerde keine Chance gegeben hatte (»spätestens seit der Aufforderung von Alice Schwarzer, dem *Spiegel* eine Rüge zu erteilen, dürfte feststehen, daß der deutsche Presserat natürlich auch für Witzbolde zuständig ist«), erteilt der Presserat dem *Spiegel* eine Rüge für das erfolgreiche Titelbild (Mehrverkauf ca. 80.000): »Im Interesse des Schutzes der Jugend mißbilligt es der Beschwerde-Ausschuß, wenn ein Kind in derart plakativer Form als Sexualobjekt abgebildet wird.«

Ein großer PR-Erfolg für Alice. Aber auch ein Prestigeerfolg. Wieder sind verunsicherte Männer aus einer »männerbeherrschten Institution« auf einen plumpen Werbefeldzug von Alice Schwarzer hereingefallen. Sicher haben bei der Rüge des Presserats auch andere Interessen eine Rolle gespielt. Man wollte in Kreisen der konservativen Presseratsmitglieder dem gefürchteten »linken« *Spiegel* mal eins auswischen. An einer Stelle, die dem *Spiegel* besonders peinlich sein mußte: Verzichtet er doch als fast einzige Zeitschrift fast ganz auf das Zugmittel Sex und schreibt das gern dem Konto Seriosität gut. Trotzdem: der Presserat hat sich dem Antrag des »Witzboldes« Alice angeschlossen. Alice wird ernstgenommen, da sie ja für *die*

Frauen spricht, für die jetzt jede Partei eine Arbeitsgemeinschaft, jeder Verlag eine Buchreihe und jeder Ausschuß einen Extrasitz einräumt.

Alice beeilt sich, das gewonnene Prestige noch dem Prinzip »Alles oder nichts« 1978 in eine noch gewaltigere PR-Aktion zu investieren – in die größte und erfolgreichste, die sie bisher unternommen hat und die am Ende die verkaufte Auflage von *Emma* in die sichere Höhe von fast 100.000 Exemplaren hochtreibt: Die Klage gegen die Titelbilder des *stern*.

»Wir Frauen« kämpfen gegen den *stern*

Das »Sommerloch« kennt Alice nun schon. Diesmal ist sogar der Handel auf die Werbekampagne vorbereitet. Rundschreiben des Vertriebs an die Großhandelsfirmen und die Einzelhändler machen auf den großen Widerhall des Prozesses aufmerksam.

Pünktlich zu Beginn des »Sommerlochs« starten die *Emma*-Frauen ihre Aktion. Diesmal gleich doppelgleisig: Einmal mit einer weiteren Beschwerde an den Presserat. (Da war schon einmal etwas durchgegangen. Diesmal soll nicht der Jugendschutz herangezogen werden, sondern die Rüge soll wegen der Verletzung des »sittlichen Empfindens aller Frauen« erteilt werden. Alice spekuliert ganz offen auf die Prüderie und Sinnenfeindlichkeit rechtskatholischer und konservativer Verleger und Journalisten, die unter dem Deckmantel des Schutzes der Jugend und des sittlichen Empfindens schon so manche Schlacht gegen die liberale und linke Publizistik geschlagen haben. Die Beschwerde wird übrigens später abgelehnt!) Zum anderen mit einer Zivilklage gegen den *stern* (§ 823 des Bürgerlichen Gesetzbuches: »Wer vorsätzlich oder fahrlässig das Leben, den Körper, die Gesundheit, die Freiheit, das Eigentum oder ein sonstiges Recht eines anderen widerrechtlich verletzt, ist dem anderen zum Ersatze des daraus entstandenen Schadens verpflichtet«).

Beschwerde und Zivilklage stützen sich auf die Titelbilder vom Juni 1977, März 1978, April 1978 und das vom 8. Juni 1978, das allerdings nur in einem Teil der *stern*-Auflage erschienen ist. Die Begründung, warum gerade der *stern* verklagt wird und nicht die zahlreichen auf dem Markt befindlichen reinen Sex-Blätter, die doch erst recht »Woche für Woche die Würde aller Frauen in den Schmutz ziehen«, liest sich etwas fadenscheinig: »Weil diese Magazine (*stern* und *Spiegel*) nicht offen die Haut der Frauen zu Markte tragen, sondern kaschiert.« Einleuchtender ist wohl die Begründung, daß eine Klage gegen irgendeine kleine Sex-Illustrierte nicht mal eine Drei-Zeilen-Meldung in der Presse ergeben hätte, eine Klage gegen den mächtigen *stern* aber die ganze deutsche Öffentlichkeit mobilisieren konnte.

Und sie spielen alle mit in Hamburg, wo der Sitz des *stern* und damit der Gerichtsstand ist. Alle. Da muß eine Rechtsanwältin gefunden werden, die den richtigen Aufhänger für eine Klage gegen ein Titelbild findet. Bald findet Alice sie: Frau Gisela Wild (Frau des Auslandschefs des *Spiegel,* Dr. Dieter Wild), eine »Expertin in Presserechtsfragen« (*Emma*). Das ist Frau Wild in der Tat. Allerdings anders, als Alice das angenommen haben wird. Frau Wild hat in der Hamburger Presseszene bisher Porno-Zeitschriften vertreten, in erster Linie die Billigprodukte des St.-Pauli-Verlages, die *St.-Pauli-Zeitung* und die *St.-Pauli-Illustrierte,* die sie vor der Bundesprüfstelle für jugendgefährdende Schriften, teils auch in Gerichtsverfahren vertrat. Oft hatte Frau Wild bei solchen Prozessen Gelegenheit gehabt, mit Temperament und persönlichem Engagement auf den emanzipatorischen, befreienden Charakter von Sexdarstellungen in Wort und Bild hinzuweisen. Von der Verletzung der Würde der Frau war nie die Rede gewesen, eher von der Verletzung der Rechte ihres Mandanten, unzensiert Sex-Zeitungen zu verkaufen. Jetzt aber findet sie für Alice »einen Weg«, die Klage vorzubringen, eine Zivilklage, der sich nach dem bewährten Muster der §-218-Aktion prominente Frauen anschließen. Es sind dies Filmregisseurin Margarete von Trotta, die Psychoanalytikerin Margarete Mitscherlich, die Schauspielerin Erika Pluhar, die Schriftstellerin Luise Rinser und das Fernseh-»Muttchen der Nation« Inge Meysel.

In der August-Nummer von *Emma* gibt Alice ganz offen zu, wozu die Prominenten benutzt worden sind: »damit die Medien stärker über die Aktion (!) berichten.« Ein Gerichtsverfahren als *Aktion.* Noch offener kann man gar nicht zugeben, wozu hier die Rechtspflege mißbraucht werden soll: Zu einer Werbeaktion. Die »Expertin für Presserechtsfragen« hatte die Klage so angelegt:

> Wir erheben Klage und bitten um Anberaumung eines Termins zur mündlichen Verhandlung, in dem wir beantragen werden, die Beklagten zu verurteilen, es bei Meidung eines vom Gericht für jeden Fall der Zuwiderhandlung festzusetzenden Ordnungsgeldes bis zu DM 500.000,–, ersatzweise Ordnungshaft bis zu 6 Monaten, oder einer Ordnungshaft bis zu 2 Jahren zu unterlassen, die Klägerinnen dadurch zu beleidigen, daß auf den Titelseiten des Magazins *stern*

Frauen als bloßes Sexualobjekt dargestellt werden und dadurch beim männlichen Betrachter der Eindruck erweckt wird, der Mann könne über die Frau beliebig verfügen und sie beherrschen.

Begründung:

Jede der Klägerinnen ist durch die vorgelegten Titelbilder als Mitglied der Gruppe Frauen persönlich betroffen und in ihrer Ehre verletzt.

Zur weiteren Begründung zieht Frau Wild ein Bundesgerichtshof-Urteil heran, das die Juden als beleidigungsfähige Personenmehrheit bezeichnete. Die Frauen seien ebenso wie die Juden eine Gemeinschaft, die »durch ein gemeinsames Schicksal der Diskriminierung zu einer Einheit verbunden« sei, nämlich dadurch, daß sie von der patriarchalischen Gesellschaft unterdrückt seien. Die »Frau« sei auf den Titelbildern so dargestellt, »als sei sie männlicher sexueller Lust jederzeit verfügbar . . .«

Eine absurde Klage, deren Absicht von allen durchschaut wird. Vor fünf Jahren hätte niemand sie vor einem deutschen Landgericht zugelassen. Diesmal aber spielen alle, alle mit. Das Thema »Frauen« ist einfach »in«. Selbst wenn man gegen die Klage ist. Dann will man eben seinen Spaß haben. Richter Engelschall, der damalige Vorsitzende der zuständigen Pressekammer, läßt die Klage zu. Vielleicht gefällt ihm ein solcher Prozeß mit seinem bundesweiten Presse- und Medienecho. Der Prozeß, mit seinen delikaten Assoziationen, wird im ganzen Land zum Party-Gespräch; Engelschalls Bonmots bei der späteren Urteilsbegründung machen ihre Runde durch die ganze Bundesrepublik.

Die Medien spielen ebenfalls mit. Schon einige Tage vor dem Prozeß läßt der Südwestfunk Alice 45 Minuten lang live mit Henri Nannen diskutieren. Interviews, Berichte, Kommentare, Glossen wiederholen pausenlos den Namen Alice Schwarzer und den Namen ihrer Zeitschrift *Emma.* Schon vor dem Prozeßbeginn ist die Werbeveranstaltung ein voller Erfolg: Augstein läßt sich zu einem Leitartikel herbei, die Teilnahme von »Muttchen« Meysel sichert dem Prozeß selbst bei den untersten Leserschichten volles Interesse; die *Bild*-Zeitung und alle übrigen Boulevardblätter informieren Millionen Leser.

Und selbst der *stern* spielt mit. Mit persönlichen Leseransprachen Henri Nannens und einer ganzen Titelseite geht er auf die Aktion ein. Auf der *stern*-Titelseite sieht man ein kleines Mädchen als Nackedei mit der vielbelachten Unterschrift: »Ich muß jetzt bald ein Höschen tragen, damit die Tanten nicht mehr klagen.« Obwohl Nannen öffentlich erklärt, das Ganze sei ein Trick, um die niedrige Auflage von *Emma* zu steigern, macht er mit bei der Auflagensteigerung. Warum? Er kann nicht mehr anders. Es ist das eingetreten, was das Ziel jeder PR-Aktion sein muß: die Aktion ist eine »Nachricht« geworden, eine Sache von allgemeinem Leserinteresse, von hohem »news«-Wert.

An dem Erfolg der Aktion ändert es nichts, daß die Klage, immerhin der erste Versuch nach dem Krieg, die Pressezensur in der Bundesrepublik wieder einzuführen, abgewiesen wird. Der prominente *stern*-Anwalt Dr. Senfft hatte den Klägerinnen schon in seiner Klageerwiderung bescheinigt: »Hier wird das Gericht von den Klägerinnen zu einer bloßen Werbeveranstaltung für die in ihrer Auflage sinkende Zeitung *Emma* benutzt«, und die Berechtigung der Emma-Frauen, für alle Frauen der Bundesrepublik zu sprechen, wird mit Hinweis auf die lesbische Schlagseite der Zeitung bestritten:

> Allein der Blick auf die Thematik und den Anzeigenteil der Zeitschrift *Emma,* um die sich die Klägerinnen gruppieren, wird das Gericht überzeugen, daß wir es hier mit einer ganz bestimmten Gruppe von Frauen zu tun haben, die in ihrem Verhältnis zum Mann anders reagieren als die überwältigende Mehrzahl der übrigen Frauen.

Mit etwas säuerlichem Humor wird hier der Erfolg der *Emma*-Werbewochen schon vorausgesetzt:

> Wenn dieser Rummel die Auflage von *Emma* fördert, so soll es den Beklagten und all den Frauen recht sein, die nicht beleidigt sind, wenn es Männer sind, die sie begehren.

Richter Engelschall läßt es sich bei der Urteilsbegründung am 26. Juli nicht nehmen, den klagenden Frauen süffisant sein Bedauern zu versichern, »daß die Klägerinnen nicht gewonnen haben«, und sie in eine ferne Zukunft zu veweisen: In zwanzig, dreißig Jahren würde den Klägerinnen vielleicht recht gegeben werden, aber jetzt seien ihm leider die Hände gebunden, denn er müsse nach dem Gesetz verfahren, und da allerdings sei die Klage abzuweisen, denn:

> Die Klägerinnen machen nämlich selbst nicht geltend, daß sie persönlich von den Beklagten in der von ihnen beanstandeten Weise abgebildet worden oder (hier macht der Richter bei der Verlesung eine Pause für die Pointe) einer der abgebildeten Frauen auch nur ähnlich seien[165].

Die Aktion ist beendet. Der Erfolg ist durchschlagend. Auch die Abweisung der Klage macht noch einmal einen Medienwirbel, der einem Gegenwert von ca. 3 Millionen Werbekosten entspricht. In *Emma* zieht Susanne von Paczensky (Leiterin der Rowohlt-Frauenbuchreihe) erfreut Bilanz: die *Emma*-Aktion war *das* Party-Gespräch dieses Sommers:

> Auslöser war die *Emma-Klage gegen den stern,* die weithin, an Mittagtischen und Badestränden, auf Sommerfesten und Arbeitsplätzen, zu heftigen Gesprächen geführt hat . . .

Emma kann nun ruhig in die Zukunft sehen. Die verkaufte Auflage steigt auf ihren heutigen Stand: ca. 100.000 verkaufte Exemplare.

Alice verteilt milde Gaben an sich selbst

Trotzdem bekommt der notleidende *Emma*-Verlag auch noch mildtätige Gaben, die nicht zu verachten sind. Denn da ist ja noch Alices einmal im Jahr erscheinender *Frauenkalender* (Umsatz 1978 bei 80.000 verkauften Exemplaren: DM 544.000,–), dessen Auflage ebenfalls gestiegen ist und der bei billiger Herstellung und geringen Unkosten weiterhin erhebliche Überschüsse ausweist. Diese Überschüsse, das ist ausgemacht, werden »ausschließlich« für Frauenobjekte ausgeworfen, meist als Kredit. Bei der alljährlich erscheinenden Liste der geförderten »Frauenobjekte« von 1977 finden wir, ohne Angaben über die Höhe der Beträge, folgende Namen: Frauenselbstverlage, Verlag Frauenoffensive, die Band Flying Lesbian und – *Emma*! Im nächsten Jahr 1978 sieht die Liste so aus: Verlag Frauenoffensive, die Band Flying Lesbian, der Amazonenverlag, die Selbstverlage und – der *Emma*-Verlag!

Einmal in Schwung, startet Alice immer neue PR-Aktionen, wenn auch keine mehr den durchschlagenden Erfolg der beiden *stern*-Aktionen (der Aktion § 218 *mit* dem *stern* und Klage *gegen* den *stern*) erreicht.

Ein Dauerbrenner auf lange Zeit ist sicher die Debatte über die Wehrpflicht für Frauen, die bereits im Juni 1978 (Sommerloch!) in *Emma* beginnt und durch ein überraschendes Plädoyer Alices für die Wehrpflicht Aufsehen erregt. Nach öffentlichen Äußerungen des Wehrbeauftragten Berghahn und anderer Politiker über die zurückgehende Mannschaftsstärke durch den »Pillenknick« und den möglichen Einsatz von Frauen kommt das Thema im Sommer 1979 (Sommerloch!) wieder hoch und führt zu immerhin zwei Fernsehsendungen für Alice sowie zahlreichen Pressemeldungen mit ihrer Stellungnahme. (Grundsätzlich sei die Wehrpflicht für Frauen zu bejahen, obwohl sie selber dann Wehrdienstverweigerin sein würde.) Eine ebenfalls im Sommer 1979 gestartete Aktion, »Frauen bürgen für Astrid Proll«, wieder nach dem bewährten Prominenten-Schema gestartet (diesmal sind Margarete Mitscherlich, Margarete von Trotta, Dorothea Sölle, Uta Ranke-Heinemann,

Helga Einsele, Susanne von Paczensky und Carola Stern dabei), erweist sich als ein »Flop« und erzeugt kein Echo. Alice hat aber vorgesorgt. In diesem Sommer gibt es noch eine PR-Aktion, die durch alle Massenmedien läuft, unter anderem sechs Minuten im Fernseh-Magazin mit der höchsten Einschaltquote, in *Monitor*: Der Prozeß gegen die Bratpfanne »Emma«. Wieder ist die Justiz für eine Werbeaktion eingespannt, und wieder geht die Spekulation voll auf: Alice verliert auch diesen Prozeß und gewinnt die *Monitor*-Sendung (geschätzte Kosten für eine gleichwertige Fernseh-Werbung im kommerziellen Fernsehen: ca. DM 300.000,–). Wieder das gleiche Bild: *Monitor*-Moderator Casdorf sagt Alice auf den Kopf zu, daß sie die ganze lächerliche Klage gegen eine Bratpfanne nur angestrengt habe, um Werbung zu machen, und – sendet diese Werbung. Alice streitet energisch ab, mit dem Prozeß ins Fernsehen zu wollen und lächelt in die Kamera. »Ihr dürft alles über mich sagen«, sagt ein angelsächsisches Sprichwort, »solange ihr nur meinen Namen richtig aussprecht.«

Emma ist eine Institution geworden. Wie der *Spiegel,* wie das Amt für Verfassungsschutz, wie die Bundesprüfstelle für jugendgefährdende Schriften. Sie beherrscht den Frauenmarkt und die feministische Szene souverän. Obwohl ihr die Radikal-Feministinnen mehr als einmal die Hölle heiß machen, ihr Verrat und Vermarktung der Frauenbewegung vorwerfen. Allen voran die Konkurrenzzeitung *Courage,* die, obwohl – in aller Eile – ein paar Monate *vor Emma* gegründet, bei rund 80 Prozent Remission (unverkaufter Auflage) ein kümmerliches, aber im radikal-feministischen Sinne »sauberes« Dasein fristet – arm, aber anständig! –, mit keinen Zugeständnissen an den Markt, das heißt einem primitiven Schülerzeitungs-Layout, ohne Aufmacher, gestaltete Vorspänne, Bildaufteilung, ohne den geringsten Sinn für Publicity und »gut getimter action«. Die ganze Diskussion »Wehrpflicht für Frauen« entdeckt *Courage* zum Beispiel ein Jahr nach *Emma,* nachdem die Äußerung des Wehrbeauftragen schon bekannt ist. Trotzdem entwickelt sich auch *Courage*, allein durch das Vorhandensein einer durchgesetzten Feministen-Zeitung am Kiosk langsam weiter und konnte sich als ein bescheidenes Schwesterchen bisher neben *Emma* auf dem Markt behaupten. Enttäuschte Radikal-Feministinnen, die die Reinheit der Lehre – und der Frauenliebe – bei *Emma* mehr und mehr vermissen, vor allem aber intellektuelle Frauen, Studentinnen und Akademikerinnen, denen es bei Alices simplen Vorführungen für die »vierstelligen Postleitzahlen« unbehaglich geworden ist, sie alle stellen ein langsam wachsendes Leser-Reservoir für *Courage.*

Emma aber bleibt die Marktführerin, so wie ihre Chefin »Führungsfigur« und Markenzeichen des bundesdeutschen Feminismus bleibt.

Daran ändern sich auch die immer schärfer und ausführlicher werdenden Angriffe der orthodoxen Linken aus dem DKP- und Volksfront-Lager nichts, mit denen diese auf das immer offenere Einschwenken Alices auf einen nicht-linken, ja sogar antimarxistischen Kurs antworten. Wieder geht es um die Unvereinbarkeit des Hauptwiderspruchs mit dem Nebenwiderspruch. Klassenkampf oder Geschlechterkampf bleibt die Parole, die Alice zugunsten des Geschlechterkampfs längst entschieden hat.

Schon im »*Kleinen Unterschied*« hatte Alice der »männerdominierten Linken« die Schuld am Scheitern der ersten Frauenbewegung gegeben, weil sie das Frauenproblem auf ein Klassenproblem reduzieren wollte. Hier steht das Klassenproblem aber noch gleichberechtigt neben dem Geschlechterproblem:

> Ja, es versteht sich, daß Frauenbefreiung sich nicht nur gegen das Patriarchat richtet, sondern auch gegen das Kapital; beides ist ineinander verflochten.

Dies ist etwa die Position des »Sozialistischen Feminismus«, den es bei uns kaum gibt, der aber in Frankreich und Italien, Ländern mit ausgeprägten sozialkritisch-kommunistischen Bewegungen stark ist. Die Haltung wird von Simone de Beauvoir so umschrieben:

> Früher glaubte ich, der Klassenkampf müsse dem Kampf der Geschlechter vorangehen. Ich bin jetzt der Meinung, daß sie beide gleichzeitig geführt werden müssen[166].

Aber schon im »*Kleinen Unterschied*« läßt Alice die Gleichwertigkeits-Theorie fallen:

> Nichts, weder Rasse noch Klasse, bestimmt so sehr ein Menschenleben wie das Geschlecht.

Alices Kampf gegen die Linken

Seit Alice eine eigene Zeitung hat, ist die Abkehr von den marxistischen Ursprüngen stärker geworden, sie drückt sich vor allem in einer ständigen Polemik gegen sogenannte linke Patriarchen, Funktionäre und Journalisten aus. Man versteht: die Idee ist gut, nur die Ausführung schlecht, das Volk nur verführt, die Funktionäre böse! Schon im Interview mit dem *Spiegel* hatte sie die »indoktrinierten Genossen und Genossinnen« beschimpft, sie verhielten sich schlimmer als jeder Rechte. Dort ist auch von ihren »linken Intimfeinden« die Rede.

Ihr Auftreten bei der Kaul-Veranstaltung über Nazis und KZ-Greuel haben wir noch gut in Erinnerung. Das war 1970. Wohin führt der politische Weg der »Führungsfigur« des Feminismus?

Erst mal weg von den marxistischen Klassikern. In einer Buchbesprechung im April 1977 verspottet sie den »sozialistischen Renommierfeministen August Bebel« und zitiert aus dem besprochenen Buch von Ursula Scheu (diese gibt übrigens Alices *Frauenkalender* heraus), vorzugsweise die antisozialistischen Passagen:

> »Solange die sozialistischen Theoretiker die geschlechtsspezifische Arbeitsteilung nicht total in Frage stellen, solange sie – wenn auch nur beschränkt – von biologischen ›natürlichen‹ Unterschieden zwischen Frauen und Männern ausgehen, kann auch ein solcher Sozialismus die Frauen nicht aus ihrer minderwertigen Stellung befreien«, kritisiert Ursula Scheu. Und sie geht noch weiter. Sie wirft den Genossen aktive Unterdrückung der Frauen vor: »Indem die neueren sozialistischen Theoretiker(innen) dogmatisch rezipieren, was nach wissenschaftlichen Kriterien überhaupt nicht mehr haltbar ist . . . (und) es vorziehen, die Klassiker in der Frauenfrage blind nachzubeten, tragen sie nicht unwesentlich zur Unterdrückung der Frauen bei.«

Inzwischen sind die linken Mitkämpferinnen von einst aus dem Kalender ausgeschieden. Im Juni 1978 wird auch die Redaktion von *Emma* ausgewechselt. In dieser Nummer schreibt Alice ihren Beitrag über die Wehrpflicht der Frauen. Im gleichen Heft veröffentlicht die Französin Christine Delphy ein grundsätzliches Bekenntnis zum radikalen Feminismus und grenzt ihn ab gegen einen Feminismus, der sich nur so nennt, »aber in Wahrheit antifeministisch« ist. Die linke Position wird nun »einseitig-terroristisch« genannt:

> Der radikale Feminismus hat auch zu den aktuellen politischen, vor allem den linken Strömungen Stellung bezogen. Er verbittet sich jede Bevormundung und hält manche Begriffe, manche Parolen für grundsätzlich falsch (so die Vorstellung von einem Haupt- und Nebenwiderspruch – für uns nichts als eine einseitig-terroristische Erklärung der Frauenunterdrückung ausschließlich durch den Kapitalismus).

Andere Feministinnen sind politisch längst weitergegangen. Bei denen geht der Kurs schon damals stramm nach rechts:

> Häufig erschreckt es uns, daß in der BRD es oft die CDU/DSU ist, die ähnlich klingende Analysen und Forderungen stellt. Dazu . . . müssen wir in unserem Umdenkungsprozeß lernen, daß selbst die linken Kategorien von links und rechts, fortschrittlich und reaktionär, vom Frauenstandpunkt aus sich verschieben . . . Links und rechts sind patriarchalische Einteilungen. Unsere Frauenpolitik setzt eben an ganz anderen Ebenen an[167].

Alice ist zu geschickt, um die frühere Position zu abrupt zu verlassen. Verbal ist sie zwar noch dabei – »für mich ist die Berechtigung des Klassenkampfs noch nie ein Problem gewesen« –, hat allerdings andere Sorgen: »Wir interessieren uns heute in erster Linie dafür, Frauen zu erreichen und nicht Genossen zu überzeugen, wie politisch wir sind[168].

Klassenkampf ist für sie ein Problem. Aber es ist nicht *ihr* Problem. Tatsächlich führt Alice einen *Rassenkampf* – gegen »die Männer«, und sie schreckt auch vor dem Wort Haß nicht zurück: »Hassen ist an sich noch nichts Negatives.«

Nebenbei wird die Auseinandersetzung mit den »linken Intimfeinden« weitergeführt, zum Beispiel in Form von Leser-Reportagen. Wie »Ich war Genossin« im Juli 1978. Marlies (18) war im kommunistischen Splittergrüppchen KBW organisiert. Auch dieser »intime Bericht« ist der *Neuen Revue* und der *Praline* entgangen:

> »Ach ja, und die linken Männer. Wenn man einen hatte, war man

angesehen, und je höher der Typ in der Organisations-Hierarchie, umso angesehener war man. Mir war's auch gelungen, einen ›abzubekommen‹. Er ist ein ziemlich hoher Kader, inzwischen dürfte er im Zentralkomitee sein. Die Beziehung zu ihm gehört zu den schlimmsten Erfahrungen meines Lebens. Er redete zwar immer hochtrabend von der Befreiung der Frau im Sozialismus und zitierte dazu Mao Tse-tung und andere Klassiker, aber privat war dieser ›Genosse‹ ein richtiges Schwein.
Im Bett war ich ihm recht, ich war eben jung und knackig, er ist elf Jahre älter als ich. Das Schlimmste war, daß, wenn ich etwas machte, was ihm nicht paßte, oder ihm nicht sofort folgte, er mich verprügelt hat. Und nachdem er mich verprügelt hatte, fickte er mich. Wenn ich nicht wollte, fickte er mich trotzdem. Ich habe mich auch nie getraut, etwas zu sagen, weil er war ja ein hoher Kader.
Man muß sich das mal vorstellen, ein hoher Kader, der dauernd von der Befreiung von Ausbeutung und Unterdrückung redet und dann so was. Als ob Frauen keine Menschen wären.«

Langsam setzt sich Alice auch von der SPD ab. Im Januar 1979 heißt es unter der Rubrik »Emma hat keine Lust zu lesen . . .« über das Buch *Frauen heute,* herausgegeben von Willy Brandt: »Frau merkt die Absicht (Brandt *ahnungsvoll:* ›Keiner weiß, ob uns nicht Experimente mit Frauenparteien ins Haus stehen‹).« Urteil von *Emma* über das SPD-Buch: »Nichts Neues also bei der CDU – pardon: SPD. Das Buch kann frau sich sparen. *Und die Partei vielleicht bald auch.*« Von jetzt ab sind die *Emma*-Frauen konsequent separatistisch:

Liebe Frauen! Eigentlich wollten wir heute abend alle auf die »Frauenfete« unserer SPD-Schwestern in Bonn gehen, großangekündigt seit Monaten: »Musik, Kabarett, Talk – ohne Mann und ohne Kind.« Wir waren schon ganz gespannt, wie die SPDlerinnen sich denn so ohne die Jungs, von denen sie ja gerade in Bonn übergenug haben, fühlen würden. Nun, wir haben uns zu früh gefreut. So ganz ohne Mann scheint's für unsere Bonner Schwestern noch nicht mal einen Abend lang zu gehen: »Ehrengäste«, so wurde im letzten Augenblick angekündigt, »sind die Herren Ehmke und Höfer.« Also, kein Fest heute abend, gehen wir eben zusammen einen trinken im »Kefka«, Hildegards Stammkneipe.

Im März 1979, während des Wahlkampfs in Schleswig-Holstein, greift Alice zum ersten Mal die SPD an. Sie zitiert – immer, wenn sie etwas noch nicht selber aussprechen will, zitiert sie andere – aufmüpfige SPD-Frauen aus Schleswig-Holstein:

> Eigentlich müßten alle Frauen jede Wahl boykottieren, solange sie nicht zu 50 Prozent in allen politischen Gremien repräsentiert sind. Und zwar sofort.

Die Genossin, die das sagt, möchte nicht genannt werden. Noch nicht. Später, als sie ihren Austritt aus der SPD verkündet, wird sie in *Emma* genannt. Jetzt aber greift man erst einmal die Arbeitsgemeinschaft Sozialdemokratischer Frauen (AsF) in der SPD an: Dort gibt es eine Frauenzeitschrift *Eva-offensiv,* und die empfiehlt ihren Leserinnen *Emma* zur Lektüre. Und *Emma* berichtet erfreut, daß die Frauen Krach mit der SPD-Spitze im linken Landesverband Schleswig-Holstein haben. Die AsF-Vorsitzende Edith Harbeck sagt, was Wasser auf *Emmas* Mühlen ist:

> Gemeinsam . . . Viele von uns können das schon gar nicht mehr hören. Frauen gemeinsam, ja, aber nicht mehr Hand in Hand mit Männern. Der Sozialismus verändert nichts für Frauen. Das war der Irrtum von Clara Zetkin. Feminismus ist der richtige Ansatz. Daß die Feministinnen es schwer mit der SPD haben, ist mir klar. Ihr Überdruß ist verständlich.

Hier hören wir schon wieder, wie ein dumpfes Grollen eines kommenden Gewitters, Andeutungen über eine »Frauenpartei«:

> Von politischer Alternative ist die Rede. Von der Möglichkeit, Konsequenzen zu ziehen. Von einer Frauenpartei gar – wenn die SPD-Männer sich als uneinsichtig und außerstande erweisen, auch die Frauen ans Ruder zu lassen.

Die Agitation hat ihre Wirkung nicht verfehlt. Bald nach der Wahl kommt es zum willkommenen Knatsch. Die stellvertretende Vorsitzende der AsF, Eva Rath, tritt aus der SPD aus. Ihren Schritt begründet sie im Juni in *Emma.* Wo auch sonst? Über Klaus Matthiesen, den linken Spitzen-Kandidaten in Schleswig-Holstein weiß sie: »Der Klaus ist genauso verlogen wie die meisten anderen Männer.« Realer Hintergrund: Eva Rath hatte bei der Wahl keinen sicheren Listenplatz bekommen. Jetzt also kann sie nicht mehr: Sie ist ausgetreten, »weil

Feminismus und SPD nicht zusammengehen«. *Emma* beeilt sich, das als einen Trend hinzustellen:

> Wie zu hören war, gibt es noch weitere Sozialdemokratinnen, deren Unzufriedenheit mit der Partei sich nicht mehr allein darauf beschränkt, die Veränderung zu versuchen. Das gedankliche Spiel mit dem Austritt ist für einige längst kein Verrat mehr an der Sozialdemokratie, an der Partei, sondern eine mögliche Alternative, weil sie sich von den Genossen verraten fühlen.

Mehr oder weniger unverblümt wird eine Frauenpartei anvisiert. Eva Rath sagt nämlich:

> Ich werde weitermachen, mich weiter für die Rechte der Frau einsetzen, ob in einer Frauenpartei oder in alternativen Bewegungen, wird die Zeit bringen. Ich halte es für ausgeschlossen, daß wir den erstarrten, verlogenen und unmenschlichen Parteiapparat aufbrechen können, und sehe eigentlich nur noch eine Chance in etwas ganz Neuem.

Eva Rath hat inzwischen, publizistisch unterstüzt durch Alices *Emma,* mit der Gründung einer bundesweiten Frauenpartei begonnen (*Emma,* November 1979).

Überrascht es nach all dem, daß Alice im gleichen Heft, zwar geschickt in Distanzierungen verpackt, ein Loblied auf die erste weibliche Ministerpräsidentin in Europa, Margret Thatcher, anstimmt, eine der wohl reaktionärsten politischen Figuren der westlichen Welt? Natürlich ist das ein kniffeliges Thema für Alice:

> Meine erste Reaktion war: mich drücken. Ein bißchen peinlich, das ganze. Ausgerechnet Thatcher . . . Doch dann begriff ich, daß auch wir uns dem Ereignis nicht entziehen dürfen. Immerhin: eine Frau als Staatschef.

Also ein Sieg des Feminismus? »Nein«, sagt Alice. Aber dann schränkt sie wieder ein: »Wenn ich schon unter Tories zu wählen habe, so ist mir eine Lady lieber als ein Mister.« Und Margret Thatcher wird trotzdem etwas Gutes für die Frauen bewirken:

> Allein ihre Existenz macht das bisher Unerhörte plötzlich denkbar.

Ja, auch eine Frau kann wichtige politische Aufgaben übernehmen, sogar die wichtigsten. Daß die zielstrebige Margret Thatcher diesen Schritt getan hat, könnte andere Frauen ermutigen.

Und nachdem Alice gerührt (Sisterhood ist blooming) Margret Thatcher zitiert hat (»Es kommt manchmal vor, daß ich still und allein ein paar Tränen vergieße, wenn ich abends nach Hause komme und tagsüber alles auf mich eingestürzt ist« – »Man stelle sich vor, Herr Strauß gestünde solches dem *Spiegel*«), kommt sie ziemlich unverblümt zur (reaktionären) Sache:

Auffallend allerdings ist, daß ausgerechnet eine Konservative es schaffte ... Ebenso auffallend, daß es auch in der Bundesrepublik Frauen, die selbstbewußt nach Höherem streben, in der CDU zum Beispiel etwas leichter haben als in der sich als emanzipationsfreundlich präsentierenden SPD.

Dafür gibt es viele Gründe, meint die Intimfeindin der Linken:

Progressive Politiker schließlich sind oft noch selbstgerechter als konservative. Linke gar halten sich für die Befreier der Menschheit, sind die letzten »Helden« – und damit auch besonders patriarchalisch.

Also schließt Alice ihr Loblied auf die Scharfmacherin des Nato-Bündnisses und Anhängerin des Kolonialismus, die sie schwesterlich, wie die *Bild*-Zeitung, schon »Maggie« nennt:

Maggie, die »es geschafft« hat, ist eine Ausnahme und wird es auch vorläufig bleiben. Aber sie zeigt Frauen, daß die Sterne am Himmel eigentlich auch für das weibliche Geschlecht nicht zu hoch hängen. Kein Königreich für alle Frauen, aber eine Ermutigung. Trotz alledem.

Schon 1975 hatte die DKP-freundliche Zeitschrift *Das Argument* ahnungsvoll über Alice Schwarzer geschrieben, ihr »eigentliches Anliegen« sei »die Entpolitisierung des Kampfes der westdeutschen Frauenbewegung um Gleichberechtigung«:

Welch anderes Ziel als Entpolitisierung kann die Autorin verfolgen, wenn sie von der Haltung der »männerbeherrschten Gewerkschaften« zu dieser Frage nichts anderes zu berichten weiß, als daß sie sich »weitgehend auf sporadisch höflichen Protest und längst überfällige Reformen, wie die Abschaffung von Leichtlohngruppen, beschränken«? (Für die Anerkennung des klitoralen Orgasmus sind sie vermutlich nicht zu mobilisieren[169].)

Argument-Autor Rudi Camerer unterstellt Alice Schwarzer, daß sie »das Ablenkungsmanöver bewußt durchführt«, und zitiert einen entlarvenden Satz Alices aus dem »*Kleinen Unterschied*«:

> Je mehr wir von der Männergesellschaft – je nach Schußrichtung – »bürgerlich« und »hysterisch« geschimpft werden, um so mehr sollten wir wissen, daß wir auf dem richtigen Weg sind[170].

Der Autor, ein strenggläubiger Linker, ist entsetzt und wittert, wie alle strammen Orthodoxen, eine Verschwörung des Imperialismus:

> Damit wären wir da angelangt, wo die Frauenbewegung, wenn es sie schon einmal gibt, im Interesse der Herrschenden zu stehen hat. Deshalb fragt es sich auch nicht mehr, warum die führenden Herren des S.-Fischer-Verlages (und die nicht allein) an der Verbreitung feministischer Schriften so großes Interesse zeigen, und das zu einem Zeitpunkt, da – trotz gewachsener Stärke der westdeutschen Linken – die Großverleger ihre linken Verlagsprogramme kürzen oder abstoßen[171].

Alice als Agentin des Monopol-Kapitals? Eine Mata Hari des Imperialismus? Zu viel der Ehre. Alice ist nur eine clevere Geschäftsfrau, die die Zeichen der Zeit erkannt hat. Weiß ich, was ein Reis ist, ich kenne nur seinen Preis. Sie kennt sehr genau den Marktwert der feministischen Bewegung und ihren eigenen Preis.

Terroraktionen – ja, bitte!

Sie sieht getrost in das Jahr 1980. Die Goldmine ist noch nicht erschöpft. Die Auflage von *Emma* ist stabil. Der *Frauenkalender* gedeiht. Die Wehrpflicht wird weiter diskutiert. Und der *stern* hat ihr den Gefallen getan, sie nun seinersetis wegen der irreführenden Behauptung, Nannen hätte den Artikel der Piwitt-Lebensgefährtin und *stern*-Redakteurin Ingrid Kolb wegen Frauenfreundlichkeit nach wenigen tausend Exemplaren aus dem Blatt genommen, zu klagen. Grund für Alice, eine gewaltige Solidaritätsaktion ins Leben zu rufen: Jetzt verklagt der *stern* »uns Frauen«!

Ein eventueller Wahlsieg von Franz Josef Strauß kann *Emma* nicht umwerfen, sind doch konservative Politiker nicht so selbstgerecht wie progressive. Und vielleicht findet sich in der CDU auch eine neue Identifikationsfrau, die den Feministinnen »Mut macht«. Auch die CDU hat schließlich tüchtige Damen.

Die Sache mit dem Klassenkampf ist für sie gelaufen. Der Rassenkampf dagegen, der Kampf der klitoris-gestählten, sexuell autonomen Frauen gegen die letzten Bastionen männlicher Herrschaft hat überhaupt erst richtig begonnen. Was sich die SDS-Frauen mit dem Hackebeilchen nur erträumt hatten, was einst Susan Sontag gefordert hatte: notfalls auch »Kommandoaktionen«, ist am Rand der feministischen Szene schon Wirklichkeit geworden. *Emma* sieht es mit »klammheimlicher Freude«.

»Kommando-Aktionen« der Frauen wurden schon am Schluß der Taschenbuchausgabe des »*Kleinen Unterschieds*« gefordert, auch da wieder als Zitat, diesmal von Susan Sontag:

> Militante Frauengruppen sollten Aktionen wagen, die im totalen Gegensatz zur Stereotype der Weiblichkeit stehen, ohne sich von der Angst vor den sexistischen Klischees einschüchtern zu lassen, die wollen, daß die Frau eine emotionale, unkontrollierte und distanzlose Kreatur ist . . .

Zu den nun folgenden Kommandoaktionen hat *Emma* nachweislich nie aufgerufen oder hat sie angestiftet. Sie macht nur deutlich, wo ihre Sympathien liegen. Im April 1977 werden die Walpurgisnacht-Demonstrationen angekündigt. Frauen gehen auf die Straße, um gegen Gewalt zu protestieren. Im März hatten sich Frauengruppen aus ganz Deutschland in München getroffen. Dabei hatte eine Gruppe aus Neu-Isenburg vom sogenannten »Fan-schén« berichtet, das kommt aus China und bedeutet »Umkehr, den Spieß umdrehen«. Frauen in den ersten Jahren der chinesischen Revolution hatten sich zusammengetan und prügelnde Ehemänner gemeinsam verprügelt. Die Neu-Isenburgerinnen machten es ähnlich: sie besetzten mit Gewalt die Wohnung eines solchen Ehemanns und zwangen ihn, sich auszuziehen – eine originelle Alternative zum Frauenhaus!

Im gleichen Heft sehen wir Bilder von einer Demonstration gegen Vergewaltigung in Berlin mit dem Transparent: »Entwaffnet Vergewaltiger!« Auf dem Transparent ist eine große Schere zu sehen und das Symbol der Amazonen, das Doppelbeil.

Da ist es wieder, das Beilchen von 1968! Diesmal ist seine Funktion eindeutig. Es wird nicht kommentiert in *Emma.* Ebensowenig wie die Schere. »Kastriert den Vergewaltiger!« heißt die Botschaft des Transparents. Es ist auch die Parole des Ku-Klux-Klan. Nicht nur die Parole. Kastration ist bei »Klan« auch die Praxis. Allerdings muß der Vergewaltiger ein Schwarzer sein und sein Opfer eine Weiße. Die Methode aber: Verstümmelung für Vergewaltigung ist die gleiche.

Es gibt noch viele solcher Berichte in *Emma.* Immer wird über die Aktionen in *Emma* nur berichtet. Sie, die sonst zu den verschiedensten Aktionen auffordert, hütet sich, dem offenen Femi-Faschismus das Wort zu reden. So erfahren wir nur beiläufig im Mai-Heft 1977, wie 400 Schulmädchen in Mailand einen Mitschüler, der eine von ihnen vergewaltigt hatte, sowie dessen unbeteiligten Freund zu Krüppeln schlugen:

> Die Schülerinnen vom Lyzeum Donatello griffen zur Selbstjustiz. Sie versammeltens sich auf einem Platz vor der Schule und stürmten auf ein verabredetes Zeichen hin. Lehrer, Direktor und Hausmeister waren in dem Moment alle im Lehrerzimmer und wurden dort von den Mädchen eingesperrt. Dann rannten sie in die Oberprima und holten Sergio heraus. Ein Freund, der ihm helfen wollte, wurde gleich mitgenommen. Beide wurden in einen Raum gezerrt, zwi-

schen zwei Schränke geklemmt und krankenhausreif gedroschen. Erst nach zwei Stunden gelang es einem der Lehrer, die Carabinieri zu rufen.

Der Kommentar *Emmas* ist eine Zeichnung: Zwei kleine Mädchen unterhalten sich. Die eine sagt: »Also, wenn du mich fragst, ich lerne schon jetzt Judo!«

Der nächste Fall ist ein literarischer. Literarisch wird auch seine Lösung vorgetragen. Schon lange beschäftigen sich Feministinnen mit Sylvia Plath, einer amerikanischen Schriftstellerin, die, schon mit 20 schizophren, schließlich durch Selbstmord aus dem Leben schied, nachdem sich ihr Mann, der englische Schriftsteller Ted Hughes, nach längerer Ehe 1963 von ihr getrennt hatte. Sylvia Plaths Bücher, ein autobiografischer Roman und ein Gedichtband, sind eben bei Suhrkamp erschienen, herausgegeben von ihrem Mann. Die amerikanischen Feministinnen haben Sylvia Plath zum Opfer ihres Mannes und der Männergesellschaft hochstilisiert. So erscheint in *Emma* nun, ganzseitig, folgendes »Gedicht« der Amerikanerin Robin Morgan, die direkt da anknüpft, wo Valerie Solanas aufgehört hat:

Ich beschuldige
Ted Hughes
dessen, was das gesamte englische und amerikanische
literarische und kritische Establishment
in großer Ausführlichkeit geleugnet hat
(ohne es jemals auszusprechen, natürlich):
des Mordes an Sylvia Plath.

Es reicht auch schon, ihn zu verurteilen
wegen körperlicher und geistiger Vergewaltigung, Untreue,
Entführung und Gehirnwäsche, verübt an ihren Kindern,
wegen Plagiats an ihrer Bildersprache,
wegen Unterschlagens ihrer enthüllendsten Anklageschriften
gegen ihren Gefängniswärter,
der ein Vermögen damit macht, ihr posthumer
Herausgeber zu sein,
und der selber, nebenbei gesagt, schreibt,
pubertäre, prahlerische Versgerinnsel,
aber
richtiges Blut an richtigen Händen.

Aber immerhin, wir Frauen ändern unseren Sinn häufig,
das ist unser Privileg.
Und so werden wir nach alledem, vielleicht auch nicht
Frieda und Nicholas[172] befreien,
und eines Nachts jene Türglocke läuten
um einzutreten, eine Schar schwärmerischer Verehrerinnen,
die ihm die Waffe nehmen, mit der er uns folterte,
sie in seinen Mund stopfen, seine poetasternden Lippen
drum rum vernähen,
und sein Gehirn ausblasen.

Wenn es nicht Literatur ist, die zum Terror auffordert, dann sind es anonyme Briefschreiber und Täter:

Frauen schreiten zur Tat. »Es gibt viele Möglichkeiten, sich gegen Frauenfeindlichkeit zu wehren, schreibt ihr zu eurer Presserats-Beschwerde gegen den *Spiegel.* Dies hier ist eine davon. Fortsetzung folgt.« Diese Zeilen schickten uns Hamburger Frauen zu dem Foto, das zeigt, wie sie gegen Sex-Shops vorgehen. Nämlich durch Plakate auf deren Schaufenster: »Geschlossen wegen Frauenfeindlichkeit.«

So fing es immer an. Die harmlose Schilderaktion: »Kauft nicht beim Juden!« oder »Jüdisches Geschäft!« war die Vorstufe zur Demolierung des Geschäfts, am Ende zur Auslöschung seines Besitzers. Was hier mit Schildern anfängt, wird im nächsten Heft mit einer Pudding-Aktion vor dem Bonner *Spiegel*-Büro fortgesetzt:

Vor dem Korrespondentenbüro des *Spiegel* in der Dahlmannstraße stoppten die beiden Wagen, und im Blitztempo warfen die Frauen über 2000 Magazine vor die *Spiegel*-Tür, schütteten die glitschige Grütze darüber und stemmten einen Plakatständer mit der Aufschrift »Rück-Spiegel« auf den *Spiegel*-Berg.

Emma-Kommentar:

Mit grüner und gelber Götterspeise verschmierte *Spiegel*-Exemplare landeten zu Tausenden vor der Bonner *Spiegel*-Redaktion. Eine Aktionsgruppe des Frauenforums protestierte damit gegen die frauenfeindliche Berichterstattung des Hamburger Magazins. »Eine Aktion zum Nachmachen!« finden die Bonnerinnen . . .

Sex-Shops mal so, mal so betrachtet. Von *Emma*.

Der nächste Schritt ist dann der Überfall auf Kölner Sex-Shops und die Zerstörung und Plünderung der Räume mit einem Schaden von rund 200.000 Mark durch eine Kölner Frauengruppe, die »Roten Zoras«. Wieder ist *Emma* nur am Schreibtisch tätig. Sie veröffentlicht (März 1978) nur das »anonyme« Schreiben:

> In der Karnevalszeit, wo die »Liebe« mal wieder hoch im Kurs steht und die Männer Frauen anmachen, haben wir uns auch mal unseren Weiberfastnachtsspaß erlaubt, nach der Devise: Mit List und Tücke hauen wir die Pornoshops in Stücke! Wir haben es nicht ganz so toll getrieben, nur ein bißchen Dr. Müllers Drecks-Shops ausgeräuchert.

Kommentiert wird die Aktion nur von einer Zeichnung, dem Zeichen-Strichmädchen Emma, das eine Sprechblase trägt:

> Hilfe – da überkommt mich ja klammheimliche Freude!

Bravo, Zora! Die Frau darf nicht zum Lustobjekt degradiert werden, das nach Belieben der Käufer zu handhaben ist. Jedenfalls nicht von Männern.

Denn Sex-Shop ist nicht gleich Sex-Shop. Im Juli 1979 bringt *Emma* einen schönen positiven Bericht über »Evas Garten«, der Welt einzigen Sex-Shop für Frauen. Da ist natürlich alles anders. Auch ideologisch abgesichert.

Warum heißt der New Yorker Sex-Shop »Eve's garden«? Sagt die Inhaberin:

> »Bevor Adam Eva unterdrückt hat, war sie stark, unabhängig und sexuell frei.« Diese Eva ist ihr Vorbild. Sie erzählt, wie sie gelernt hat, ihren eigenen Körper als eine Quelle der Macht und des Vergnügens zu erfahren.

Da ist alles viel netter als in den normalen Sex-Shops. Duftöle parfümieren die Luft, und es gibt viele hübsche Wässerchen, Puder, Schminken, auch Schmuck und Bücher.

> Aber auch knallharte Sachen. Der Natur nachempfundene »Dildos« – japanischer Herkunft – werden durch die Masse batteriebetriebener Massagestäbe ins Abseits gedrängt. Die auf schick getrimmten Ausführungen glänzen schwarz-golden und schwarz-silbern. Wer sich mit Motorengeräusch unterhalb des Bauchnabels nicht anfreunden will, dem kann ein hautfarbenes Plastikwerk zu Hilfe kommen, welches sich mittels Luftdrucks den wechselnden Bedürfnissen mühelos anpassen läßt.

Diesen Sex-Shop findet *Emma* empfehlenswert, denn er macht unabhängig vom Mann. Mit den Worten der Inhaberin:

> Der Vibrator ist die größte Errungenschaft seit der Erfindung des Rades; er ist niemals kalt, unrasiert, abweisend oder zu müde. Er ist immer da, wenn du ihn brauchst.

Klammheimliche Freude bei Gewalt zeigen die *Emma*-Frauen bei der Berichterstattung über zwei noch härtere Kommandoaktionen ihrer radikalen Schwestern in Wien und Berlin.

Vom Feminismus zum Femi-Faschismus

Februar 1979. Der Chefredakteur der Wiener Zeitschrift *Extrablatt,* eines Monatsmagazins für Kultur, Politik und Gesellschaft, das über keinen Sex-Teil verfügt, aber ausnahmsweise ein Pin-up auf der Titelseite brachte, wird in seiner Redaktion überfallen. Nach Dienstschluß dringen dreiundzwanzig, teilweise karatekundige Amazonen der Wiener Frauenzeitschrift *AUF* in die Redaktion ein. Irnberger wird gewaltsam entkleidet. Gegen seinen Willen werden Aktfotos angefertigt, die über Agenturen verbreitet werden. Der *Spiegel* läßt sich den »Witz« nicht entgehen. Ebenso druckt *Emma* die Bilder ab. Alices Kommentar ist diesmal eine direkte Aufforderung zur Nachahmung:

> Ob bundesdeutsche Medienmänner auch noch mal Anlaß kriegen, hintergründige Ulk-Aktionen von Feministinnen fürchten zu lernen? Ob *Spiegel* und Compagnons eines Tages das Vergnügen haben werden, ihre Chefredakteure in diesem ungewohnten Aufzug präsentieren zu können? Als *Playboy*-Bunny-Hasen zum Beispiel zu Ostern . . .

Die letzte Aktion dieser Art findet am harten femi-faschistischen Rand der Bewegung, in West-Berlin statt. Fünfzig Frauen überfallen dort den Kompagnon des RAF-Anwalts Schily, Rechtsanwalt Becker. Sein Verbrechen: Er hatte in einem Prozeß einen Mandanten verteidigt, der der Vergewaltigung beschuldigt wurde. Die betroffene Frau hatte die Anzeige wegen Vergewaltigung später zurückgezogen. Beide, sie und der Beschuldigte, stammen aus dem Berliner Dirnen- und Zuhältermilieu. Nachdem die Frauen die Kanzlei in ihrem Sinne durch Reizwäsche und Nuttenparfum und weiße Mäuse als »Zuhälterkanzlei« dekoriert haben, wird Rechtsanwalt Becker festgehalten und mit einem Schild um den Hals fotografiert: »Besuch bei Zuhälteranwalt Becker« und »Gefangener der Bewegung 12. Juni« (eine Anspielung auf die Entführungsfotos mit Lorenz). Ein Mann mit einem Schild um den Hals, gab es das nicht schon einmal? Nein, auf diesem Bild stand nicht: »Ich habe beim Juden gekauft« oder »Ich bin eine Judenhure«. Der Text lautete: »Ich habe einen Zuhälter verteidigt.« Es war kein Hakenkreuz auf dem Schild. Auf dem Schild stand groß und scharf das alte Symbol der Amazonen, das neue Symbol des Femi-Faschismus: das Doppelbeil.

Der Rand der feministischen Bewegung franst aus. Die Grenzen zum Faschismus verwischen sich. Was heute noch nicht ist, kann morgen schon Wirklichkeit werden. Schreibtisch-Frauen nehmen die Zukunft schon voraus, wie jene Robin Morgan, die dem Schriftsteller Hughes das »Gehirn ausblasen« wollte. Ein besonders schlimmes Beispiel literarischen Femi-Faschismus findet sich im *Frauenjahrbuch '76,* das im übrigen voll ist von Kastrationsphantasien, Männerhaß, Haß auf Schwangerschaft, Haß auf Kinder, die wie Vampire, Parasiten, Monster dargestellt werden. Dort findet sich auch die Kurzgeschichte »Situationen 1« von J. Monika Walther, ein Produkt der neuen, autonomen Frauenkultur.

Eine nicht mehr ganz junge Frau, die »mit Hautcremes und der Sonderbegabtenprüfung versucht, zu begreifen, warum sie ins Leere langt«, verläßt plötzlich am hellen Tag ihren Mann, statt ihm Essen zu kochen.

Am Abend kommt sie zurück und erklärt, sie habe ein Verhältnis mit einem anderen Mann (was nicht stimmt). Sie sagt ihm ins Gesicht: »Ich liebe dich nicht mehr, schon lange nicht.« Sie hofft, daß er sich betrinkt und Auto fährt. Sie hofft, daß er sich totfährt, sie räumt bereits seinen Schreibtisch und Kleiderschrank leer, schmeißt alles in den Mülleimer. Der Mann hat einen Autounfall und ist schwer verletzt. Sie fährt ins Krankenhaus und sagt: »Ich habe dich all die Jahre betrogen und nicht nur mit einem Mann.« Sie sagt, daß sie all seine Sachen auf den Müll geworfen habe. Dann stirbt der Mann:

> Beim vierten Anruf war Tom endlich tot, nach Auskunft einer Schwester. »Danke«, sagte sie. List wurde den Frauen ja zugeschrieben und anerzogen von den Männern, dachte sie. Vielleicht sind die Frauen aber auch klüger und weniger lächerlich.

Wie sagte doch Alice in der zweiten Nummer von *Emma:*

> Hassen ist an sich noch nichts Negatives. Im Gegenteil: die totale Unfähigkeit zu hassen und die totale Bereitschaft, hinzunehmen und zu leiden, ist sicherlich eine seelische Verkrüppelung . . . Da, wo es Anlaß gibt zu hassen, kann Haß auch ein durchaus positives, weil antreibendes und veränderndes Moment sein.

Kastration ist nur eine Übergangslösung!

Weiter geht *Emma* nicht. Sie ist schließlich das Organ der ganzen »Bewegung«. Der Femi-Faschismus hat in Westberlin ein eigenes Organ: die *Schwarze Botin.* Die Gründerinnen dieses Blattes, Brigitte Classen und Gabriele Goettle drohen in der ersten Ausgabe mit deutlichem Bezug auf Alice: »Die rücksichtsloseste Bekämpfung jener Frauen, die die übrigen für dumm verkaufen wollen und sich das von ihnen auch noch bezahlen lassen.« Hier wird das Erbe der toten Valerie Solanas gewahrt und ihr Geist zu neuem Leben erweckt. Darum lehnen sie den ganzen Kampf der bisherigen Bewegung als reformistisch ab, vor allem, konsequenter noch als Alice, »jede Zusammenarbeit mit den Linken«! Wenig hält man daher von den anderen Feministinnen. Eine Schwester aus der kommunistischen Splitterpartei KB zitiert Gabriele Goettle so:

> Wenn ich diese dummen strickenden Weiber, diese blöden Kühe im Frauenzentrum sitzen sehe, könnte ich mit dem Maschinengewehr durchgehen und alle ummähen[173]!

Ummähen oder Ähnliches ist natürlich auch den Männern zugedacht, wenn auch vorerst verbal. Die Amazonen sind los. Die Frauen, die noch schlafen, werden bald erwachen . . .

> Ich kehre zurück aus der Dunkelheit,
> seine Macht war nur mein Schlaf . . .
> In der Finsternis der zerstörten Städte
> treffen wir uns, um Gericht zu halten.
> Das Gesetz sind wir[174].

Die französische Feministin Hélène Cixous erläutert das in einem Interview mit der *Schwarzen Botin:*

> Wenn es eine Geschichte der Frauen gibt, so war das bis heute die Geschichte des Todes einer Frau, ihre Ermordung. Ich sehe nicht, wie man eine Ermordung wieder ausgleichen kann, wenn nicht durch einen Akt der Gewalt[175].

Grafiken und Collagen der *Schwarzen Botin* zeigen deshalb gern scharfe Trennwerkzeuge. So auf dem Titelbild der ersten Nummer. Auf ihm hantiert eine finstere Richterin mit dem Hackebeilchen. Und die Collage »Kastration war nur eine Übergangslösung« drei Frauen, die einen Mann unter der Guillotine halten und eine andere, die den blutenden Kopf eines Mannes in der Hand hält.

Der »Neue Zuchtstandpunkt« bietet auch eine Lösung für das Problem der Fortpflanzung in einer Welt ohne Männer an:

> Mehr als eine Million Frauen benötigen für ihre Fortpflanzung nicht mehr als einen Mann. Die fraueneigene Samenbank bietet deshalb geeigneten Bewerbern die Möglichkeit, ihren Samen unentgeltlich abzuliefern[176].

Alles nur Scherze, Literatur, Kabarett mit Kunstvorbehalt? Wie damals das »Burn, warehouse, burn«?

Schwerer als die grimmigen Verstümmelungsphantasien wiegen andere, ideologische Vorstöße. Sie führen in feministisches Neuland. Sie zeigen die Richtung an, in die die Bewegung abdriften könnte: So begeistert sich die *Schwarze Botin* für Ulrike Meinhof nicht, weil »sie früher einiges für die Frauenbewegung getan hat, oder . . . überhaupt irgend etwas getan hat, mit dem wir uns zur Not noch solidarisieren können«. Faszinierend an Ulrike Meinhof sei vielmehr dies:

> Als Anarchistin, die nicht mehr Mutter, Geliebte, Linke usw. war, konnte sie nur noch sich selbst durch ihren grenzenlosen Haß verwirklichen . . .[177]

Nicht mehr Mutter, Geliebte, Linke. Nur noch Haß!

Diese Botschaft der *Botin* weist in gerader Linie zurück auf Alice Schwarzer. Auch Alice lehrt den Haß:

> Es ist nicht an uns, uns von anderen Frauen, die ihre Gründe für Hysterie und Haß haben, zu distanzieren. Ihr Haß und seine Ursachen sind auch unsere Sache.

Auf der Suche nach Objekten für den Haß findet Alice Schwarzer noch etwas Neues, den »Mutterhaß«. Gemeint ist eigentlich Kinderhaß, jene ungeduldige Nervosität vielbeschäftigter überarbeiteter Mütter, die manchmal »ihr Kind am liebsten mit dem Kopf gegen die Wand donnern« würden. Natürlich nicht im Ernst. Alice aber meint es ernst, und durch zahlreiche Fälle von Kindestötungen belegt sie dieses Umkippen des Mutterinstinkts in Mord oder Totschlag. Kindestötungen dieser Art werden von *Emma* mit großem Verständnis und viel mildernden Umständen betrachtet und kommentiert: »Mutterliebe ist allzu oft Mutterhaß.« Früher war man überhaupt mit den Kindestötungen nicht so pingelig – wie interessant darüber zu plaudern:

> Wie war es früher mit den natürlichen Qualitäten der Frau, der »Mutterliebe«, dem schützenden »Mutterinstinkt«?
> ○ In matriarchalischen Gesellschaften war Kindestötung eine tolerierte Form der Geburtenregelung!
> ○ Auch bei den Germanen wurden Kinder getötet, die überflüssig schienen.
> ○ Abtreibung scheint erst eine Folge des Kindestötungsverbots zu sein, da sie für die Gesundheit der Mutter gefährlicher war und auch den Milchfluß, der bei Tötung des Neugeborenen den früher geborenen Kindern zugute kam, nicht einleitete.

Dieser Text stand nicht in der *Schwarzen Botin*. Auch nicht im *Stürmer*. Er stand in *Emma*. »Ist Mutterliebe angeboren?«, fragt das nächste Heft. Nein, antwortet Alice Schwarzer im Leitartikel: Mutterliebe ist terroristisch:

Der terroristische Anspruch der »Mutterliebe« verbietet jeder Frau das Eingeständnis ihrer Ambivalenz, ihrer Widersprüche. Dabei ist es nun einmal eine Realität, daß Mutterschaft unter den heutigen Bedingungen Frauen weitgehend versklavt.

Daraus resultiert der Mutterhaß, aber »welche Frau kann es schon wagen, sich diesen Haß einzugestehen«?

Diese Funktion übernimmt, ohne Kind, ohne Mann, ohne Schwangerschaft, stellvertretend für alle, Alice Schwarzer. Sie spricht ihn aus. Aus diesem Haß bezieht sie die Aufforderung zur großen Verweigerung.

Die Aufforderung richtet sich an alle. Keine tut es aus Lust. Alle tun es aus Angst. Alle sind unterdrückt. Die Frauen, die zufrieden sind, wissen nur noch nicht, daß sie unzufrieden sind:

Wir müssen uns auf die Suche nach unseren Bedürfnissen machen und wagen, sie auszusprechen – und da, wo wir keine haben, müssen wir die Ursachen dafür sehen und – solange sie sich nicht ändern – unser Recht auf Verweigerung begreifen[178].

Wenn die Theorie die Massen ergreift, wird sie zur materiellen Gewalt.

Alice will ihre Schriften als Anweisungen zum praktischen Handeln begreifen:

Für die meisten Leserinnen . . . war und ist *Der kleine Unterschied* ein entscheidender Anstoß zum Nachdenken, oft sogar zum Handeln. Darüber bin ich glücklich[179].

Ich bin überzeugt, daß für die meisten Frauen sexuelle Befreiung als erstes Selbstbesinnung bedeutet. Besinnung auf das, was man selbst eigentlich will. Und das hieße sicherlich für viele zunächst einmal Verweigerung. Vielleicht auch für eine Zeitlang Asexualität. (*Emma* Nr. 19, 4/1977.)

Verweigern, verweigern, verweigern. Partnerschaft – daß »frau« nicht lachen muß! »Niemand würde zum Beispiel von Luxemburg und den USA als Partnern reden.« Die Frauen müssen sagen können: »Jetzt gehe ich! Und sie müssen das auch tun können.«

Hau ab! Weggehen, Scheidung, Asexualität, Selbstbefriedigung, Massagestab, Frauenliebe, Retortenbabys, Gebärstreiks; denn es ist denkbar geworden, »daß eines Tages rebellierende Frauen diese männerdominierende Gesellschaft sogar durch Gebärstreiks lahmlegen könnten«, schwärmt Alice von den »Möglichkeiten einer künstlichen Gebärmutter«, in der das »für den Fötus notwendige Klima von Impulsen und Eindrükken künstlich zu schaffen« wäre. In dieser Welt des Dr. Frankenstein wäre das Glück vollkommen:

> Durch die biologische Trennung des scheinbar unlösbaren Mutter-und-Kind-Bandes, dieser ideologischen Nabelschnur, könnte eine der letzten Bastionen der Männergesellschaft erschüttert werden.

Utopie, Horrorfilm, Wahnsinn? Nein, kühle Methode! Nahezu alle Protokolle des »*Kleinen Unterschieds*« enden mit einer Trennung, einer Scheidung.

Scheidung: »Jetzt gehen die Frauen« heißt eine Titelgeschichte von *Emma* (Mai 1978). Scheidungsberatung als Lebenshilfe ist in fast jedem Heft zu finden: Scheidungsrecht, Scheidungsgründe, Scheidungsanwälte, Scheidungsberatung, Scheidungsgruppen, Scheidungsromane, Scheidungslieder, Scheidungslyrik.

Nur das Thema Scheidungs*waisen* war nie ein Schwerpunktthema in *Emma*. Aber Mutterliebe ist ja nur Unterdrückung. Oder sogar Haß. Wo gehobelt wird, da fallen Späne. Sollen die Kinder doch froh sein, daß es ihnen nicht so geht wie den überzähligen Babys der Germanen.

Den Geburtenrückgang in der Bundesrepublik erklärt Alice als Folge eines von den Feministen ausgehenden »Gebärstreiks«. Damit dürfte sie unrecht haben. Leichtere Kontrollierbarkeit der Kinderzahl durch Pille, Spirale und Abtreibung und Konzentration auf einen hohen Lebensstandard dürften die wahren Gründe sein.

Die Zunahme der Scheidungen aber, besonders der von Frauen eingeleiteten, die Zahl der Trennungen und Ehebrüche, die von Frauen ausgehen, kann Alice sicher auf ihr Konto verbuchen. Auf ihres und das der anderen Schwestern vom radikalen Feminismus.

Die Unzahl von Ehen und Verhältnissen mit verunsicherter Sexualität und unfrohem, sich gegenseitig belauerndem Zusammenleben, von Menschen, die nächtelang über den Orgasmus diskutieren, statt ihn zu erleben, von Städten voller instinktunsicherer Roboter, die am Abend lustlos zum Orgasmus-Trimtrab aufbrechen – den Ruhm, diese schöne neue Welt erzeugt zu haben, teilt sich Alice mit Oswald Kolle.

So ist die Bilanz von zehn Jahren Feminismus nur für Alices GmbH eine positive.

Im übrigen Land aber sieht es aus, wie es eben nach einem zehnjährigen Krieg aussieht. Rauchende Trümmer, verbrannte Erde, Tabula rasa. Geschleifte Helden und zerstörte Mauern ...

Wir reiben uns die Augen. War alles nur ein Traum, eine Halluzination? Ein Spukgebilde, das uns einen Augenblick lang genarrt und sich wieder aufgelöst hat? Eben war es noch da, und alle haben es gesehen. Schon ist es undeutlich geworden und fast verschwunden. Nur die Erinnerung bleibt deutlich. An Namen und Ereignisse, die gewesen sein sollen.

Der Sturm ist vorüber. Die Wellen haben sich geglättet.

Und die Bilanz nach Flut und Ararat?

Zurück blieben ein paar Hundert in jeder Stadt, ein paar Tausend Feministinnen der vordersten Front in allen Großstädten. Sie geben sich anders, sie gehen anders, sie kleiden sich anders als die übrigen. Sie tragen unten geschlossene Pluderhosen und keine Jeans. Sie bevorzugen die Farbe Lila. Sie tragen das zweigeschliffene Hackebeilchen oder die anzügliche Rasierklinge an der Brust, wenn sie, spätestens ab fünfundzwanzig Jahren, das Bedürfnis danach verspüren. Sie wollen nicht hübsch sein, sie machen sich nicht zurecht, außer für ihresgleichen. Sie sprechen eine unverwechselbare Sprache, eine ruppige, rührende, angestrengte Sprache, die übriggeblieben ist von den großen Zeiten des politischen Aufbruchs. Sie sagen angestrengt und besonders laut »Scheiße« und »Kacke«, und wenn sie, trotz ihres meist unansehnlichen Aufzugs, ein Mann auf der Straße ansieht, bleiben sie stehen oder halten ihr Auto an, kurbeln die Scheibe runter und schreien den Interessenten an: »Was is denn, Macker? Is was? Hau ab, du Arsch!«

Ist nichts geblieben als sie, ein Häuflein mißgelaunter, schlampig angezogener, ihre Kinder mißmutig herumzerrender Frauen, die alle so aussehen, als hätten sie gerade Ärger mit dem Finanzamt oder Liebeskummer oder eine chronische Blasenentzündung?

Was war nun Feminismus, und was wird er sein?

Hat er etwas bewirkt, etwas hinterlassen? Wem hat er genützt? Wenigstens seinen Anhängerinnen? War da ein Sprung, eine Zäsur, eine Trennungslinie? Hat er eine neue Epoche eingeleitet, einen neuen Abschnitt der Geschichte?

Oder wird er eingehen in das Reich der sinnlosen Sehenswürdigkeiten der Geschichte? Wie die Mißgeburten und Fehlentwicklungen der Natur, wie der Prontosaurus und die 40zähnige Flugechse, die wir in Museen und dickleibigen Nachschlagewerken bewundern können. Oder wird er nur im Lexikon der Kuriositäten aufscheinen, zusammen mit dem unsinkbaren Schwimmanzug oder dem Fahrrad mit den übergroßen Reifen?

Oder wird man unsere Epoche eines Tages darstellen als die Zeit, in der Karl Marx, Sigmund Freud und Alice Schwarzer lebten und lehrten?

Was waren das für Menschen, diese Alice und ihre furchtlosen Schwestern? Waren es Propheten oder Spinner? Treibsand im großen Zivilisationsgetriebe oder Vorboten einer kommenden Zeit? Woher kamen sie, was trieb sie um?

Überall in unserer zivilisierten Betonwüste, im Dickicht unserer Großstädte laufen Verrückte herum und suchen Anhänger: Guru-Jünger, Drogen-Apostel und Anhänger der fleischlosen Ernährung. Menschen, die das Heil in der transzendentalen Meditation suchen oder bei der Kommunistischen Partei Albaniens. Menschen, die alle Energie in ihren Daumen konzentrieren können oder Tote beschwören. Menschen, die Körner essen oder japanische Kugelfische oder ihre eigenen Exkremente. Menschen, die sich in Gummiwindeln legen lassen oder in Ketten, die sich Nadeln durch die Brustspitze stechen oder Bomben in Straßen-Cafés werfen. Menschen, die mit dem Jenseits in Verbindung stehen oder mit dem Superterroristen Carlos. Oder solche, die einfach fliegen können, abheben von unserer irdischen Oberfläche und vom Gesetz der Schwerkraft, wie der Chefredakteur eines bekannten Satireblattes.

Was sie auch verkünden, ein paar hundert Anhänger werden sie in jeder Großstadt rekrutieren. Unsere Städte sind voll von Neurotikern und Psychotikern, von Einsamen und Frustrierten, Häßlichen, Verkrüppelten, seelisch oder psychisch Verletzten, Gedemütigten und Zukurzgekommenen. Wen sie gerade zuerst treffen, dem folgen sie. In die Geborgenheit einer Gruppe, einer Sekte, einer Gemeinschaft. Bloß nicht allein sein. Irgendwo Mitmenschen spüren und ihre Nähe: Stallgeruch, Nestwärme, Familie.

Wenn sie zufällig auf einen treffen, der verkündet, daß alles Unglück der Welt durch das Essen von Hühnereiern bewirkt wird oder durch das Tragen von Büstenhaltern, so werden sie ihm nachfolgen. Oder sie werden jenem nachfolgen, der Hare Krischna singt oder aus den Sternen liest oder ihnen die Wiedergeburt verheißt oder sie auf die Reise schickt mit Shit und Stoff und Koks und Tinke oder den Gedanken von Stalin oder Enver Hodscha.

Zehntausende Frauen gingen auf die Reise, die ihnen die Feministinnen vorschlugen. Gingen den Weg der Verweigerung, der Trennung, der Scheidung. Sie sind nun angekommen in dem neuen unbekannten Land, bei sich selber, bei den Frauenbeziehungen, die echt mehr bringen, bei den Gruppen, den Wohngemeinschaften, den eigenen Lebens- und Liebesbeziehungen. Wir wissen nicht, ob sie sich glücklicher fühlen als vorher, glücklich wie die vielen anderen Aussteiger aus der Gesellschaft.

Wer aber waren sie selber, die Prophetinnen der Unlust, die Rattenfängerinnen mit dem Hackebeilchen und der Absaugpumpe? Woher kamen sie, aus welchem sozialen und gesellschaftlichen Umfeld? Aus welchem Unbehagen speiste sich ihr Zorn, ihre Prüderie, ihre Entrüstung?

> Was sind das für Frauen, die sich verachtet fühlen, wenn Männer sie als »Lustobjekt« betrachten? Das sind Frauen, die mit ihrem seelischen Bewußtsein in ihrem Körper nicht recht beheimatet sind, weil eine leibfeindliche Erziehung sie davon abgehalten hat, sich als vitale Person zu akzeptieren. Sie wurden statt dessen auf ein Höheres, Geistiges, Seelisches hingelenkt, das nur der idealistische Ausdruck für eine Frontstellung gegen die Triebe ist. Von solchem Ressentiment sind gerade auch unsere Feministinnen noch nicht frei. Und das behindert die Befreiung des Mannes zu unbefangener Zärtlichkeit.
>
> Es ist eine stete Klage der Feministinnen, sie würden von den Männern nur als »Lustobjekt« behandelt. Das ist aber kein Wunder bei all den Frauen, die selber von ihren Eltern nicht zum *Lustsubjekt* erzogen worden sind. Das gegen körperliche Berührungen allergische, von den Männern »zickig« genannte Mädchen denkt aber gar nicht daran, den Grund für das stete Mißglücken seiner sexuellen Beziehungen im eigenen Werdegang zu suchen. Es ist vielmehr

froh, daß die modische Strömung »Feminismus« ihm die Möglichkeit gibt, eigene Unzulänglichkeiten aggressiv auf die Männer zu projizieren und am – jeweiligen – Mann abzureagieren. Gefangen in seinen Verklemmungen, sieht es sich dank einer Politisierung millionenfacher Nöte geknebelt von »Machtanspruch« und den »Unterwerfungspraktiken des Mannes«[180].

Diese Sätze stammen aus dem Buch *Ohne Lüge leben* des Soziologen Arno Plack. Wenn Arno Plack recht hat, dann stammen die meisten aktiven Feministinnen aus einem lustfeindlichen, prüden elterlichen Milieu. Weil sie selber nicht zu Sinnlichkeit und Zärtlichkeit erzogen wurden, wurden sie lustfeindlich und unzärtlich und reagieren entsprechend verständnislos auf das männliche Triebverlangen.

So verstanden sie sich und alle anderen Frauen als passives, gedemütigtes »Lustobjekt«. Lustobjekt, das sie selber nicht sein konnten wegen des Fehlens objektiver Voraussetzungen (psychischer oder physischer Art), sollte von nun an keine Frau mehr für einen Mann sein.

Hier aber stieß der Feminismus auf seine natürlichen Grenzen. Hier machte die große Mehrheit der Gesellschaft nicht mehr mit. Denn welche Frau – und auch welcher Mann – möchte *nicht* Gegenstand der Lust des Geliebten – der Geliebten – sein? Und wie sollte sie – oder er – überhaupt auf die Idee kommen, daß es schädlich ist, Objekt der Lust zu sein, wenn es doch gerade ihr – sein – Ziel war, das einzige Objekt des Geliebten – der Geliebten – zu sein? Hier stellt sich der Feminismus gegen die Natur selbst, und die Aufforderung Shulamith Firestones, die Natur zu ändern, hat eine verteufelte Ähnlichkeit mit jener verbitterten Äußerung des deutschen Philosophen: »Schlimm für die Tatsachen!«

Wenn wir alle Symptome addieren, die Summe aller Fallgeschichten, aller von den Feministen selber veröffentlichter Lebensläufe ziehen, so sehen wir in der ganzen westlichen Welt Gruppen frigider, sexuell nicht besonders anziehender und deshalb frustrierter und schlecht gelaunter Frauen aufbrechen, um ein Problem, eine agitierbare Gruppe von Menschen, ein revolutionäres Objekt zu suchen. Ein real existierendes Elend, in dessen Bekämpfung sie ihre eigenen Aggressionen und ihren eigenen Zorn einbringen könnten. Eine unterdrückte, gedemütigte Gruppe von Menschen, für die sie Stellvertreterkämpfe führen könnten. Ein objektives Problem als Ersatz für ihr eigenes kümmerliches, wenig attraktives Problemchen.

Sie fanden die Gruppe in der Millionenschar der abhängigen Ehefrauen der Unter- und Mittelklasse, deren Problem seit Beginn der Industrialisierung immer gewachsen war, die seit mehr als einem Jahrhundert von dem Prozeß der Warenproduktion abgekoppelt waren und keine gesellschaftliche Arbeit mehr verrichteten. Die in der rudimentären Institution »Kleinfamilie« mehr dahinkümmerten als menschenwürdig und sinnvoll lebten und deshalb zu jenen parasitären Halb-Prostituierten verkommen waren, als die Esther Vilar sie beschreibt. Es ist das historische Verdienst der Feministinnen, dieses Problem, wenn nicht gelöst, so doch öffentlich gemacht zu haben.

Wenn der radikale Feminismus wirklich nur eine Revolution der Verklemmten war, eine Rebellion der Verkniffenen, ein Aufstand der frustrierten Tucken – wäre dadurch das Elend der geschlagenen und verspotteten, der zu Schwangerschaften und Abtreibungen gezwungenen, der unterbezahlten und unterprivilegierten, der außerhalb und innerhalb der Ehe vergewaltigten und geschurigelten Frauen kleiner geworden?

Wann hätte es je für die Geschlagenen und Getretenen, die Kranken und Alten, die Häßlichen und Entstellten etwas ausgemacht, daß ihre Vertreter ebenfalls häßlich und entstellt waren? Waren es nicht gerade die Unansehnlichen und Ehelosen, die die barmherzigen Orden gründeten?

Die geschlagenen Frauen in den Frauenhäusern und die Frauen auf der Suche nach einer Abtreibung auch noch im vierten Monat konnten sich nicht aussuchen, von wem sie sich helfen lassen wollten.

Sie hatten niemand, der ihnen sonst geholfen hätte. Außer den Frauen in den Frauenhäusern und den Frauengruppen, die ihnen ein geschütztes Obdach und eine Zuflucht und doch noch einen Arzt oder eine Klinik vermittelten. Die verzweifelten, sprachlosen, aus tiefster Einsamkeit kommenden Geschlagenen und Geschiedenen, die Verstoßenen, jene, die zu alt oder zu jung waren, konnten sich die Menschen, die ihnen die erste Hilfe anboten, nicht aussuchen. Sie konnten nicht dagegen aufbegehren, daß auf allen karitativen Stationen sogleich heuchlerisch und anbiederisch die lesbische Missionstätigkeit sich entfaltete. Daß es Frauen vom Schlage Alice Schwarzers sind, die sich ihrer erbarmten und dieses Erbarmen sogleich zu Geld machten.

Sie können sich keine Kritik an ihren Helfern erlauben, weil die Feministinnen die einzigen sind, die ihnen helfen, und nicht ihre Ehemänner, nicht die Kirche und die Behörden, und auch nicht die Parteien.

Freilich wissen wir, daß die Feministinnen Probleme der unterdrückten Frauen nicht mehr interessieren, als die Nazis das Elend der arbeitslosen Massen interessierte. Daß die Ziele, die sie erreichen wollen, mit den Interessen der Massen ebensowenig zu tun haben, wie die Interessen der Arbeitslosen von 1932 mit denen der NSDAP zu tun hatten. Daß hier ein Agitationsfeld für ganz andere, verhängnisvolle oder wahnwitzige Ziele gesucht wird, meine ich belegt zu haben.

Nie dürfen wir glauben, das Elend und die Würdelosigkeit, in der Millionen Frauen leben, beseitigen zu können, indem wir den radikalen Feminismus bekämpfen. Der Radikal-Feminismus, einschließlich seiner femi-faschistischen Variante, ist ebensowenig bösartig oder pervers wie ein Fieberthermometer, das auf 40 Grad hochschnellt, oder ein Geigerzähler, der uns die verseuchte Umwelt signalisiert.

Dieser weniger ärgerliche als lächerliche, jämmerliche und traurige Feminismus ist nicht Ursache, sondern vor allem *Ausdruck* des Zerfalls unserer ökonomisch nicht mehr nützlichen Großfamilie und der jahrtausendealten Rollenverteilung, mit der unsere Zivilisation bisher überlebte und die nun neu definiert werden muß. Es war eine patriarchalische Kultur und Zivilisation – eine andere ist uns nicht bekannt geworden. Die matriarchalischen Reste gehören sämtlich einer vorhistorischen Epoche der Menschheit an. Eine Rückkehr zu ihnen wird es ebensowenig geben, wie eine Rückkehr zum Faustkeil und zur Knochenkeule.

Eine neue Partnerschaft, in einer neuen Zivilisation, wird definiert und erprobt werden müssen. Der radikale Feminismus wird mithelfen, das überholte Alte schneller niederzureißen und damit den Weg freizumachen für diese neue Definition der Rollen von Mann und Frau, die sich in einer neuen Auffassung von Partnerschaft und Liebe annähern und umfangen werden. In jener leidenschaftlichen Heftigkeit und Ausschließlichkeit, die bisher den großen Liebenden der Literatur vorbehalten blieb. Als eine nie zu verwirklichende Hoffnung – die Liebe der Königskinder –, als die Ausnahme, die »amour passant«, die tabubrechende Leidenschaft von Romeo und Julia oder Tristan und Isolde. Es ist kein Zufall, daß gerade die »romantische Liebe« von den Feministinnen besonders erbittert bekämpft wird.

Es ist diese Liebe, die der Herausgeber eines Buches über den Feminismus, der Italiener Marco Lombardo-Radice, meint, wenn er, allen notwendigen Veränderungen in den Geschlechterrollen zum Trotz, den kleinen Unterschied preist: die unersetzbare unmoderne, alte, immer neue, unverwechselbare Liebe:

> Weil die Liebe, die wir für euch empfunden haben und empfinden, mit all ihren Verdrehtheiten und Monstrositäten doch immer etwas sehr Schönes war.
> Weil es wunderbar ist, Hand in Hand spazierenzugehen oder einen Nachmittag zusammen im Bett zu verbringen oder zum Küssen in ein Vorstadtkino zu gehen.
> Weil auf dieser Scheißwelt euer Lächeln, eure Brüste und eure Worte die schönsten Dinge gewesen sind.
> Weil wir nicht darum verlegen sind, euch zu sagen, daß wir euch lieben.
> Weil das Leben kurz ist und dem Manne (und der Frau) nichts geschenkt wird.
> Weil wir wissen, daß wir es nicht mehr fertigbringen werden, die ersten neuen Männer zu sein, und deshalb vielleicht am liebsten die letzten Männer von früher sind[181].

Anmerkungen

1 *konkret* (alt), Nr. 12/1968.
2 *Frauenjahrbuch 1,* Frankfurt am Main 1975, S. 10 ff.
3 Ebenda.
4 Zitat in Max Quark, *Die erste deutsche Arbeiterbewegung,* Leipzig 1924, S. 200.
5 Friedrich Engels, *Der Ursprung der Familie, des Privateigentums und des Staates* (1884), Berlin (Ost) 1973, S. 11 f.
6 Ebenda, S. 21.
7 Ebenda, S. 39.
8 Ebenda, S. 57.
9 Ebenda, S. 63 f.
10 Ebenda, S. 65.
11 Ebenda, S. 66.
12 Vgl. die Erzählung »Die Liebe der drei Generationen« in ihrem Buch *Wege der Liebe,* Berlin 1925.
13 Clara Zetkin, »Über die Arbeiterinnen- und Frauenfrage der Gegenwart«, zitiert in Gisela Lossef-Tillmanns, *Frauenemanzipation und Gewerkschaften,* Wuppertal 1978, S. 11.
14 *Protokoll des Internationalen Arbeiterkongresses vom 14. bis 20. Juli 1889,* Paris–Nürnberg 1890, S. 81 ff.
15 *Frauenschallplatte,* Verlag Frauenoffensive, München 1973.
16 *Frauenjahrbuch '76,* Frankfurt am Main 1975.
17 *Frankfurter Hefte,* September 1966.
18 *Lohn gegen Hausarbeit,* 1977.
19 Jutta Menschik, »Berufstätigkeit und Emanzipation«, in Lottemi Doormann (Hrsg.), *Keiner schiebt uns weg. Zwischenbilanz der Frauenbewegung in der Bundesrepublik,* Weinheim und Basel 1979, S. 147–155.
20 Ebenda.
21 Ebenda.
22 Gisela Bock, »Lohn für Hausarbeit – Perspektive der Frauenbefreiung«, in Lottemi Doormann, a. a. O., S. 137–146.
23 Engels, a. a. O., S. 14.
24 J. F. Lafitau, *Moers des sauvages Ameriquaines,* Paris 1724, zitiert in Wilhelm Schmidt, *Das Mutterrecht,* Wien-Mödling 1955.
25 Johann Jakob Bachofen, *Das Mutterrecht* (1861), Frankfurt am Main 1975, S. 2.
26 Ebenda.
27 Ein Bericht über einen solchen Auftritt findet sich in *Emma* Nr. 6/1978.
28 Bachofen, a. a. O., S. 26 f.
29 *Frauenschallplatte,* a. a. O.
30 Betty Friedan, *Das hat mein Leben verändert,* Hamburg 1977, S. 35.
31 Ebenda, S. 35.
32 Wichtige Sammelbände: *Sisterhood is powerful,* New York 1970, *Women's Liberation,* New York 1970; Einzelbände: Shulamith Firestone, *The Dialectic of Sex,* New York 1970 (deutsch: *Frauenbefreiung und se-*

xuelle Revolution, Frankfurt am Main 1975), Germaine Greer, *The Female Eunuch,* London 1970 (deutsch: *Der weibliche Eunuch,* Frankfurt am Main 1971), Kate Millet, *Sexual Politics,* New York 1970 (deutsch: *Sexus und Herrschaft,* München–Wien–Basel 1971).

33 Shulamith Firestone, a. a. O., S. 10.

34 Ebenda, S. 15.

35 Ebenda, S. 16.

36 Ebenda, S. 17 f.

37 Ebenda, S. 12 und 19.

38 Ti-Grace Atkinson, »The Institution of Sexual Intercourse«, in *Women's Liberation,* a. a. O., S. 45.

39 Dana Densmore, in *No More Fun and Games.* Undergroundzeitung.

40 Simone de Beauvoir, *Alles in allem,* Reinbek 1974, S. 463.

41 Dieselbe, *Das andere Geschlecht,* Reinbek 1968, S. 680.

42 Shulamith Firestone, a. a. O., S. 9 und 19.

43 »Cock Rock: Men Always Seem so End up on Top«, in *Rat* (Undergroundzeitschrift), 29. Oktober 1970, S. 17.

44 Germaine Greer, a. a. O., S. 39.

45 »Verbal Karate«, in *Sisterhood is powerful,* a. a. O., S. 558.

46 Valerie Solanas, *Manifest zur Vernichtung der Männer. SCUM,* Darmstadt 1969, S. 25.

47 Simone de Beauvoir, *Alles in allem,* a. a. O., S. 459.

48 Valerie Solanas, a. a. O., S. 25 ff.

49 Phyllis Chesler, *Frauen, das verrückte Geschlecht,* Reinbek 1974, S. 273.

50 Sir Galahad, *Mütter und Amazonen,* Berlin 1975, S. 296.

51 Phyllis Chesler, a. a. O., S. XI.

52 *Frauenjahrbuch 1,* a. a. O., S. 108 ff.

53 Ebenda.

54 Ebenda.

55 David M. Rorvik und Landrum B. Shettles, *Your baby's Sex: now you can choose,* New York 1971, S. 83 ff.

56 Ebenda, S. 89 ff.

57 Anne Koedt, »The Myth of the Vaginal Orgasm«, in *Women's Liberation,* a. a. O., S. 37 ff.

58 Ebenda.

59 Ebenda.

60 Germaine Greer, a. a. O., S. 42 ff.

61 *Der Spiegel,* Nr. 26/1976.

62 Zu DFU und Ostermarsch vgl.: Klaus Rainer Röhl, *Fünf Finger sind keine Faust,* Köln 1974.

63 *Der Spiegel,* Nr. 26/1976.

64 *Frauenjahrbuch 1,* a. a. O., S. 25 ff.

65 Zitiert in Klauber, *Sexualkatastrophen,* Leipzig 1926, S. 113.

66 *Der Spiegel,* Nr. 26/1976.

67 »Die Idee der öffentlichen Selbstanzeige hatte die Journalistin Alice Schwarzer aus Frankreich übernommen und zusammen mit der Frankfurter ›Frauenaktion 70‹ den Aufruf formuliert« (Irene Hübner in Lottemi Doormann, a. a. O., S. 158); »Die Initiatorin der Aktion, die Journalistin Alice Schwarzer, hatte sich mit der Bitte um Unterstützung an den Sozialistischen Frauenbund Berlin gewandt ...« (Lottemi Doormann,

a. a. O., S. 32).
68 *Frankfurter Rundschau,* 1. Feber 1972.
69 *Frauenjahrbuch 1,* a. a. O., S. 25 ff.
70 Ebenda.
71 Ebenda.
72 Luc Jochimsen, *§ 218. Dokumentation eines hundertjährigen Elends,* Hamburg 1971.
73 F. K. Kaul, *Ich klage an,* Hamburg 1971.
74 Alice Schwarzer, *Frauen gegen den § 218,* Frankfurt am Main 1971.
75 *Frauenjahrbuch 1,* a. a. O., S. 43.
76 *Frauenschallplatte,* a. a. O.
77 *Frauenjahrbuch 1,* a. a. O., S. 43 ff.
78 Ebenda, S. 200 ff.
79 Ebenda.
80 Anne Koedt, »Lesbianism and Feminism«, in *Notes from the Third Year,* New York 1971, zitiert in Jutta Menschik, *Grundlagentexte zur Emanzipation der Frau,* Köln 1976, S. 299.
81 Siehe Anmerkung 57.
82 Anne Koedt, zitiert in Jutta Menschik, a. a. O., S. 299.
83 Ebenda, S. 301.
84 Jutta Menschik, a. a. O., S. 245.
85 Lottemi Doormann, a. a. O., S. 39.
86 Anne Koedt, »Lesbianism and Feminism«, a. a. O., S. 302.
87 Ebenda.
88 Ebenda, S. 307.
89 Simone de Beauvoir, *Alles in allem,* a. a. O., S. 455.
90 Ebenda.
91 *Der Spiegel,* Nr. 26/1976.
92 Alice Schwarzer, *Der »Kleine Unterschied« und seine großen Folgen,* Taschenbuchausgabe, Frankfurt am Main 1977, S. 7.
93 *Frauenschallplatte,* a. a. O.
94 Wolfgang Röhl, *Sex-Protokolle,* Hamburg 1970.
95 Alice Schwarzer, *Frauenarbeit – Frauenbefreiung,* Frankfurt am Main 1973.
96 *Der Spiegel,* Nr. 26/1976.
97 *Frauenarbeit – Frauenbefreiung,* a. a. O.
98 *Frauenkalender '76.*
99 *Der »kleine Unterschied« und seine großen Folgen;* die Zitate folgen der Taschenbuchausgabe, a. a. O.
100 Mary Jane Sherfey, *Die Potenz der Frau,* Köln 1975, S. 118 f.
101 Ebenda.
102 Ebenda.
103 Klaus Eichner und Werner Habermehl, *Der Ralf-Report,* Hamburg 1978, S. 100 und 241. Frauen: Fast täglicher Geschlechtsverkehr – 21%; Männer: Fast täglicher Geschlechtsverkehr – 11%. Eine merkwürdige Diskrepanz!
104 Phyllis Chesler, *Frauen, das verrückte Geschlecht,* Reinbek 1974.
105 *konkret-Sexualität,* Nr. 1/1979.
106 »Wir vögeln nicht mehr«, in: *Neues Forum,* Wien, September 1977, Nachdruck in *DASDA,* Nr. 10/1976.

107 Mathilde Vaerting, *Neubegründung der Psychologie von Mann und Weib,* Karlsruhe 1921, Reprint Frauenzentrum, Berlin 1976.
108 Valerie Solanas, a. a. O., S. 93.
109 Caroline Henessy, zitiert in Francoise d'Eaubonne, *Feminismus oder Tod,* München 1975, S. 133.
110 Francoise d'Eaubonne, a. a. O., S. 5.
111 Adolf Hitler, *Mein Kampf,* München 1934, S. 325 und 329.
112 Ebenda, S. 339.
113 Ebenda, S. 355.
114 Ebenda, S. 357.
115 Hilde Kronberg, »Typologie frigider Frauen«, in *Miteinander leben lernen. Zeitschrift für Tiefenpsychologie, Gruppendynamik und Gruppentherapie,* Heft 2/1976, S. 16.
116 Shire Hite, *Der Hite-Report,* Frankfurt am Main 1977.
117 A. a. O.
118 Siehe Anmerkung 57.
119 Siehe Anmerkung 60.
120 Simone de Beauvoir, *Alles in allem,* a. a. O., S. 460.
121 Norman Mailer, *Gefangen im Sexus,* München 1971, S. 91 f.
122 Mary Jane Sherfey, a. a. O., S. 178.
123 Ebenda.
124 Der auf den Berliner Filmfestspielen 1979 gezeigte französische Dokumentarfilm *Boda gitana* (Zigeunerhochzeit) zeigt eine solche Entjungferung, geht allerdings nicht auf die rituelle Bedeutung des Vorgangs ein.
125 Zitiert in Marielouise Jannsen-Jurreit, *Sexismus,* München 1976, S. 546.
126 Ebenda, S. 530.
127 William H. Masters und Virginia E. Johnson, *Die sexuelle Reaktion,* Frankfurt am Main 1967, S. 50.
128 Shulamith Firestone, a. a. O., S. 45.
129 Simone de Beauvoir, *Alles in allem,* a. a. O., S. 450.
130 Janine Chasseguet-Smirgel, *Psychoanalyse der weiblichen Sexualität,* Frankfurt am Main 1974.
131 Zitiert in Alice Schwarzer, *Der »kleine Unterschied« und seine großen Folgen,* a. a. O., S. 247.
132 Herbert Marcuse, »Rebellion gegen die ›Gesellschaft im Überfluß‹«, in Hans von Dollinger (Hrsg.), *Rebellion gegen den Staat? Die außerparlamentarische Opposition – die neue Linke,* München 1968, S. 90.
133 Herbert Marcuse, »Marxismus und Feminismus«, in *Jahrbuch Politik* 6, S. 86.
134 Ebenda, S. 89.
135 Ebenda, S. 91.
136 Ebenda, S. 92.
137 Juliet Mitchell, *Frauenbewegung – Frauenbefreiung,* München 1978, S. 8.
138 Frauenschallplatte: »Frauen gemeinsam sind stark.«
139 Judith Hole und Ellen Levine, *Rebirth of Feminism,* New York 1971, S. 131.
140 Child-Paper, zitiert in Ursula Linnhoff, *Die neue Frauenbewegung,* Köln 1974.
141 Ebenda.
142 Angelika Wagner, *Misogynie in der BRD,* München 1974, zitiert in

Frauenjahrbuch 1, a. a. O., S. 191 ff.

143 *Frauenjahrbuch 1,* a. a. O., S. 198.

144 Ellen Frankfort, *Vaginal Politics,* New York 1973, S. 200.

145 Die rasenden Höllenweiber (Hrsg.), *Hexengeflüster,* Berlin 1975.

146 Ebenda, S. 36.

147 Ebenda, S. 53.

148 Ebenda, S. 54.

149 Ebenda, S. 76.

150 Ebenda, S. 81.

151 Ebenda, S. 103.

152 Ebenda, S. 56.

153 *Die Tageszeitung,* 3. Mai 1979.

154 In Lottemi Doormann, a. a. O., S. 268 ff.; ferner: *Der Spiegel,* Nr. 26/1979.

155 Ebenda.

156 Aus »Der Führer«. Gedicht von Baldur von Schirach.

157 Anne Koedt, zitiert in Jutta Menschik, a. a. O., S. 302.

158 In Lottemi Doormann, a. a. O., S. 297.

159 *Bunte Illustrierte,* Januar 1977.

160 *Frauenkalender '76,* Berlin 1975.

161 Die Zitate aus diesem Briefwechsel in *Frauenjahrbuch 1,* a. a. O., S. 284 ff.

162 »Nicht zuletzt dank der Auswirkungen dieses Buches war es mir möglich, zusammen mit Kolleginnen *Emma* . . . zu machen« (Alice Schwarzer).

163 *Monitor*-Sendung vom 28. August 1979.

164 Das Impressum von 1977 enthielt zunächst überhaupt keine Hinweise auf den Redaktionsstab. Dann wurden angeführt: Christiane Ensslin, Sabine Schruff, Angelika Wittlich, Alice Schwarzer. Im Juni 1978: Hildegard Recher, Adele Meyer, Alice Schwarzer. Im Januar 1979 wird außer Alice und Hildegard Recher noch Annelie Runge angeführt. Im Juni 1979 scheint nur noch Hildegard Recher auf. Völlig ausgewechselt wurde auch die *Kalender*-Redaktion. Als einzig ständiger Name scheint schließlich nur der der Inhaberin auf: Alice Schwarzer. Über die Gründe der Redaktionskräche, die zu solchen Rausschmissen führten, schweigt man sich aus (»Wer das Impressum aufmerksam studiert, hat gemerkt, daß es innerhalb der Redaktion noch einige Veränderungen gegeben hat: Elke Moldenhauer, unsere bisherige Layouterin, und Christiane Ensslin sind nicht mehr bei *Emma.* Warum? Die Gründe sind vielfältig. Sie haben etwas mit der Arbeit, mit den jeweiligen Personen und mit Gruppenprozessen zu tun. Immer, wenn wir bisher versuchten, es zu erklären, merkten wir, wie schwer es ist, und daß man so vieles dem, der es nicht selbst erfahren hat, einfach gar nicht vermitteln kann. In bezug auf die *Emma*-internen Änderungen möchten wir es jetzt bei dieser spärlichen Mitteilung belassen. Wir hoffen, Ihr habt Verständnis dafür.«); zu den zahllosen und rücksichtslosen Kündigungen vergleiche auch *Welt der Arbeit,* Nr. 40/1979.

165 *Extra Dry,* Nr. 2/1978.

166 Simone de Beauvoir, *Alles in allem,* a. a. O., S. 460.

167 *Frauenjahrbuch '76,* Frankfurt am Main 1975.

168 Interview mit Lottemi Doormann, in *konkret* Nr. 2/1977.

169 *Das Argument,* Nr. 9/10/1975.

170 Ebenda.
171 Ebenda.
172 Die Kinder von Sylvia Plath und Ted Hughes.
173 *Die Schwarze Botin,* Nr. 2/1977.
174 Ebenda.
175 Ebenda.
176 Ebenda.
177 Ebenda.
178 *Der »Kleine Unterschied« und seine großen Folgen,* a. a. O., S. 9.
179 Ebenda.
180 Arno Plack, *Ohne Lüge leben,* Stuttgart 1976.
181 Marco Lombardo-Radice, *Der Letzte Mann,* Hamburg 1978, S. 28 f.

ÜBER DEN AUTOR

Klaus Rainer Röhl,
geboren 1928 in Danzig, einer der umstrittensten Publizisten im deutschen Sprachraum, war 18 Jahre lang Herausgeber des Polit-Magazins »konkret« und ist heute Herausgeber mehrerer Herrenmagazine, unter anderem von »das da«. Außerdem veröffentlichte er die Romane *Fünf Finger sind keine Faust* (1974) und *Die Genossin* (1975). Klaus Rainer Röhl lebt in Hamburg.